『程大爷』的A股必修课

从追涨杀跌到穿越牛熊

程峰 ◯ 著

SPM
南方出版传媒
广东经济出版社
·广州·

图书在版编目（CIP）数据

“程大爷”的A股必修课：从追涨杀跌到穿越牛熊/程峰著. —广州：广东经济出版社，2021.8
ISBN 978-7-5454-7737-5

Ⅰ.①程…　Ⅱ.①程…　Ⅲ.①股票投资—基本知识—中国　Ⅳ.①F832.51

中国版本图书馆CIP数据核字（2021）第071097号

责任编辑：高文彪　周伊凌　魏维
责任技编：陆俊帆
封面设计：柏拉图

“程大爷”的A股必修课：从追涨杀跌到穿越牛熊
“CHENGDAYE” DE A GU BIXIUKE: CONG ZHUIZHANG SHADIE DAO CHUANYUE NIU XIONG

出版人	李　鹏
出　版 发　行	广东经济出版社（广州市环市东路水荫路11号11~12楼）
经　销	全国新华书店
印　刷	广东鹏腾宇文化创新有限公司 （广东省珠海市高新区唐家湾镇科技九路88号10栋）
开　本	787毫米×1092毫米　1/16
印　张	19
字　数	310千字
版　次	2021年8月第1版
印　次	2021年8月第1次
书　号	ISBN 978-7-5454-7737-5
定　价	88.00元

图书营销中心地址：广州市环市东路水荫路11号11楼
电话：（020）87393830　邮政编码：510075
如发现印装质量问题，影响阅读，请与本社联系
广东经济出版社常年法律顾问：胡志海律师

序言：读懂K线背后的人性和趋势

2021年，又将是中国股市惊心动魄的一年。

春节前，茅台携“茅族们”一路高歌猛进，“核心资产”成了市场上最靓的“仔”；基金抱团，净值水涨船高，年轻的“基民”们甚至在微博上给基金经理们开设应援会；各个视频平台上，“小鲜肉”股神们纷纷传经送宝……

但在21财经当时推出的《金V访谈》栏目的首期节目中，笔者在访问程大爷的时候，老辣的大爷掷地有声：“大热必然倒灶。”果然，春节后“核心资产”们开启了暴跌模式，基金抱团股瓦解，不仅一批明星股股价快速腰斩，“跌妈不认”，不少明星基金的净值跌幅也超过了20%，“韭零后”们又被割得实实在在。其实，在当时狂热的气氛下，笔者也心存一丝幻想：这次是否不一样呢？但实践证明，姜还是老的辣！炒股听大爷话，不会吃亏。

股市入门的门槛低，一买一卖就能操作，但真的是这样吗？有句话是这样说的：“投资收益是投资者认知能力的折现。”我们时常讲，不要赚认知以外的钱，如果仅靠自己的感觉又或是听信一些所谓的“专家”就跟风一头扎进去，这种闭着眼睛的交易只会让自己交更多的“学费”。

程大爷作为证券行业老兵，结合多年的实战经验和对投资者人性的洞察，对股市投资有着独到的见解。2020年11月，《21世纪经济报道》旗下的知识服务平台——21识库，从专业角度出发，与程峰（程大爷）联手开发了线上课程“程大爷的A股必修课”。课程包含热身课和必修课，共37节视频内容，有超过100个知识点。课程一经上线，短短3个月便有超过3万人学习。为了让学到的知识印象更深刻，有同学甚至手抄课程内容以加深对技术分析知识点的理解，反复观看视频课程，不放过任何内容，还现学现用，在社群里讨论学习心得，不亦乐乎。笔者曾经问程大爷为什么决定做线上课程，程大爷给出了霸气的回答：“不要把这个世界让给自己鄙视的人。”本次出版的线上课程同名书《“程大爷”的A股必修课：从追涨杀跌到穿越牛熊》，将更全面、更系统地帮助个人投资者快速掌握股市投资的技巧，在股海中乘风破浪。

在投资理念中，“技术派”和“价值派”类似武侠小说里的剑宗和气宗，这些年，剑宗的声音已经小很多了，气宗成了主流。作为老派的投资者，程大爷并不讳言，依然认可技术分析的价值。价值投资知易行难，很多人将其简单理解成买白马股长期持有，但在实际操作中要么踩中类似2008年中石油的“雷”，要么一波动就心慌卖出。在程大爷看来，最完美的投资者应该把基本面分析和技术分析结合起来进行投资。但是，对于大部分投资者来说，没有接受过系统的经济学和金融学训练，要搞准基本面分析其实是非常困难的，特别是对新兴的高科技公司和生物医药公司。而技术分析的门槛相对来说低很多，对于个人投资者来说，不妨先从学习技术分析入手。技术分析里有这样一种假设——价格走势是所有因素的折射，如果没有市场操纵因素，基本面利空和利多其实已经在股价的走势中反映出来了。当投资者知道这个信息的时候，股市的走势早已说明了一切。技术分析所关注的价量关系，背后是投资者情绪和市场趋势的变化，所以，当节后市场情绪突然变化的时候，技术分析可以帮助投资者及时调整仓位和布局。

在自媒体时代，网络上众生喧嚣，鱼龙混杂。希望《“程大爷”的A股必修课：从追涨杀跌到穿越牛熊》能帮助更多的股民朋友看破K线背后的真相，把握财富的趋势，笑傲牛熊。

南方财经全媒体集团副总编辑　贾肖明

金V访谈

财经网红“程大爷”：投资不是赌博，你的每一笔交易都是在为这个行业投票

新年伊始，A股白酒板块延续2020年的强势一路高歌猛进。2021年首个交易日，贵州茅台（600519）在白酒板块旺季开门红提振下，股价盘中突破2000元，再创新高。

除了股票，基金同样火爆，全民“投基”，基金爆款层出不穷，甚至带动基金登上了“热搜”。众多投资者晒出基金收益，甚至不少人士认为“基金涨得有点令人心慌”。开年短短3个交易日，爆款基金的吸金量已超过1000亿元。无疑，这将为股市提供源源不断的增量资金。

但回顾市场历史，在投资者热情高涨的时候，往往也存在着潜在的风险。投资者该如何看待股市的起落，更好地把握机会？年轻人进行投资应该具备怎样的心态和价值观？

2021年1月10日，由21财经客户端和南财号平台全力打造的一款财经类视频节目《金V访谈》重磅上线。节目第一期由南方财经全媒体集团副总编辑贾肖明对话著名财经评论家、技术分析大咖程峰，就投资理念、财富管理、技术分析的价值等话题进行了深度访谈。

程峰，资深证券从业人士、著名财经评论家、财经网红，出版专著和畅销书30余部，是南财号首批入驻的号主，也是21识库平台原创课程“程大爷的A股必修课”的讲师。在证券期货行业20余年里，程大爷经历过什么？对投资有什么看法？这些又会给我们带来什么启示？

以下为访谈内容精编：

“赚100万的人可能只是傻子，留住100万的人才是天才”

《金V访谈》：我听说您年轻时工作不久就赚过一大笔钱，能和我们分享一下您的财富故事吗？

程大爷：我大学毕业后来到广州，当时就是冲着广州工资高来的。1993年，我机缘巧合地进入期货行业。刚毕业时只有99元的月薪，后来很快就实现了几万元甚至10万元的月薪收入。记得那时候，珠江新城的房子只需要2000元/米^2。但是我很快吃了一个很大的亏，一夜回到解放前。直到现在，我还深刻地记得华尔街的一句名言：“赚100万的人可能只是傻子，留住100万的人才是天才。”

我吃过的亏其实蛮多的。1997年的时候，我已经离开了南方期货，和几个人创办了自己的公司，然后收购了一家期货公司。收购完之后，我们很快发现一个非常严重的问题——那家公司欠了非常多的外债。我们遭遇骗局，陷入了非常严重的危机，当时有很多人来追债。我觉得我们还是对当时经济领域的欺诈现象了解甚少。很傻很天真。

《金V访谈》：我们看到很多年轻人在投资市场上频频踩坑，包括租金贷、P2P，还有校园贷等。您觉得，年轻人容易陷入投资骗局的原因是什么？

程大爷：我觉得共性还是无知，年轻人在金融和投资方面的知识有所欠缺。高利润一定伴随着高风险，风险和利润一定是相匹配的。你不能指望说，我能够保本，然后一个月还能获取30%的收益。人性是难以改变的。就像阿道司·赫胥黎所说：“我们从历史中学到的最重要的教训是，我们从未在历史中学到任何教训。”

《金V访谈》：在您看来，现在哪些投资品种可能已经出现了巨大的泡沫？比特币？新能源汽车？茅台的股票？

程大爷：我对贵州茅台这家公司一直不感冒，我不是说它的股票不会涨。只是因为我一直很相信一个投资原则——道德投资。所以我不愿意去推荐，更不会去投资诸如酒类、烟草类的股票。当你买一个行业的股票时，一定要记住，你的每一笔交易都是在为这个行业投票。

技术分析没有过时，铤而走险追求暴富会遭“报应”

《金V访谈》：巴菲特是价值投资的大师，但您是技术派出身，您怎么看技术派？

程大爷：最完美的投资者应该把基本面分析和技术分析结合起来进行投资。但是，对于有些投资者来说，他们没有接受过高深的经济学和金融学训练，他们要搞准基本面分析其实是非常困难的。而且，基本面分析更多依赖于你对行业的判断，你需要有很专业的知识。但是，技术分析的门槛非常低。如果你不能成为一名完美的投资者，把基本面和技术结合起来的话，我觉得，你还是可以先从技术分析入手。

技术分析中有这样一种假设——价格走势是所有因素的折射。即便你不是一个信息优先者，基本面利空和利多其实也已经在股价的走势中反映出来了。当你知道这个信息的时候，其实图表早已为你做出了判断。

《金V访谈》：但是有一种说法是，图表可能是做出来的。比如曾经非常出名的“总舵主徐翔”，后来也被人发现，其实他也不只是做技术分析那么简单，背后还有很多暗中操纵的行为，您怎么看？

程大爷：最初，徐翔的手法其实简单粗暴，就是成为“涨停板敢死队”。股价是有趋势的，而趋势具有惯性。为什么你不知道会出现涨停板，但是别人知道？正如你刚刚所说的，后来很多人利用技术分析来骗线。

徐翔走到后来——其实他走到了一条歪路上。第一是他利用了内幕信息，跟一些上市公司去勾兑。第二就是他利用了资金优势来创造趋势，或者说制造趋势。如果你在一些时候因为贪婪想赚更多的钱而去做了一些违法乱纪的事情的话，你迟早会遭到“报应”。这给我们一个启示，如果你相信技术分析就老老实实相信技术分析。尽管它有很多不完美的地方，有很多陷阱，但是在基本面里边也有很多假消息。年轻人如果刚开始学炒股票的话，最好还是先把技术分析的原则吃透。

《金V访谈》：技术分析能赚到快钱，但是很难赚到10倍甚至100倍的钱，那似乎是价值投资的范畴。您怎么认为？

程大爷：我觉得这是对技术分析的一个误解。我们想一想，如果茅台一上市你就买了，现在涨了多少倍？同样地，如果是腾讯呢？但是你也想一想，当年如果你买了四川长虹会怎么样？对不对？为什么你一定要说你有那样的眼光？当时可能有100只股票摆在你面前，你怎么就知道你选择长期持有的一定是茅台，是五粮液，是腾讯呢？

《金V访谈》：这是幸存者偏差。

程大爷：对。

投资让人生更加丰富，浪漫的人会把直路走弯

《金V访谈》：今年很多朋友买基金赚了很多钱，市场上也出现了很多的爆款基金。是不是买基金就是一个非常简单的懒人投资方式？

程大爷：我觉得做投资，无论是自己下场买股票，还是说买基金、买理财，其实都不能太懒，都不能把它理解成一种完全的被动投资。就是说，我闭着眼睛买，然后躺着等它增值——这种理解是错误的。现在大家都在说基金好，疯狂去买基金，这个时候反而要多些警惕和小心。我一直有个观念，爆款大多数没有好下场，大热反而会倒灶。

《金V访谈》：听说您最近开的投资训练营非常火爆，有很多年轻人报名。我比较想了解，您会教给他们什么东西呢？

程大爷：第一，我会教给他们正确的投资理念，我会让他们记住在投资这条

道路上其实没有捷径可走；第二，我会教给他们一些投资方面的基本技巧，比如技术分析的一些基本方法；第三，我会教他们建立自己的交易模型，或者交易体系；第四，我希望他们把投资过程中的一些良好习惯变成一种自觉行为。

《金V访谈》：如果让您再选择的话，您会走上投资这条道路吗？

程大爷：我对自己人生当中所经历的一切都非常满意。我做期货的时候，我们的一位老师曾经跟我说过这么一句话：“做期货其实不仅仅给你带来经济方面的改善，它同时还让你的人生变得更丰富。”为什么这样说呢？它会让你经历更多。什么意思？你在一天内所经历的这种高低起伏，所经历的成功失败，可能比别人一辈子经历的还要多。我记住了这句话。我享受这种大起大落的人生，享受这种过程。我觉得一切都是最好的安排。一条直路其实没有意思，浪漫的人都喜欢把直路走弯。

快问快答环节

《金V访谈》：如果让您从投资角度选择一个年份穿越回去，您会选择哪一年？

程大爷：我会选择回到2005年。

《金V访谈》：如果要您乘坐火星旅行器，10年后才能回来，全部的资产只能买一个投资品种的话，您会怎么选？

程大爷：我会买沪深300指数基金。

《金V访谈》：您最欣赏的一位投资人是谁？

程大爷：桥水基金的瑞·达利欧。

《金V访谈》：如果给年轻人推荐一本书的话，您推荐哪一本？

程大爷：瑞·达利欧的《原则》。

《金V访谈》：您怎么定义财务自由？您认为自己已经财务自由了吗？

程大爷：是否财务自由就看你所拥有的财富跟你对财富的需求之间的比例是否大于1。我认为我自己是（财务自由），因为我在不断地调整我对财富的欲望。

扫码可以观看视频

（作者：贾肖明，编辑：朱景辉、罗育新，摄制：21视频）

目录

CONTENTS

热身课：从K线解读到股市行家

必修课：从追涨杀跌到穿越牛熊

热身课

从K线解读到股市行家

欢迎来到我的A股热身课：从K线解读到股市行家。在热身课里我们设计了一个“7天训练营”，在训练营里我们会逐步学习如何应对股市牛熊行情的周期性运动、识别股价趋势与强弱的方法、股价爆发与见顶的形态特征，也会学习简单的选股方法以及经典的海龟交易法则，最后我们还会对股票交易中的常见问题进行总结。你可以通过这些基础知识构建简单的股票技术投资框架，复盘积累经验后，将其运用到日常的股票选择与买卖交易中。

7 天训练营

第一天

散户亏损的秘密：股票还在，钱没了

听大爷的话，做股市明白人。你好，我是程大爷，欢迎来到我的“7天训练营”。今天是7天训练营课程的第一天，我们来聊一聊，为什么你总是亏钱，被扣上“韭菜”的帽子。

A股是场负和博弈游戏

我们先来了解一个概念：博弈。假如我们俩正在下一盘象棋，赌注是100元钱，最后我输了，你赢了我的100元钱，这种你赢的加上我输的等于0的情况，就是“零和博弈”；如果我们是在茶馆下的这盘棋，茶馆要收茶位费，我们约定赢的买单，最后你赢的加上我输的减去茶位费小于0，这种情况就是“负和博弈”；如果有活动赞助方直播我们这场比赛，给了赢家1000元的赞助奖金，最后你赢的加上我输的减去茶位费加上赞助奖金大于0，这时候我们俩的对弈就成了“正和博弈”。

听到这里，你可能会说：这跟我有什么关系？别着急，听我说。其实，A股对于你来说，就是一场典型的零和博弈，如果考虑到印花税、过户费、交易佣金等无形中收取的费用，那你在股市里的每一笔交易都是一场负和博弈。

在另一个隐秘的角落，除了像你一样的散户之外，还有一些“高级玩家”，比如专业投资机构、游资等，他们既专业又有钱，在和散户的博弈中占据了巨大优势，这就导致散户赚钱的概率更低了。还有来自上市公司的大股东和定向增发对投资者的“降维打击”，大股东们时不时掏出廉价筹码减持“收割”一把。

所以从宏观角度来看，有句股票谚语叫股市“一赚二平七亏损”。“一赚”，赚钱的是谁？是大股东、机构投资者、游资大户；“七亏损”，亏损的是谁？大部分都是像你一样的“手无寸铁”的散户投资者。

那从微观角度来看呢？大爷我因为工作的原因，接触过数不清的散户朋友，听到最多的一句话就是：“哎呀，我今天又低吸高抛，追涨杀跌了！”股票交易涨涨跌跌，每条K线起起伏伏，为什么你总是逃不出追涨杀跌的魔咒，损失惨重呢？

听到这，你可能会说：这股炒不得。其实，非也。赚钱的散户千姿百态，亏钱的则千篇一律。

散户是如何沦为“韭菜”的？

大爷我观察总结了一下，散户朋友们背后好像都有一套共通的“韭菜心理学”。我这里用一个简单的“指数行情沉默爆发消亡”周期模型（见图1）给你模拟分析一下散户在炒股过程中的心路历程。

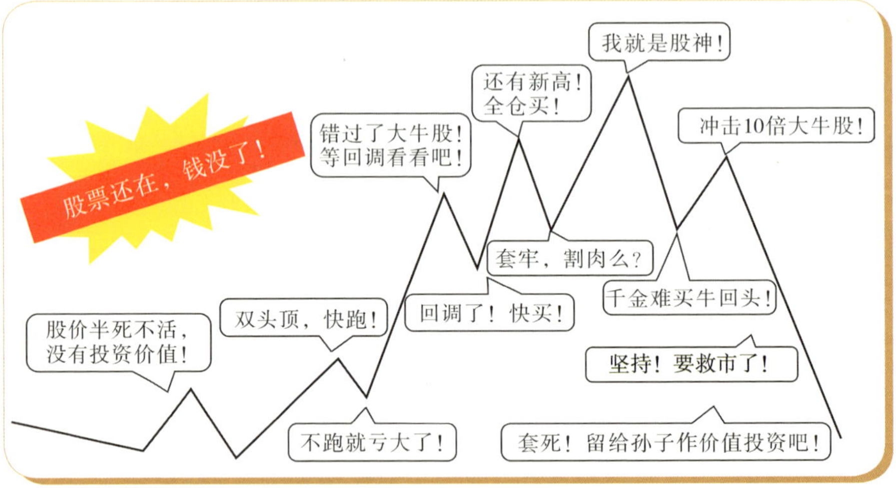

图1　散户炒股的心路历程

刚开始，在上一轮熊市的磨底过程中，散户对A股市场已经心灰意冷，对大部分表现平平的股票完全提不起兴趣，即便持仓个股股价偶尔创下新高，但只要稍微出现回撤，散户就会产生恐惧感，想着赶紧落袋为安。更不用说那些早已经

“割肉血亏”逃离的散户，A股就是他们身上一块隐隐作痛的伤疤。

然后，伴着经济形势的好转与经济周期的到来，A股行情偷偷摸摸、跌跌撞撞一路小碎步爬到了半山腰。市场上似乎出现了赚钱效应，朋友圈里不炒股的人都开始发状态评论A股。接下来，股价反复震荡，进三退一，趋势整体向上。A股赚钱效应日渐火热，散户对A股的信心也开始修复，不再像以前一样害怕下跌，一些还没有上车的散户甚至希望A股能够来一次大跌、一次所谓的洗盘，正好抄底上车。

最后，大部分散户都开始狂热了，完全忽略泡沫的存在，无论什么价位的股票都争先买入，唯恐错过明天的暴涨，偶尔出现的唱空者在他们眼里无非就是牛市踏空的小丑。一旦行情在某一天跌下顶点，牛市行情轰然崩塌，在接下来的熊市中，散户要么心怀希望，要么因巨幅亏损心有不甘，而没有及时止损。最后熊市漫漫，股票越套越深，只能卸载软件——将股票留作传家宝了。

以史为鉴，上证指数2013—2015年的走势发展就是生动例子（见图2）。两年的时间里，从“1849点必破！1664点见！”到“4000点是牛市起点！”到“踏过6124点！股市万点不是梦！”，口号喊得人血脉偾张。而之后的短短两个月，指数断崖式下跌接近50%，国家为防范系统性金融风险，连发20道“金牌”救

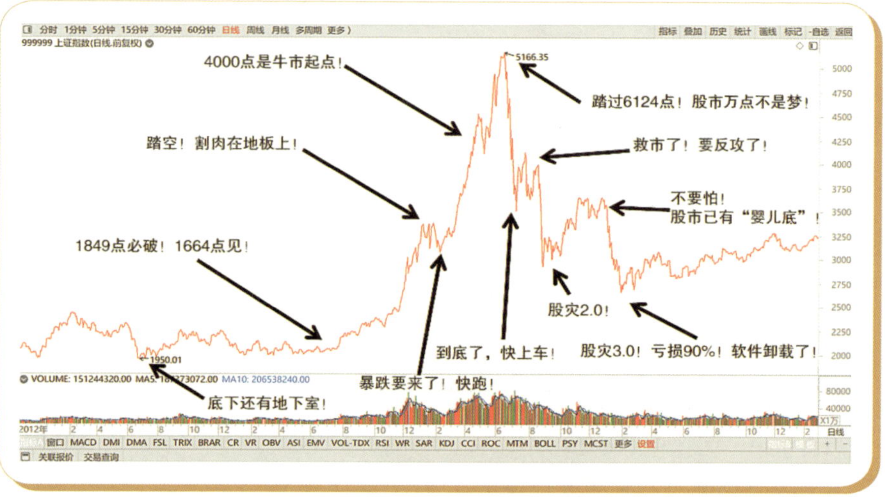

图2　2013—2015年股市行情回顾

市，无奈市场已经遭受重创，股价无力回天，再往后虽然有所反弹，但路在熊途，积重难返，绝大多数散户被彻底套牢了。

都说“行情在绝望中诞生，在犹豫中上涨，在疯狂中崩塌”，其实A股运行自有其发展规律。从上面的模型和实例来看，我们可以把股市的运行周期分为三个阶段（见图3）。第一个阶段是股价盘整期。在这个阶段，股价长期盘踞在低估值水平，股价对利好或利空都反应迟钝，偶尔会有大起大落，但总体不会脱离低估值区间。第二个阶段是股价扩张期。在这个阶段，股价受重大消息的影响发生涨跌，散户开始被赚钱效应吸引入市，股价越高，进场的人越多，形成正反馈循环，并在后期进入快速扩张阶段。第三个阶段是股价衰退期。在这个阶段，股价泡沫开始显现，股价常常毫无缘由地反向发展，散户的悲观情绪逐渐发酵，最终引发股价崩塌。

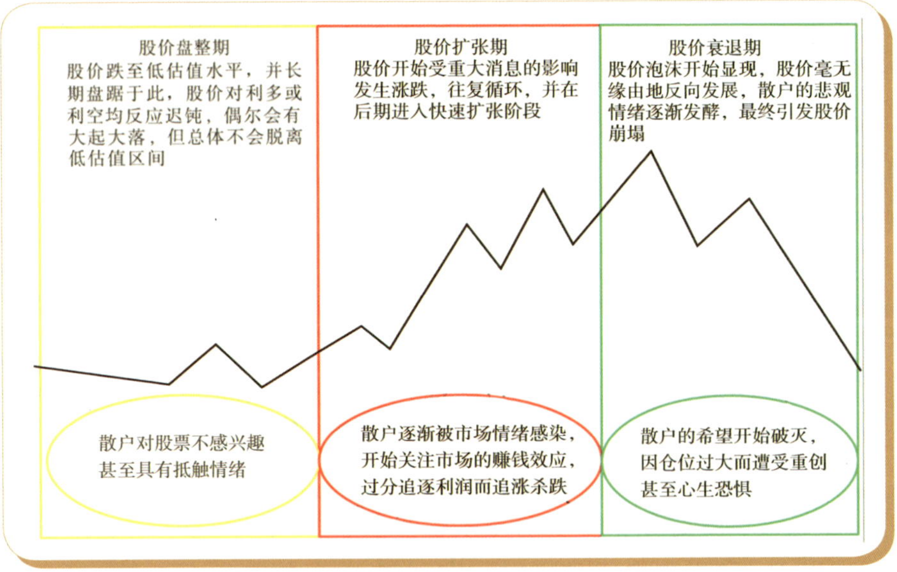

图3 股市行情发展的三个阶段

那么你应该如何应对，才可以摆脱追涨杀跌的魔咒，规避亏损呢？（见图4）股谚说得好：“在别人恐惧的时候贪婪，在别人贪婪的时候恐惧。”在股价盘整期，因为股价超跌，你应该选择优质的股票着手建仓，并且随着行情的逐渐发展，选择时机加码。当股价进入扩张期之后，就应该优先考虑被动地跟随股价波动——“无为而治”，并为离场做好心理准备。最后，股价进入衰退期，你应该勇敢地获利了结，离场观望，因为这个时候市场上充斥的都是乐观疯狂的言论，获利了结需要极大的勇气与格局。在离场之后，耐心等待，捕捉下一次建仓的机会。记住，买卖股票，千万不要想着买在最低点、卖在最高点。

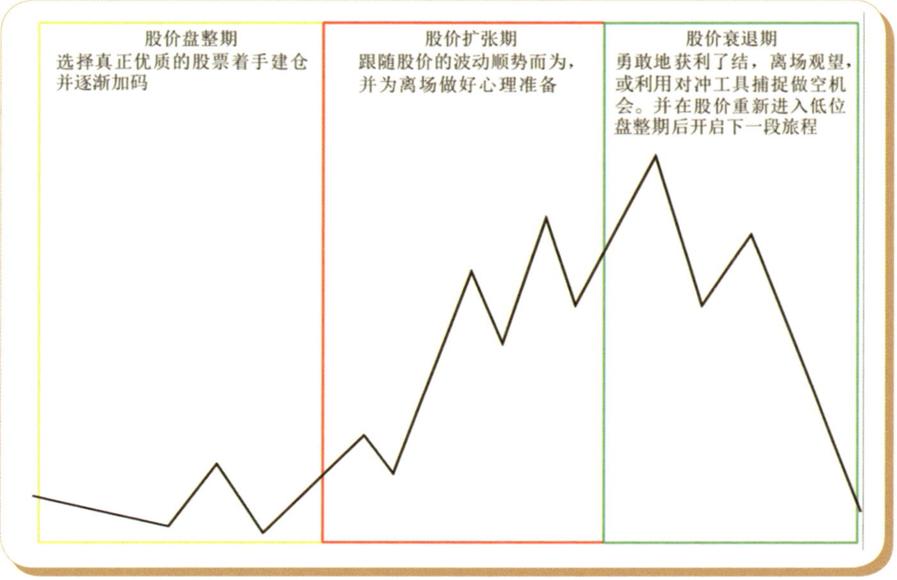

图4 应对股市发展的正确方式

心态需要刻意练习

当然，除了缺乏反复磨炼，无法练就稳定的交易心态之外，大多数散户还存在以下几个问题：一是没有系统的选股策略，有的盲目追求热门股票，有的听从一些所谓的专家荐股，总是一不小心就成了接盘侠，在山顶“站岗”；二是在做具体的股票交易的时候，完全凭所谓的盘感来做，对于什么时候该买什么时候该卖，毫无章法，在买对的时候不敢拿，买错了又放不下，并且交易过于频繁，这般操作即使偶尔能够大赚，但经常也是大亏离场。这就是为什么亏钱的经常是散户——股票还在，钱没了！

要摆脱上面说到的种种操盘困境，你首先要练的：心态！心态！心态！克服恐惧与贪婪，拒绝追涨杀跌；然后搭建好自己的交易系统，做好交易计划，比如通过基本面分析来选股，尽可能提高自己赚钱或者说规避亏损的概率，通过技术面分析来择时，也就是选择恰当的买卖时机，让自己获得更加丰厚的利润；最后是秉持良好的心态，通过正期望的交易系统，反复磨炼基础的交易技能，建立自己的交易“军规”，从而走上利润长存的道路。

结　语

好，我们来总结一下。散户朋友们为什么总是亏钱？从宏观上来说，因为A股本来就是一场负和博弈游戏，上市公司大股东、机构投资者、游资大户拥有的资源和具备的水平远远胜过散户。从微观上来说，散户在心态上，容易陷入追涨杀跌的“韭菜心理”怪圈；在日常操盘上，既缺少系统的选股策略，也没有具体的买卖章法。那怎么应对呢？散户首先要做的就是心态管理，拒绝追涨杀跌，然后搭建好自己的交易系统，做好交易计划，持之以恒地进行刻意练习，形成正向反馈循环。

最后，给你留一道作业题，欢迎你把自己的复盘写在留言区，跟大家一起探讨。我是程大爷，听大爷的话，陪你一起穿越牛熊，我们下期再见。

作业题

你做过最失败的一笔交易是什么？回头看问题出在哪里呢？

留言区

扫一扫，观看本节视频课程，参与互动

第二天

高效看盘的秘密：如何辨别股价趋势

听大爷的话，做股市明白人。你好，我是程大爷，欢迎来到我的“7天训练营”。今天是7天训练营课程的第二天，我们来聊一聊看盘的那些事。

首先问大家一个问题：当你在看盘时，你看的是什么？你思考最多的问题又是什么？

很多散户朋友觉得看盘是一件挺令人操心的事：每天早上九点一刻开始集合竞价，在这之前你可能会先看看昨晚有什么重要新闻、美国股市大涨还是大跌、持仓的股票有什么新的消息，消化完这些资讯“早餐”之后，你还要仔细思考它们对今天的股票走势有什么影响。

等到开盘，市场略显沉闷的时候，你可能又按捺不住心情，要去看看之前卖掉的股票的价格是不是下跌了。如果市场行情火爆，你是不是会纠结是在高点抛掉，还是走个短线做个T？要是行情不妙，你是不是会心里打鼓，担心有什么大利空，为要不要补仓犯难？

要是你真的像大爷刚才说的这样，那可得注意了！盘得看，但是方向不对，努力白费！

两招识别股价运动趋势

那到底怎样才是正确的看盘姿势？有一句话说得好，“兵马未动，粮草先行”，不打无准备的仗！股市如战场，我们投入的本金就是我们拥有的生力军，在调动它们之前，我们是不是要为这场战斗谋篇布局呢？作为一军之将，首要任务就是制订作战方案，而对于每一个投资者而言，看盘的首要任务就是识别股价的运动趋势。

为什么这么说？假如大牛市来了，你天天高抛低吸做短差，怕是一只牛股都抓不住，只能眼睁睁看着火热行情绝尘而去。要是熊市来了，你还在天天幻想反弹解套，甚至抄底补仓，那又会是什么下场？所以，只有在投资战略上深谋远虑，我们才能从容应对盘面的多样变化。

判断股价趋势的方法有很多，我们先来学习通过趋势线判定股价趋势的方法。这里用两个示意图举例子。

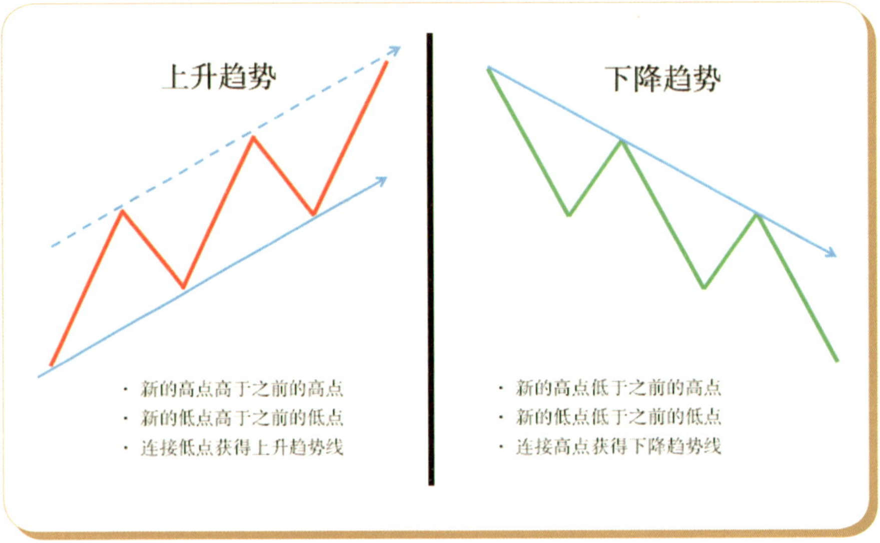

图5　趋势线法判定股价趋势

如图5所示，左边是经典的上升趋势，在一轮正常的上升趋势中，股价的每一个局部高点都高于前期高点，同时每一个局部低点也会高于前期低点。如果我们把每一个低点连成线，你就会很清晰地看到，所有的低点都可能在一条或者多条直线上，这些低点的连线就是上升趋势线。有的时候，局部高点也可能位于同一条直线上，如果将高点也连接起来，就可以看到一个股价运动的上升通道。同样的道理，在下降趋势中，每一个局部低点都会低于前期的低点，同时每一个局部高点也都低于前期高点，而连接所有的局部高点，就得到了下降趋势线。

我们再来看看深证成指的趋势线实例。图6是深证成指2006年末至2008年末牛熊周期的走势图。以2006年末为起点，指数开始沿着上升趋势线稳步上行，在

2007年初的收缩整理和年中的宽幅震荡中，这条上升趋势线始终提供了支撑力量。2007年7月之后，上升趋势线开始变得陡峭起来了，市场情绪被燃爆，并且一直延续到当年年末，直至这轮牛市的终点。而在2008年我们可以清晰地看到下降趋势线压制指数运行足足一整年，直到2008年11月深证成指才穿越下降趋势线，重返涨势，并开启了2009年的报复性反弹小牛市。

图6 深证成指2006年末至2008年末牛熊周期的走势图

趋势线法简单明了，只要你细心观察，很容易就能发现它的存在。可是在很多情况下，想要找到清晰的趋势线并没有那么容易。比如，你看图7，同样是深证成指的走势图，是不是就没有图6那么好画趋势线了？

图7 深证成指2009年中至2010年初走势

这个时候，我们就可以试试用均线法来判定股价趋势了。一般，我们常用的均线有5日均线、20日均线、60日均线、120日均线和250日均线，它们又分别被称作周均线、月均线、季度均线、半年线和年线。其中长、短期都能够适用的是20日均线。现在我们以20日均线为例，看看均线法的效果。均线法的原则是，股价主体运行在均线之上，视为强势，应该看涨；股价主体运行在均线之下时，则视为弱势，应该看跌。根据这一原则，我们可以将图7中这段指数走势划分为“强—弱—强—弱—弱”五个阶段（见图8）。

图8　均线法判定股价强弱

这样看，之前不是很清晰的指数走势，是不是就有些眉目了？

好了，讲了这么多，你还没忘记我们今天要讨论的主题，对吧？没错，就是“如何高效地看盘”。在明确了股价趋势之后，我们就有战略目标了。看盘时，在股价运动为涨势或强势的时候，我们要为建仓、加仓做打算；在股价运动为跌势或者弱势的时候，我们要为减仓、离场做准备。说得具体一点，当股价在上升趋势或者强势运动中，每当股价回撤至上升趋势线或者回落至均线时，要买入，而当股价创新高，接近或者穿越高点连线时，又或者大幅上偏离均线时，要适当卖出；当股价在下降趋势或者弱势运动中，每当股价反弹至下降趋势线或者均线时，适当卖出，而当股价创新低或者穿越低点连线时，又或者大幅下偏离均线时，可适当买入。

确定战略目标，制订交易计划之后，现在看盘就剩最后一个任务了，大家想想是什么？没错，等待交易信号！看盘不是去判断股票会不会涨停，也不是去猜测哪只股票可能成为“妖股”，更不是碰到大跌行情就关掉手机，眼不见心不烦。而是要等待交易信号，执行交易计划，进退有序，从容应对！这样才是“打有准备的仗”，做理性的投资，赚趋势的钱。

最后，给你留一道作业题，欢迎你把自己的复盘写在留言区，跟大家一起探讨。我是程大爷，听大爷的话，陪你一起穿越牛熊，我们下期再见。

作业题

图9是上证指数2014年初至2016年底的行情走势。你能不能画出趋势线，并用均线法识别股价强弱区域呢？另外，你预想中的下一个交易日的交易计划又是怎样的呢？

图9 上证指数2014年初至2016年底的行情走势

扫一扫，观看本节
视频课程，参与互动

留言区

第三天

精选行业&股票的秘密：如何构建自己的股票池

听大爷的话，做股市明白人。你好，我是程大爷，欢迎来到我的“7天训练营”。今天是7天训练营课程的第三天，我们来讲讲如何选股，如何构建属于自己的股票池。

通过上一节课程，大家学习了辨别股票运动趋势的两种方法。既然从技术面看，所有的股票都会出现买点，那么是不是所有的股票都值得进行买卖操作呢？答案显然是否定的。为什么呢？我们先来看看一位交易大师关于行业的论述。

“少年豪赌客”的投资之路

“正如妇女的衣服、帽子以及珠宝的时尚总是随着时间推移而变化，股票市场也会不断抛弃过去的领头羊，新的领头羊将取代旧领头羊的位置。几年前，主要的领头羊是铁路类股票、美国糖业和烟草……如今，只有四类股票在市场上占据主导地位：钢铁、汽车、航空和邮购类股票。”

这是美国传奇投资人利弗莫尔著作里的一段话。利弗莫尔出生在19世纪70年代美国的一个贫穷家庭，14岁的时候他就辍学了，在母亲的支持下，他独自出门闯荡，成了对赌行里一名基层价格抄写员，周薪5美元。这份工作干了大概半年，小利弗莫尔就在同事的诱导下尝试了他的第一笔交易，从此一发不可收拾。在他16岁时，他赚到了人生的第一个1000美元；又过了四年，20岁的他赚到了第一个1万美元，绰号“少年豪赌客”。对赌行将他列入头号黑名单，禁止他交易，原因自然是对赌行经常在他身上赔钱。

在对赌行的生财之路断了，利弗莫尔只能前往纽约华尔街，在真正的券商平台继续进行股票买卖。纵然“少年豪赌客”的名声响亮，但想在华尔街立足也是不容易的。前面几年，利弗莫尔的投资做的是一塌糊涂，有时能够赚点钱，更多的时候都是莫名其妙的就亏光了。亏光了，他又隐姓埋名去对赌行赚点本金回来继续交易。这来来回回又是几年，利弗莫尔开始领悟到了投资的法门。24岁时，他在北太平洋铁路这只股票的交易上赚到了第一个5万美元。29岁时利弗莫尔在旧金山大地震前做空股市，赚了25万美元，并在接下来的一年中持续做空成了百万富翁。

都说人生得意须尽欢，他这百万富翁的帽子戴上还没一年，就在资深专家的建议下投资棉花期货，结果却赔了个精光。福无双至，祸不单行。接下来的几年，由于运气不好加上行情不济，利弗莫尔的股票交易一直赔钱。到他37岁时，这位曾经的百万富翁已经欠下一百多万美元的债务了。

利弗莫尔反复思考后，做出了破产的决定。谁能料到，这竟是书写传奇的转折点。一年以后，利弗莫尔凭借500股伯利恒钢铁的起始交易东山再起，当年就还清了所有债务。利弗莫尔的事业在他52岁的那年达到顶峰，当时美国股市大崩盘，他全力做空股市，净赚1亿美元。

我们来看看伯利恒钢铁这只股票当年的行情走势（见图10），可谓十足的牛股!

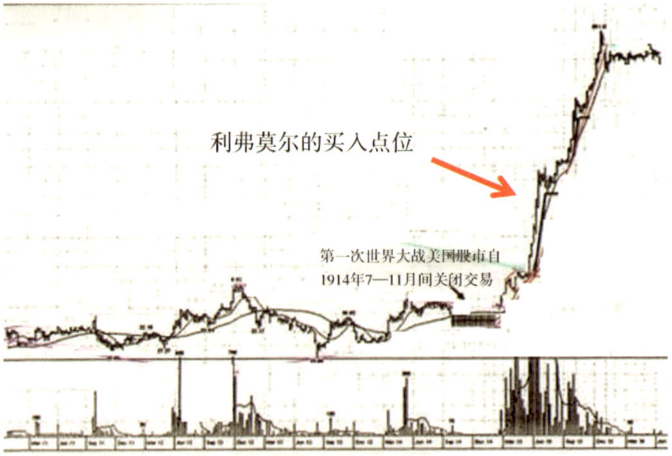

图10　1914—1916年伯利恒钢铁公司股票的价格走势

之所以有这样的行情，主要是因为第一次世界大战的国际环境。当时盟军60%的军需品都产自伯利恒钢铁公司。伯利恒钢铁公司曾经是美国第二大钢铁生产商，但已经于2001年宣布破产了。

如何选好赛道，选对股票?

故事讲完了。可这样一位传奇大师关于行业的论述值得反复品味。好的行业，就像好的赛道，比赛占领了好的赛道，自然就容易取得好的结果，就投资而言，也就是获得好的收益。

这里我们把行业大致划分为三类：增长型行业、周期性行业和防御型行业。所谓增长型行业，就是依靠技术进步、新产品开发和更优质的服务取得超常规的增长速度的行业，过去十年以互联网为核心的网络技术产业就是典型。而周期型行业就是那些与经济周期紧密相关的行业，珠宝行业、耐用品制造行业就属于典型的周期性行业。相比之下，防御型行业并不受经济周期的影响，这类行业的股票虽然在大盘处于弱势下跌过程中比较抗跌，但成长性远不如增长型行业。由此可见，想要获得好的收益，成长股是不可不察的投资标的。

那哪些板块是成长板块？又怎样选择成长股呢？别急，我们先来看看最近这一年的指数收益率。2019—2020年，上证指数、深证成指和创业板指的收益率如图11所示，一目了然。

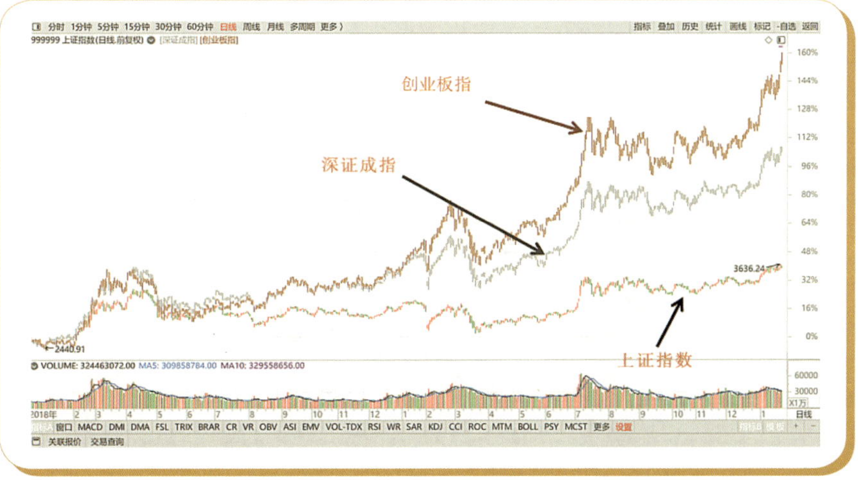

图11 2019—2020年上证指数、深证成指和创业板指的收益率

到底是什么原因造成了如此大的收益率差距呢？图12是上证指数成分股的权重比例图，金融地产、工业与主要消费占据前三；前十大权重股中，金融地产占6席，主要消费占2席，医药卫生占1席。我们再看看深证成指的行业分布（见图13），信息技术、医药卫生和主要消费权重比例共计超过50%。而收益率最高的创业板指的十大权重股中，仅医药卫生一个板块就占了5席（见图14）！由此可见，权重板块构成差异是三大指数收益差距的根本因素。医药卫生、信息技术、工业和主要消费板块是目前板块行情中的领头羊。不难想象，如果我们在这四大板块中研究择股，和那些眉毛胡子一把抓、什么股票都去买的人相比，是不是就已经获取了先天优势呢？

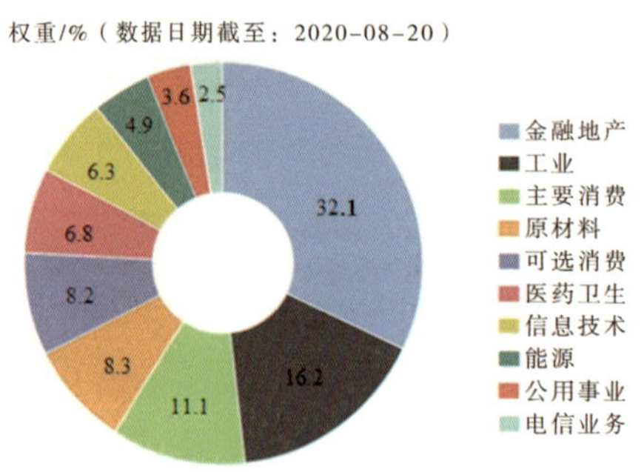

十大权重股　截止日期：2020.08.21

代码	简称		权重/%
600519	贵州茅台	主要消费	5.21
601398	工商银行	金融地产	3.34
601288	农业银行	金融地产	2.56
601628	中国人寿	金融地产	2.30
601318	中国平安	金融地产	2.10
600036	招商银行	金融地产	1.93
601857	中国石油	能源	1.79
601988	中国银行	金融地产	1.74
603288	海天味业	主要消费	1.33
600276	恒瑞医药	医药卫生	1.21

图12　上证指数成分股权重比例

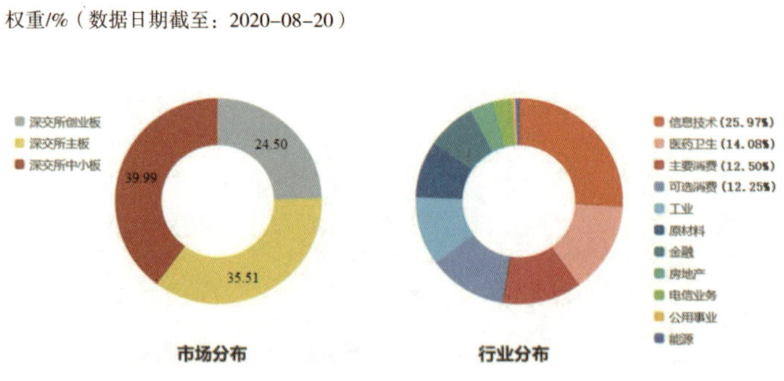

图13　深证成指市场分布与行业分布

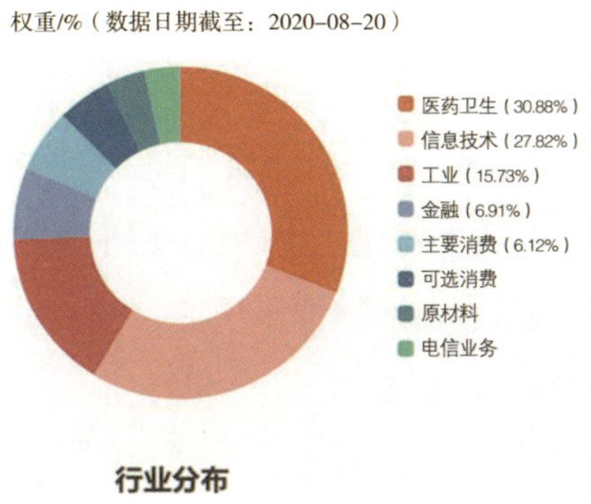

样本代码	样本简称	所属行业	自由流通市值*	总市值*	权重/%
300750	宁德时代	工业	1630.35	4682.83	6.64
300059	东方财富	金融	1513.60	2188.26	6.16
200760	迈瑞医疗	医疗卫生	1332.19	4218.33	5.43
300142	沃森生物	医药卫生	1105.84	1243.17	4.5
300498	温氏股份	主要消费	1086.89	1513.78	4.43
300122	智飞生物	医药卫生	958.51	2976.00	3.9
300015	爱尔眼科	医药卫生	1867.14	1867.14	2.94
300014	亿维能	信息技术	682.16	1107.94	2.78
300601	康泰生物	医药卫生	624.71	1512.17	2.54
300124	汇川技术	工业	526.80	864.33	2.15

图14　创业板指行业分布

现在我们已经有了目标板块，可再仔细一看，这四大板块里面的股票少说也有几百只呀，到底又该选哪只呢？大爷我这里有一个简单的选股方法来教给大家。如图15所示，首先，我们打开“中证指数有限公司官网”，在这个网页中，可以找到“行业市盈率”查询的通道。接下来，选择“中证行业市盈率”，我们就可以看到各个行业板块的市盈率、市净率等相关信息了。而且网站对各个行业都有做进一步的细分，我们也可以查询各个行业细分中的个股列表。有了这些信息之后，我们就可以通过基本面横向比较来构建投资组合了。

图15　简单的选股方法示例

案例分析

接下来，我给大家准备了一个案例参考（见图16~图18）。以“医药卫生—医药生物—制药—化学药”这个行业细分为例，我们查询到个股列表之后，首先要做的就是把所有的信息复制，然后在电脑上新建一个Excel文档，把所有信息粘贴进去。为什么要这么做？因为通过Excel表格的排序功能，我们可以把这些成分股按照“最新市盈率”从高到低排列，这样准备工作就做完了。

行业代码	行业名称	最新市盈率	股票家数	亏损家数	平均市盈率 近一个月	近三个月	近六个月	近一年
00	▾能源	11.88	74	4	11.86	11.64	11.56	12.38
01	▾原材料	23.44	533	32	23.05	20.94	18.49	16.75
02	▾工业	23.69	980	82	23.39	21.48	20.91	20.5
03	▾可选消费	25.39	577	50	25.19	23.44	21.06	19.5
04	▾主要消费	43.26	195	17	41.85	38.23	37.78	37.43
05	▾医药卫生	57.57	340	33	59.68	54.05	48.17	42.57
06	▾金融地产	9.37	241	13	9.18	8.81	8.94	9.42
07	▾信息技术	59.39	603	65	60	56.75	55.04	51.27
08	▾电信业务	35.94	89	14	36.47	34.9	34.53	33.63
09	▾公用事业	18.72	100	3	18.15	17.5	17.18	17.91

图16 “医药卫生—医药生物—制药—化学药”行业选股示例（1）

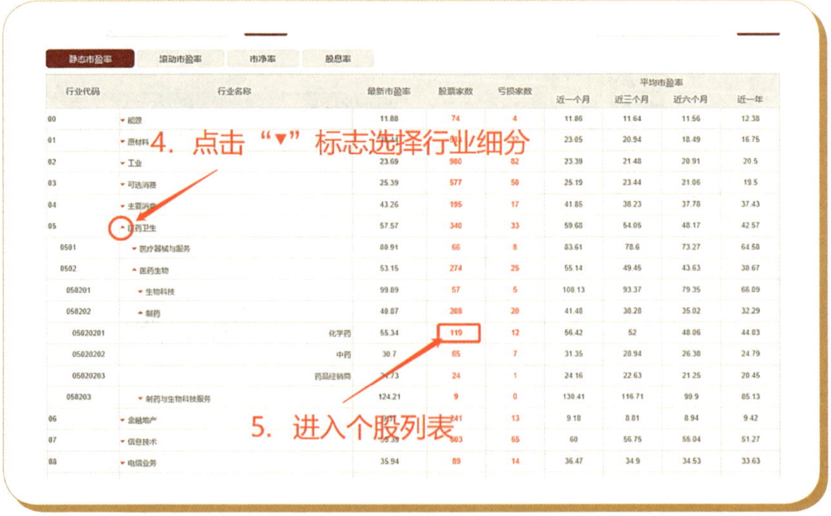

行业代码	行业名称	最新市盈率	股票家数	亏损家数	平均市盈率 近一个月	近三个月	近六个月	近一年
00	▾能源	11.88	74	4	11.86	11.64	11.56	12.38
01	▾原材料	[illegible]	[illegible]	[illegible]	23.05	20.94	18.49	16.75
02	▾工业	23.69	980	82	23.39	21.48	20.91	20.5
03	▾可选消费	25.39	577	50	25.19	23.44	21.06	19.5
04	▾主要消费	43.26	195	17	41.85	38.23	37.78	37.43
05	▴医药卫生	57.57	340	33	59.68	54.05	48.17	42.57
0501	▾医疗器械与服务	80.91	66	8	83.61	78.6	73.27	64.58
0502	▴医药生物	53.15	274	25	55.14	49.45	43.63	38.67
050201	▾生物科技	99.89	57	5	108.13	93.37	79.35	66.09
050202	▴制药	40.87	208	20	41.48	38.28	35.02	32.29
05020201	化学药	55.34	119	12	56.42	52	48.06	44.03
05020202	中药	30.7	65	7	31.35	28.94	26.38	24.79
05020203	药品经销商	[illegible]	24	1	24.16	22.63	21.25	20.45
050203	▾制药与生物科技服务	124.21	9	0	130.41	116.71	99.9	85.13
06	▾金融地产	[illegible]	[illegible]	13	9.18	8.81	8.94	9.42
07	▾信息技术	[illegible]	[illegible]	65	60	56.75	55.04	51.27
08	▾电信业务	35.94	89	14	36.47	34.9	34.53	33.63

图17 “医药卫生—医药生物—制药—化学药”行业选股示例（2）

序号	股票代码	股票简称	所属中证行业一级代码	所属中证行业一级名称	所属中证行业二级代码	所属中证行业二级名称	所属中证行业三级代码	所属中证行业三级名称	所属中证行业四级代码	所属中证行业四级名称	最新市盈率	最新滚动市盈率	最新市净率	最新股息率
1	600227	圣济堂	05	医药卫生	0502	医药生物	050202	制药	05020201	化学药	--	--	1.58	--
2	002326	永太科技	05	医药卫生	0502	医药生物	050202	制药	05020201	化学药	39.59	49.14	3.3	1.14
3	300583	赛托生物	05	医药卫生	0502	医药生物	050202	制药	05020201	化学药	55.25	--	1.69	0.18
4	300584	海辰药业	05	医药卫生	0502	医药生物	050202	制药	05020201	化学药	36.95	39	5.36	0.83
5	688189	南新制药	05	医药卫生	0502	医药生物	050202	制药	05020201	化学药	90.3	86.96	5.53	--
6	600851	海欣股份	05	医药卫生	0502	医药生物	050202	制药	05020201	化学药	93.37	102.92	2.61	--
7	600513	联环药业	05	医药卫生	0502	医药生物	050202	制药	05020201	化学药	43.09	41.8	3.4	0.7
8	002755	奥赛康	05	医药卫生	0502	医药生物	050202	制药	05020201	化学药	22.89	25.56	6.82	1.14
9	000915	山大华特	05	医药卫生	0502	医药生物	050202	制药	05020201	化学药	33.87	30.09	3.88	1.02
10	688166	博瑞医药	05	医药卫生	0502	医药生物	050202	制药	05020201	化学药	203	174.82	16.74	0.15
11	002294	信立泰	05	医药卫生	0502	医药生物	050202	制药	05020201	化学药	52.4	68.93	5.76	1.4

图18 “医药卫生—医药生物—制药—化学药”行业选股示例（3）

那如何横向比较呢？你还记得上证指数中那只医药行业的权重股么？是“恒瑞医药”，对吧？就是它了。我们可以看到恒瑞医药市盈率约为94倍（见图19），而行业细分近半年平均市盈率约为48倍，因此可以初步确定选股市盈率范围为40～70倍，70就是48和94的中间值。用同样的操作方式，我们再将个股按照市净

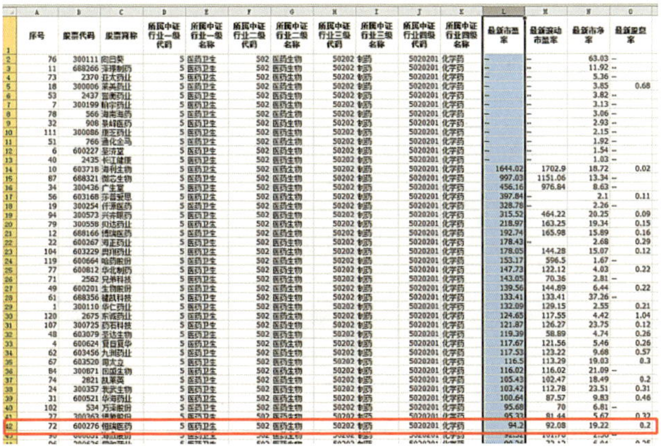

	A	B	C	D	E	F	G	H	I	J	K	L	M	N	O
1	序号	股票代码	股票简称	所属中证行业一级代码	所属中证行业一级名称	所属中证行业二级代码	所属中证行业二级名称	所属中证行业三级代码	所属中证行业三级名称	所属中证行业四级代码	所属中证行业四级名称	最新市盈率	最新滚动市盈率	最新市净率	最新股息率
2	76	300111	向日葵	5	医药卫生	502	医药生物	50202	制药	5020201	化学药	--	--	63.03	--
3	11	688266	泽璟制药	5	医药卫生	502	医药生物	50202	制药	5020201	化学药	--	--	11.92	--
4	73	2370	亚太药业	5	医药卫生	502	医药生物	50202	制药	5020201	化学药	--	--	5.36	--
5	18	300006	莱美药业	5	医药卫生	502	医药生物	50202	制药	5020201	化学药	--	--	3.85	0.68
6	53	2437	誉衡药业	5	医药卫生	502	医药生物	50202	制药	5020201	化学药	--	--	3.82	--
7	7	300199	翰宇药业	5	医药卫生	502	医药生物	50202	制药	5020201	化学药	--	--	3.13	--
8	78	566	海南海药	5	医药卫生	502	医药生物	50202	制药	5020201	化学药	--	--	3.06	--
9	32	908	景峰医药	5	医药卫生	502	医药生物	50202	制药	5020201	化学药	--	--	2.93	--
10	111	300086	康芝药业	5	医药卫生	502	医药生物	50202	制药	5020201	化学药	--	--	2.15	--
11	51	766	通化金马	5	医药卫生	502	医药生物	50202	制药	5020201	化学药	--	--	1.92	--
12	6	600227	圣济堂	5	医药卫生	502	医药生物	50202	制药	5020201	化学药	--	--	1.54	--
13	40	2435	长江健康	5	医药卫生	502	医药生物	50202	制药	5020201	化学药	--	--	1.03	--
14	10	603718	海利生物	5	医药卫生	502	医药生物	50202	制药	5020201	化学药	1644.02	1702.9	18.72	0.02
15	87	688321	微芯生物	5	医药卫生	502	医药生物	50202	制药	5020201	化学药	997.03	1151.06	13.34	--
16	34	300436	广生堂	5	医药卫生	502	医药生物	50202	制药	5020201	化学药	456.16	976.84	8.63	--
17	56	603168	莎普爱思	5	医药卫生	502	医药生物	50202	制药	5020201	化学药	397.84	--	2.1	0.11
18	19	300254	仟源医药	5	医药卫生	502	医药生物	50202	制药	5020201	化学药	328.78	--	2.26	--
19	94	300573	兴齐眼药	5	医药卫生	502	医药生物	50202	制药	5020201	化学药	315.52	464.22	20.25	0.09
20	79	300558	贝达药业	5	医药卫生	502	医药生物	50202	制药	5020201	化学药	218.97	163.25	19.34	0.15
21	12	688166	博瑞医药	5	医药卫生	502	医药生物	50202	制药	5020201	化学药	192.74	165.98	15.89	0.16
22	22	600267	海正药业	5	医药卫生	502	医药生物	50202	制药	5020201	化学药	178.43	--	2.68	0.29
23	104	603229	奥翔药业	5	医药卫生	502	医药生物	50202	制药	5020201	化学药	178.05	144.28	15.07	0.12
24	119	600664	哈药股份	5	医药卫生	502	医药生物	50202	制药	5020201	化学药	153.17	596.5	1.67	--
25	77	600812	华北制药	5	医药卫生	502	医药生物	50202	制药	5020201	化学药	147.73	122.12	4.03	0.22
26	71	2562	兄弟科技	5	医药卫生	502	医药生物	50202	制药	5020201	化学药	143.05	70.36	2.81	--
27	49	600201	生物股份	5	医药卫生	502	医药生物	50202	制药	5020201	化学药	139.56	144.89	6.44	0.22
28	61	688356	键凯科技	5	医药卫生	502	医药生物	50202	制药	5020201	化学药	133.41	133.41	37.26	--
29	1	300110	华仁药业	5	医药卫生	502	医药生物	50202	制药	5020201	化学药	132.09	129.15	2.55	0.21
30	120	2675	东诚药业	5	医药卫生	502	医药生物	50202	制药	5020201	化学药	124.65	117.55	4.42	1.04
31	107	300725	药石科技	5	医药卫生	502	医药生物	50202	制药	5020201	化学药	121.87	126.27	23.75	0.12
32	48	603079	圣达生物	5	医药卫生	502	医药生物	50202	制药	5020201	化学药	119.39	58.89	4.74	0.26
33	4	600624	复旦复华	5	医药卫生	502	医药生物	50202	制药	5020201	化学药	117.67	121.56	5.46	0.26
34	62	603456	九洲药业	5	医药卫生	502	医药生物	50202	制药	5020201	化学药	117.53	123.22	9.68	0.57
35	67	603520	司太立	5	医药卫生	502	医药生物	50202	制药	5020201	化学药	116.5	113.29	19.03	0.3
36	84	300871	回盛生物	5	医药卫生	502	医药生物	50202	制药	5020201	化学药	116.02	116.02	21.09	--
37	74	2821	凯莱英	5	医药卫生	502	医药生物	50202	制药	5020201	化学药	105.43	102.47	18.49	0.2
38	24	300357	我武生物	5	医药卫生	502	医药生物	50202	制药	5020201	化学药	103.42	112.78	23.51	0.31
39	31	600521	华海药业	5	医药卫生	502	医药生物	50202	制药	5020201	化学药	100.64	87.57	9.83	0.46
40	102	534	万泽股份	5	医药卫生	502	医药生物	50202	制药	5020201	化学药	95.68	70	6.81	--
41	27	300363	博腾股份	5	医药卫生	502	医药生物	50202	制药	5020201	化学药	95.33	91.44	5.67	0.32
42	72	600276	恒瑞医药	5	医药卫生	502	医药生物	50202	制药	5020201	化学药	94.2	92.08	19.22	0.2

注：仅作为演示案例，不构成任何投资意见。股市有风险，投资需谨慎！

图19 横向比较个股——案例演示（1）

率从高到低排列好，恒瑞医药市净率为19.22倍（见图20），而行业细分近半年平均市净率为4.56倍，我们可以考虑市净率为4～12倍的股票，12也是4和19的中间值。好了，现在通过Excel表格的筛选功能，把市盈率为40～70倍，同时市净率为4～12倍的个股筛选出来。数量已经不多了，一共有13只股票。可选范围已经大大缩小了。

1	序号	股票代码	股票简称	所属中证行业一级代码	所属中证行业一级名称	所属中证行业二级代码	所属中证行业二级名称	所属中证行业三级代码	所属中证行业三级名称	所属中证行业四级代码	所属中证行业四级名称	最新市盈率	最新滚动市盈率	最新市净率	最新股息率
2	76	300111	向日葵	5	医药卫生	502	医药生物	50202	制药	5020201	化学药	–	–	63.03	–
3	61	688356	键凯科技	5	医药卫生	502	医药生物	50202	制药	5020201	化学药	133.41	133.41	37.26	–
4	107	300725	药石科技	5	医药卫生	502	医药生物	50202	制药	5020201	化学药	121.87	126.27	23.75	0.12
5	24	300357	我武生物	5	医药卫生	502	医药生物	50202	制药	5020201	化学药	103.42	112.78	23.51	0.31
6	84	300871	回盛生物	5	医药卫生	502	医药生物	50202	制药	5020201	化学药	116.02	116.02	21.09	–
7	94	300573	兴齐眼药	5	医药卫生	502	医药生物	50202	制药	5020201	化学药	315.52	464.22	20.25	0.09
8	[illegible]	[illegible]	[illegible]	[illegible]	[illegible]	[illegible]	[illegible]	[illegible]	[illegible]	[illegible]	[illegible]	[illegible]	[illegible]	[illegible]	[illegible]
9	72	600276	恒瑞医药	5	医药卫生	502	医药生物	50202	制药	5020201	化学药	94.2	92.08	19.22	0.2
10	[illegible]	[illegible]	[illegible]	[illegible]	[illegible]	[illegible]	[illegible]	[illegible]	[illegible]	[illegible]	[illegible]	[illegible]	[illegible]	[illegible]	[illegible]
11	10	603718	海利生物	5	医药卫生	502	医药生物	50202	制药	5020201	化学药	1644.02	1702.9	18.72	0.02
12	74	2821	凯莱英	5	医药卫生	502	医药生物	50202	制药	5020201	化学药	105.43	102.47	18.49	0.2
13	75	688566	吉贝尔	5	医药卫生	502	医药生物	50202	制药	5020201	化学药	74.05	74.05	17.22	–
14	95	300630	普利制药	5	医药卫生	502	医药生物	50202	制药	5020201	化学药	67.04	64.87	16.85	0.3
15	12	688166	博瑞医药	5	医药卫生	502	医药生物	50202	制药	5020201	化学药	192.74	165.98	15.89	0.16
16	104	603229	奥翔药业	5	医药卫生	502	医药生物	50202	制药	5020201	化学药	178.05	144.28	15.07	0.12
17	108	603707	健友股份	5	医药卫生	502	医药生物	50202	制药	5020201	化学药	76.25	69.84	14.52	0.47
18	87	688321	微芯生物	5	医药卫生	502	医药生物	50202	制药	5020201	化学药	997.03	1151.06	13.34	–
19	11	688266	泽璟制药	5	医药卫生	502	医药生物	50202	制药	5020201	化学药	–	–	11.92	–
20	14	2653	海思科	5	医药卫生	502	医药生物	50202	制药	5020201	化学药	55.39	47.79	10.96	0.36
21	31	600521	华海药业	5	医药卫生	502	医药生物	50202	制药	5020201	化学药	100.64	87.57	9.83	0.46
22	62	603456	九洲药业	5	医药卫生	502	医药生物	50202	制药	5020201	化学药	117.53	123.22	9.68	0.57
23	8	300702	天宇股份	5	医药卫生	502	医药生物	50202	制药	5020201	化学药	35.94	33.73	9.54	0.43
24	86	300452	山河药辅	5	医药卫生	502	医药生物	50202	制药	5020201	化学药	60.83	57.82	9.33	0.68
25	34	300436	广生堂	5	医药卫生	502	医药生物	50202	制药	5020201	化学药	456.16	976.84	8.63	–
26	91	739	普洛药业	5	医药卫生	502	医药生物	50202	制药	5020201	化学药	58.52	54.2	8.26	0.6
27	46	2626	金达威	5	医药卫生	502	医药生物	50202	制药	5020201	化学药	56.79	47.71	8.16	1.45
28	102	534	万泽股份	5	医药卫生	502	医药生物	50202	制药	5020201	化学药	95.68	70	6.81	–
29	49	600201	生物股份	5	医药卫生	502	医药生物	50202	制药	5020201	化学药	139.56	144.89	6.44	0.22
30	99	2793	罗欣药业	5	医药卫生	502	医药生物	50202	制药	5020201	化学药	38.83	41.97	6.42	0.29
31	66	2907	华森制药	5	医药卫生	502	医药生物	50202	制药	5020201	化学药	41.44	42.28	6.39	0.25
32	55	2755	奥赛康	5	医药卫生	502	医药生物	50202	制药	5020201	化学药	21.16	23.62	6.31	1.24
33	9	300705	九典制药	5	医药卫生	502	医药生物	50202	制药	5020201	化学药	86.22	91.72	6.17	0.18
34	96	300636	同和药业	5	医药卫生	502	医药生物	50202	制药	5020201	化学药	90.26	73.12	6.04	0.25
35	113	300723	一品红	5	医药卫生	502	医药生物	50202	制药	5020201	化学药	55.85	58.28	5.97	0.4
36	69	2294	信立泰	5	医药卫生	502	医药生物	50202	制药	5020201	化学药	52.29	68.78	5.75	1.4
37	27	300363	博腾股份	5	医药卫生	502	医药生物	50202	制药	5020201	化学药	95.33	81.44	5.67	0.32
38	42	603387	基蛋生物	5	医药卫生	502	医药生物	50202	制药	5020201	化学药	27.69	31.57	5.64	1.11
39	4	600624	复旦复华	5	医药卫生	502	医药生物	50202	制药	5020201	化学药	117.67	121.56	5.46	0.26
40	73	2370	亚太药业	5	医药卫生	502	医药生物	50202	制药	5020201	化学药	–	–	5.36	–
41	115	688189	南新制药	5	医药卫生	502	医药生物	50202	制药	5020201	化学药	86.78	83.57	5.31	–
42	80	603566	普莱柯	5	医药卫生	502	医药生物	50202	制药	5020201	化学药	76.51	54.2	5.17	0.77
43	33	300401	花园生物	5	医药卫生	502	医药生物	50202	制药	5020201	化学药	27.09	33.75	5.16	–

注：仅作为演示案例，不构成任何投资意见。股市有风险，投资需谨慎！

图20 横向比较个股——案例演示（2）

最后，我们要打开电脑行情软件，查看这些个股的财务情况（见图21）。大爷我建议大家选择那些净利润为正值、资产负债率低于50%和净资产收益率高于10%的股票作为可投资标的。选择这样的公司就有了一定的基本面保障，然后再通过技术面的操作方式进行合理的投资就有了一定的安全边际，而不是跟风买卖垃圾股票投机赌博了。

序号	股票代码	股票简称	所属中证行业一级	所属中证行业一级	所属中证行业二级	所属中证行业二级	所属中证行业三级	所属中证行业三级	所属中证行业四级	所属中证行业四级	最新市盈率	最新滚动市盈率	最新市净率	最新股息率
14	002653	海思科	5	医药卫生	502	医药生物	50202	制药	5020201	化学药	55.39	47.79	10.96	0.36
86	300452	山河药辅	5	医药卫生	502	医药生物	50202	制药	5020201	化学药	60.83	57.82	9.33	0.68
91	000739	普洛药业	5	医药卫生	502	医药生物	50202	制药	5020201	化学药	58.52	54.2	8.26	0.6
46	002626	金达威	5	医药卫生	502	医药生物	50202	制药	5020201	化学药	56.79	47.71	8.16	1.45
66	002907	华森制药	5	医药卫生	502	医药生物	50202	制药	5020201	化学药	41.44	42.28	6.39	0.25
113	300723	一品红	5	医药卫生	502	医药生物	50202	制药	5020201	化学药	55.85	58.28	5.97	0.4
69	002294	信立泰	5	医药卫生	502	医药生物	50202	制药	5020201	化学药	52.29	68.78	5.75	1.4
41	603538	美诺华	5	医药卫生	502	医药生物	50202	制药	5020201	化学药	45.73	45.31	4.9	0.67
50	600079	人福医药	5	医药卫生	502	医药生物	50202	制药	5020201	化学药	57.76	60.35	4.8	0.14
25	002940	昂利康	5	医药卫生	502	医药生物	50202	制药	5020201	化学药	42.4	39.52	4.73	1.89
45	688366	昊海生科	5	医药卫生	502	医药生物	50202	制药	5020201	化学药	65.81	95.82	4.53	0.51
116	600196	复星医药	5	医药卫生	502	医药生物	50202	制药	5020201	化学药	41.08	42.82	4.17	1.33
17	300119	瑞普生物	5	医药卫生	502	医药生物	50202	制药	5020201	化学药	45.93	39.82	4.06	1.13

逐一考察选中个股的基本面情况，打开行情软件，输入股票代码，点击F10，查看主要财务指标

净利润（正值）/资产负债率（低于50%）/净资产收益率（高于10%）

注：仅作为演示案例，不构成任何投资意见。股市有风险，投资需谨慎！

图21　查看个股财务情况——案例演示

当然，这只是大爷的一个简单案例，仅供参考，不作为具体的投资建议。大家不妨自己动手试试，也去建立自己心仪的股票池吧。

大爷的选股技巧你有没有学会呢？如果你也选出了好的股票，欢迎你把自己的选股心得写在留言区，跟大家一起探讨。我是程大爷，听大爷的话，陪你一起穿越牛熊，我们下期再见。

留言区

扫一扫，观看本节视频课程，参与互动

第四天

精准抄底的秘密：如何抓住主升浪

听大爷的话，做股市明白人。你好，我是程大爷，欢迎来到我的“7天训练营”。今天是7天训练营课程的第四天，这节课我们一起来学习股价爆发前的经典形态。

股民们都说，牛短熊长是A股的特色，话虽然这么说，但如果真的遇上一轮牛市，资产能够大幅增值的话，谁还有心思去计较长短？赶紧上车才是王道。可偏偏总有些股民度日如年地熬过了熊市，却在牛市里被气哭了！

股票一买就跌，一卖就涨。明明自选股里面就那么几只股票，偏偏没买的那只就要“作妖”涨上天，连头都不回一下。而看好买入的那几只股票，一买就被套，好不容易快要回本了，又来一波大跌，而且还买在山顶，高处不胜寒！最让人郁闷的是，痛定思痛割肉以后，股价立马开始反弹，还创下新高！你有没有这样的经历？如果有的话，你是不是觉得主力真狠：“就连我这点蚊子肉都不放过，简直就是盯着我，精准收割呀！”

大爷我相信，散户朋友们肯定都有过这样的切身体会，而之所以会有这样的情况发生，多数是因为买入时机不对。只有以好的价格买入，才能有好的投资心态，有了好的投资心态，操作策略才不会改变，从而才会有好的投资收益。

K线三角形模型

华尔街有句名言，叫作“让利润奔跑”，看着利润奔跑是轻松的，不仅心情愉悦，甚至还可能赚到更多的钱。好的开始是成功的一半，一笔交易有了一个好的买入点，结果往往都不会太差。

那什么时候买才是好的买入时机呢？今天大爷带你学习的，是K线的三角形模型（见图22）。

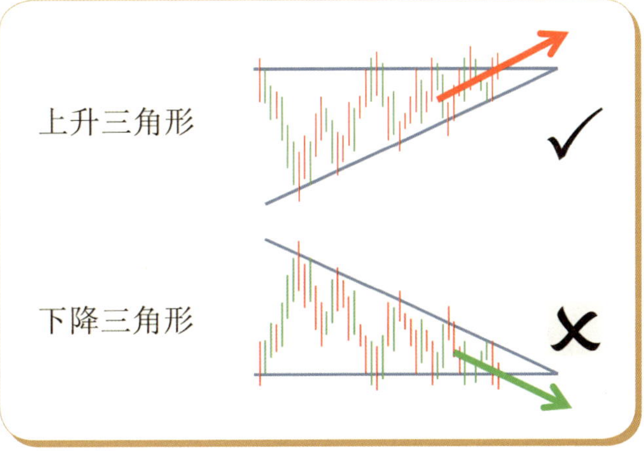

图22 K线的三角形模型

股价的三角形整理方式分为上升三角形和下降三角形。在上升三角形中，股价的局部低点分布在一条向上倾斜的直线上，而股价的局部高点则分布在一条水平直线上，这样就构成了一个向上收敛的三角形形态。每当股票行情出现这样的形态时，价格往往会出现向上突破的走势。与此对应的是，当股价的局部高点分布在一条向下倾斜的直线上，而所有低点都分布在一条水平直线上时，就构成了下降三角形整理形态。出现下降三角形整理形态，股价的后续运动趋势大概率是继续下跌。

我们来看看实盘个股案例。如图23所示，这只名叫“买入就涨A”的股票在出现经典的上升三角形形态整理完毕后，向上突破，启动了一段大牛行情。

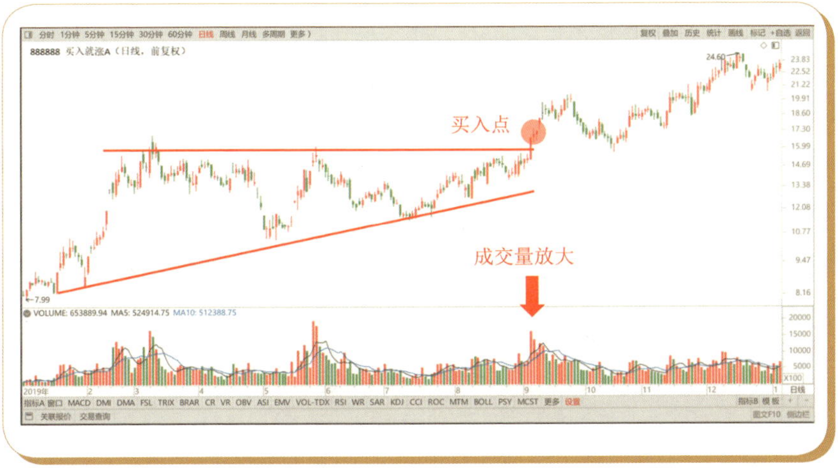

图23 上升三角形形态的突破买入点

假如你在行情突破的时候买入，还用得着为亏损担心么？如果你仔细观察，就可以发现，在三角形整理形态的末端，股价向上突破之时，这只股票的成交量也是显著放大的，这也是行情突破开始的一个特征。假如你当时已经买入了，并且有了不错的利润，那还要做什么？当然是加仓了！那什么时候才是加仓好时机呢？这里给大家一个建议，在股价回撤后重新创新高时，进行适当加仓，如果行情继续上涨，就把握住这只大牛股，让利润奔跑吧！

“上升三角形的向上突破”是不是百战百胜呢？肯定不是，我们再来看看这只“买入就涨B”股票（见图24），这是一个典型突破失败的案例。

图24　上升三角形形态的止损离场线

在股价突破形成一个买入点之后，行情掉头向下，大跌了12%左右，如果我们买入并持有，必然遭受重创。所以，我们应该在上升三角形形态出现行情突破之后，把三角形的水平直线所在价位设定为止损离场点（亦可将局部低点价位设置为止损离场点）。如果股价跌破这个价位，我们就该马上止损离场，以防极端行情的发生。

会止损到底有多重要？

好，看完了实盘案例解析，我们来做一次模拟演练。图25是上证50指数在

2018年末到2019年末的走势图。我先解释一下什么叫“上证50指数”。这个指数是上海证券交易所（简称“上交所”）挑选规模大、流动性好的50只股票，共同组成样本集合，用来反映上交所最具影响力的一批优质大盘企业的整体状况。

图25 上证50指数2018年末至2019年末走势

好了，回到正题。很明显现在指数走势已经形成上升三角形形态，并且已经进入整理阶段末期了。那你能画出上升三角形的边界吗？画完之后，你有没有找到突破买入点呢？

分析完行情之后，假如我们在图26买入点建仓，看看后续行情如何发展：在买入2周之后，股价重新回落到上升三角形的上边直线（如图26所示），某一天

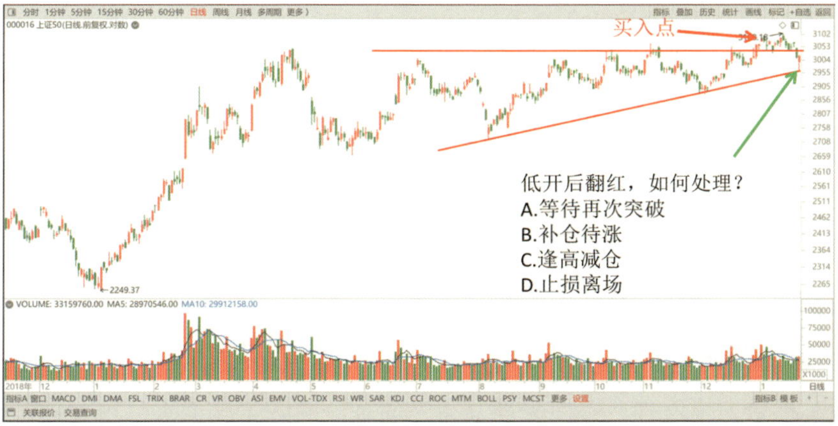

图26 你会如何操作？

市场开盘大跌，但是接近收盘的时候，已经是大涨翻红了。你会怎么做？是保持持仓等待重新突破，还是补仓拉低成本等待大涨？或者是逢高减仓，还是止损离场？

答案是，止损离场才是最佳选择。一定会有人说，为什么不可以选择逢高减仓？这不是可以减少损失吗？确实，逢高减仓是能够减少损失，但是谁能保证最初逢高减仓的操作意图不会被人性的贪婪所吞没，变成“明天再看看”呢？

如果真的变成“明天再看看”，会发生些什么？如图27所示，虽然当天低开大涨翻红，但是第二天市场直接低开暴跌，不仅头一天刚涨回来的本金没有保住，亏损还进一步扩大，深度套牢了！现在散户估计更舍不得止损了。

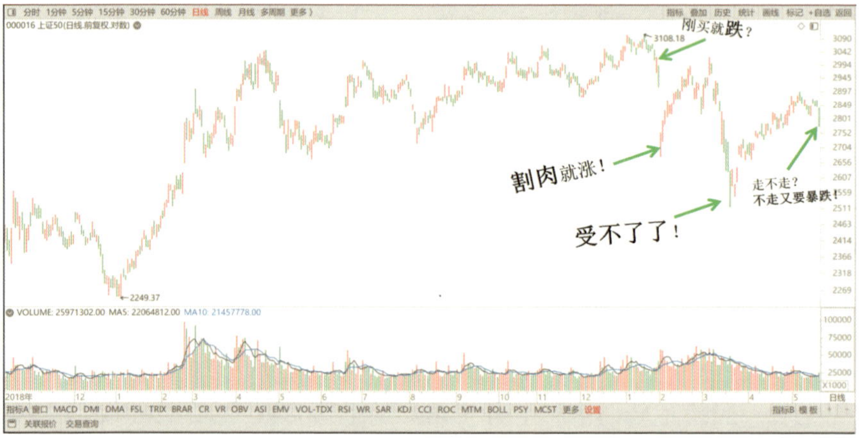

图27　上升三角形突破失败后行情逆转

还不放手？再过一天开盘直接就快跌停了！你还受得了么？如果你受不了现在割肉，那一买就跌，一卖就涨的噩梦就发生了。当股价重返高点的时候，如果你方寸已乱，开始盲目追高，幻想牛市又回来了的时候，暴跌又接二连三！如果这样的行情发生在你身上，想想这是什么感受吧。会不会心如死灰，沉浸在“牛市已去，熊市压境”的悲伤中？

当你远离股市时，接下来一个月左右的时间，让你无奈的事情发生了，如图28所示，指数大幅反弹，不但失地复得，而且一骑绝尘涨上天！现在你又作何感想？是主力盯着你收割吗？不，是你自己的贪婪收割了自己！现在明白为什么“止损离场”是最佳选择了吧！

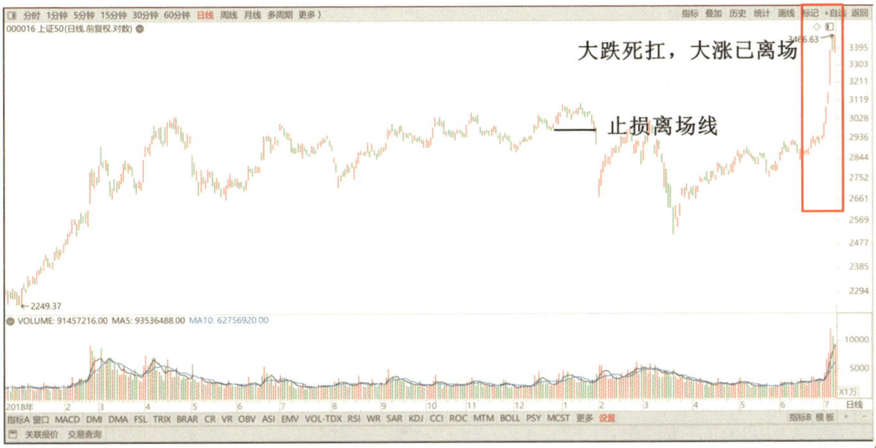

图28　上升三角形突破失败后“止损离场”是最佳选择

今天课程的内容讲完了。最后，留给大家一个思考题，欢迎你把自己的策略写在留言区，跟大家一起探讨。我是程大爷，听大爷的话，陪你一起穿越牛熊，我们下期再见。

思考题

在2019年底到2020年这段行情中，你认为理想中的交易计划是什么样的呢？

留言区

扫一扫，观看本节视频课程，参与互动

第五天

精准逃顶的秘密：如何实现高位收割

听大爷的话，做股市明白人。你好，我是程大爷，欢迎来到我的“7天训练营”。今天是7天训练营课程的第五天，这节课我们来学习股市中常见的顶部形态以及处理盈利的正确方式。

股市里有句老话“会买的是徒弟，会卖的才是师傅”，为什么这么说呢？所谓“打江山不易，守江山更难”。很多散户朋友在获得超额收益之后，不知道该在什么点位清仓，在熊市来临之时，仍然把股票捂得紧紧的，一场牛熊行情下来，就像坐了一趟升降梯，仅仅只是纸上富贵了一把。

要想真正通过股票实现财富自由，不仅要知道如何买股赚钱，更应该知道如何卖股——把纸上富贵转换为真金白银。实际上股市牛熊行情之间的转换，往往不是短时间内发生的，而是需要一段相当长的时间来完成。只要掌握了股市顶部的基本形态，在炒股的进阶路上，你就迈出了通往成功的一大步。

经典顶部形态——头肩顶

我们先来看看今天学习的第一个顶部模型——头肩顶。头肩顶是最经典的顶部形态，你还记得我们在之前的课程里，讲到的上升趋势中的股价形态特征吗？在上升趋势中，每一次的局部高点都会高于前期高点。而伴随着股价上涨进入尾声，这一基本形态规律将被打破。当第一次出现局部高点明显低于前期高点的时候，就形成了头肩顶形态的基本结构。这一形态中的最高点就像人的头部，而左右两个次高点就像左右双肩，“头肩顶”便因此得名。

如图29所示，如果我们连接头肩顶形态中头和两肩之间的两个低点，所画出的直线就叫作颈线。如果你持有的股票出现了这样的形态，并且股价已经跌破了颈线，绝对不要心存侥幸，这是一个强烈的卖出信号！有的时候，上升趋势线和颈线重合，这个时候，只要股价跌破趋势线就要引起警觉，做好离场的准备了。还有一种特殊情况尤其要注意，当右肩高点还没有形成，但是低点已经明显跌破上升趋势线时，假如右肩高点刚好反弹到趋势线位置，这个时候正是逢高减仓的最佳时机，而当股价进一步下穿颈线，就要当机立断，坚决离场了！

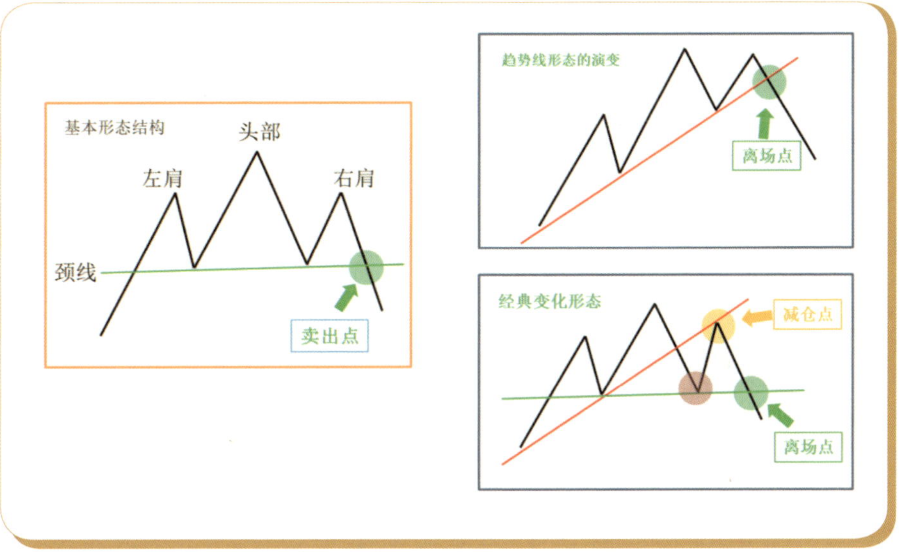

图29　头肩顶形态模型

接下来，我们来看一个实盘案例（见图30）。你能不能看出“卖在高点A”这只股票的头肩顶形态呢？

图30　头肩顶形态实例

如图30所示，股价在到达头部高点之后，短期之内大幅下跌，随后又持续盘整了差不多1个月，看起来股价已经企稳，给了多头一点喘气机会，但是紧随其后股价跳空大跌下穿颈线，多头溃不成军，一熊到底。那些没有在股价跌破颈线时卖出的朋友，现在割肉就痛了！

再看图31，你看到高位减仓的时机了吗？

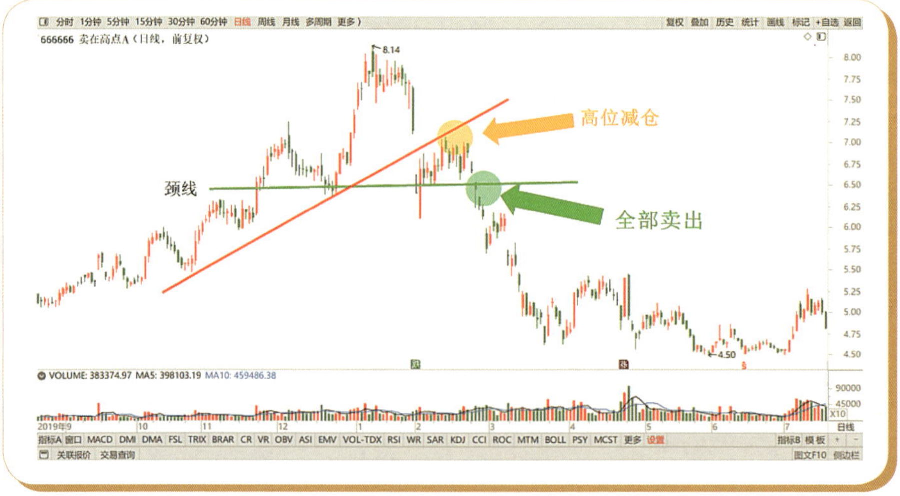

图31　头肩顶形态中高位减仓的时机

你可能会问，为什么在这个位置要减仓？干脆等到跌破颈线离场不就好了吗？答案很简单，在此之前的右肩低点已经跌破上升趋势线了，这就是股价涨势逆转的危险信号！所以股价反弹至趋势线附近，减仓就是一种防御性的策略，这样我们前期获得的盈利可以尽可能地落袋为安。如果后期股价重回正轨，剩余的仓位还能够持续盈利，而且如果机会合适，只要我们愿意，同样能把减掉的仓位补回来。

谨防突破假象——双重顶

好了，头肩顶我们就讲到这里，接下来我们来学习今天的第二个顶部模型——双重顶。这个模型最显著的特征，就是新的高点和前期股价的高点相近，常常还会比前期高点高一些，形成突破的假象。

面对图32中标出的三个操作点位，你会如何做呢？在双重顶形态里，我们的最优操作是，在A点保持持仓，在B点减仓观察，在C点坚决离场。尤其需要强调的是，切记不能在B点和C点之间的回落区间进行补仓！千万不要让拉低成本价这点小心思，造成后期无法挽回的亏损局面（见图33）！

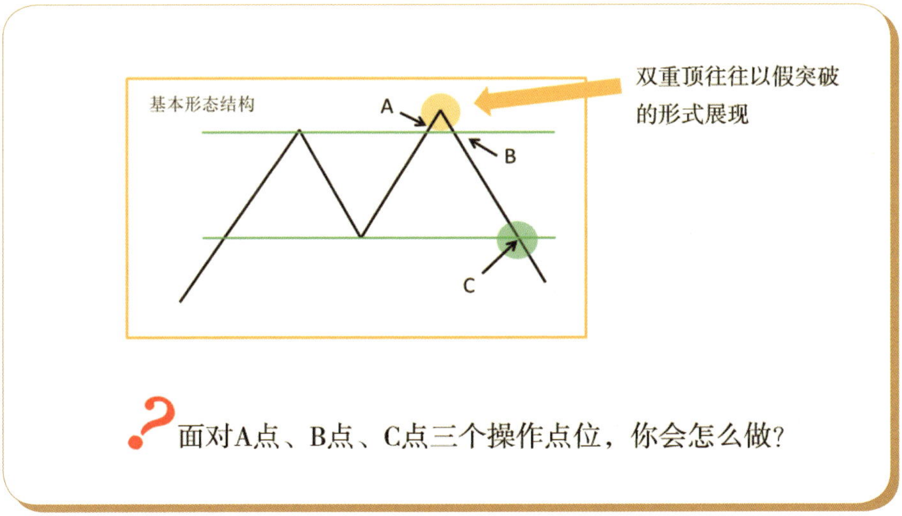

图32　双重顶形态模型（M头）

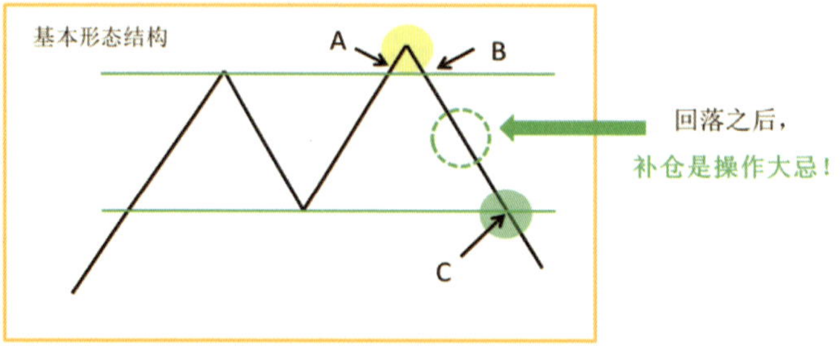

图33　双重顶形态各个阶段的操作策略

同样，我们来看一个双重顶的实盘案例（见图34）。

图34　双重顶形态的实战案例

按照刚刚介绍的操作思路，在这只“补仓被套”的股票上进行相应的操作。我们应该在股价创出新高立马发生回落的情况下，进行相应的高位减仓操作，在股价跌破前期低点时清仓离场。如果散户朋友在股价回落期间进行了补仓，那么在心理上一定是倍受折磨的。万幸的是，这一次市场又重新反弹至前期低点价位，这正是难得的改错机会，也是下跌行情的二次确认，如果这个时候还心存幻想，就失去了断臂求生的最后机会了！

多重顶的空头信号——跌破前期低点

最后，我们学习的是多重顶模型（见图35）。实际上，这个模型可以看成是双重顶模型的进一步衍生变化，这两个模型的相通之处，就是下降趋势的确认都是以跌破前期低点为明确信号。

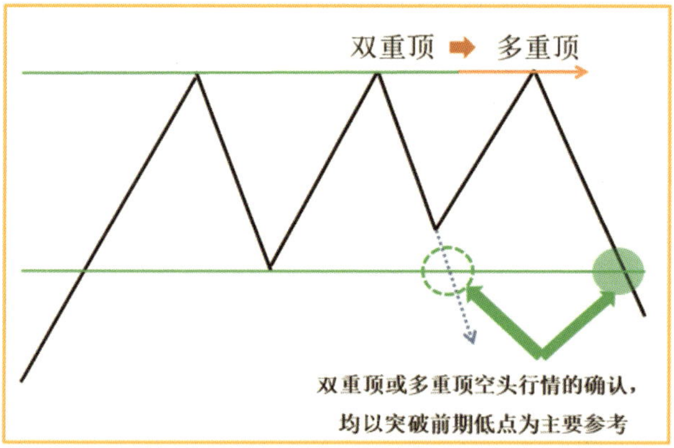

图35　多重顶形态模型（双重顶的衍生形态）

我们来看看这只名叫“逢高必减”的股票，它的多重顶形态一目了然（见图36）。每当股价反弹到前期高点时，怎么操作才是最优选择，你现在应该猜到了吧？

图36　多重顶形态实战案例

现在，我们来总结一下，面对股票盈利时正确的处理方式：当你手中持有的股票涨得还不错，获得了令人满意的投资收益时，千万不能得意忘形，要尽可能以平常心仔细地研究股价形态；如果出现了危险信号，要提前做好心理准备，同时择机降低仓位，保持心理上的平衡感；假如股价真的触发了离场信号，一定要斩断任何侥幸想法，果断获利了结。

那股票赚钱卖出后，接着怎么操作呢？我的建议是适度休息，再做打算。因为市场整体行情很难在短期内发生转变，既然持仓的股票触发了离场信号，那市场上其他大部分的股票可能当下也不会有很好的行情了。现在应该耐心等待市场酝酿下一轮上涨，对市场保持持续的关注，重新思考和建立下一次的交易计划。

好了，今天的课程到这里就结束了。给你留了一道作业题，欢迎你把自己的策略写在留言区，跟大家一起探讨。我是程大爷，听大爷的话，陪你一起穿越牛熊，我们下期再见。

作业题

我们再来看看前面“逢高必减”这只股票（见图37），当股价回落到前期低点的位置附近，但并没有跌破前期低点，双重顶下跌行情还没有被正式确认，这个时候能不能补仓呢？

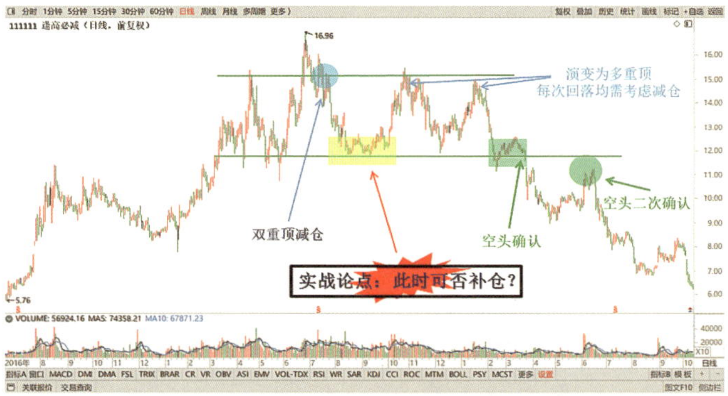

图37　多重顶形态演变过程中的策略讨论

留言区

扫一扫，观看本节
视频课程，参与互动

第六天

实现稳定正期望收益的秘密：如何三招提升交易水平

听大爷的话，做股市明白人。你好，我是程大爷，欢迎来到我的“7天训练营”。今天是7天训练营课程的第六天，我们一起来学习著名的交易系统——海龟交易法则。

首先，我们要弄清一个问题：交易系统是什么？股票交易往简单了说，不就是动动手指，看好就买，不看好就卖吗？一共就买和卖两个操作，还能有什么新鲜花样？你可别说，还真有。不同的股票交易系统就像武侠小说里不同的武林门派，虽然都是舞刀弄剑，可是内功、心法、招式、路数、层次的不同，也造就了名门大派和三教九流之间的区别。

如果把股市比作武林，要想在其中谋得一席之位，只靠零零散散的三脚猫功夫肯定是不行的。但凡武学大师或是交易大师，都是集各家所长而自成一派。所以一套成熟的交易系统无论简单还是复杂，都是经过了精心设计的。虽然只有买和卖，但是交易系统不但会指导你买什么，在什么时候买，也会告诉你应该买多少，又该什么时候卖。我们掌握了一套交易系统，就像学会了一套独门秘籍，在面对刀光剑影的市场时，自然就能够做到进退有序，收放自如了！

今天我们要学习的这套交易系统，叫作“海龟交易法则”。这套交易系统起源于一场赌局：20世纪美国期货市场传奇理查德·丹尼斯和他的好朋友常常因为一个问题争论不休——伟大的交易员到底是天生的还是后天培养的？丹尼斯认为伟大的交易员是可以培养出来的，为了证明这个观点，他在《华尔街日报》等著名报刊上刊登了大量的广告。打广告做什么呢？招募交易学员！他宣称一旦入选，将会传授自己多年来的独门交易方法。

理查德·丹尼斯是什么人？他在美国期货交易所可以说是叱咤风云，因为他把本金从400美元做到了2亿美元。他的任何一个交易操作都足以引起市场巨量跟风。就是这么一个交易大佬，说：“现在我要开门收徒了！”丹尼斯把他招募到的学员叫作“海龟”，并亲自给“海龟”们做了两周的培训，在接下来的4年半的时间里，“海龟”们就实现了80%以上的年平均收益！其中一位“海龟”把他的经历写成了一本叫作《海龟交易法则》的书，揭开了丹尼斯交易法则的神秘面纱。

如何通过ATR指标建仓？

在讲解海龟交易法则如何指导交易之前，我们有必要先来了解一下海龟交易法则里的一个关键指标——ATR指标（计算基础仓位的重要参数）。这个指标的中文名字叫作“市场平均真实波动范围”。现在我们用的交易软件已经把这个指标作为常用指标了，打开电脑、手机炒股软件自带的指标库，我们就可以调用这个指标了（见图38）。

$$\text{头寸规模单位} = \frac{\text{账户的1\%}}{\text{ATR} \times \text{每单位头寸的价格}}$$

图38　交易软件中设置ATR指标

同时通过参数设置，就可以让电脑帮我们计算出最近20个交易日的ATR值。这个参数有什么用呢？这是计算基础交易单位的重要参数。

我举一个例子你就明白了。我们以华泰证券（601688）这只股票为例，2020年6月19日，这只股票的ATR值为0.37，假如账户本金为10万元，那基础交易单位是多少股呢？计算公式是账户本金乘以1%之后，再除以ATR值。

$$\text{基础交易单位}=\frac{100000（\text{账户本金}）\times 1\%}{0.37（\text{ATR值}）}\approx 2703（\text{股}）$$

计算出基础交易单位之后，建仓和加仓数量就都可以以它为依据。不过考虑到A股目前交易是"T+1"制度，也就是当日买入第二天才可以卖出，所以大爷建议实际采用的基础交易单位，应该在计算结果的基础上减少一半以上的规模（参考采用基础交易单位1/8 ~ 1/6的规模）。如果减少一半规模，那就是大概1352股。

我们来算算10万元的本金最多可以买多少股华泰证券。当日华泰证券收盘价为18.83元，以此计算的话，可以买5310股。这样看一个实际基础交易单位1352股，大概就是总仓位的25%。你是不是会想，这么厉害的方法，为什么只买这么点仓位，难道不应该半仓或者重仓吗？

为什么要这样制订规则呢？我来给你举个例子。假如你和庄家对赌抛硬币，如果出现的是正面，庄家付给你2元钱，但如果出现的是反面，你只要付给庄家1元钱（见图39）。假如你有1000元钱，你愿不愿意下注呢？

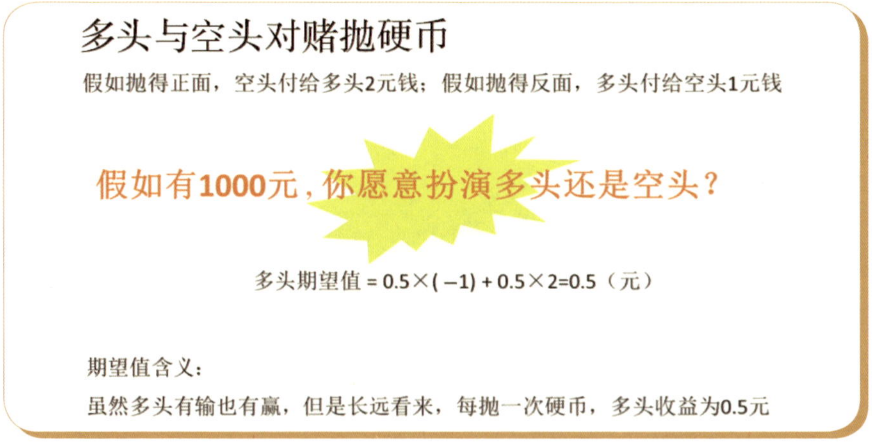

图39　多空对赌情景一

怎么去考虑这个问题？其实很简单，我们算一下收益期望值就知道值不值得下注了：只要把在每种情况下可以获得的收益值，乘以这种情况发生的概率，然后再把它们加起来就可以了。所以：

参与下注的收益期望值 = 0.5 × （ –1 ）+0.5 × 2=0.5（元）

这个期望值意思就是说，虽然你有时候能赚2元，有时候会输1元，但从长远来看，每抛一次硬币，你都能够实现正收益0.5元。现在知道要不要下注了吧？

那如果我们换个对赌方式（见图40），如果硬币出现正面，庄家付给你2000元钱；如果出现反面，你付给庄家1000元钱。现在同样只有1000元，你愿不愿意下注呢？同样地，我们算出收益期望值是500元，看上去还是正期望，下注有利。但是你要想想，假如你第一把就输了呢？那就没有第二把了！

图40　多空对赌情景二

所以收益期望值需要在样本数量足够多的情况下才能实现。换句话说，得有足够多的交易次数才能实现海龟交易法则的收益正期望，可不能一次就输个精光。通过基础交易单位控制仓位就是这个道理。

按照海龟交易法则控制仓位，我们还要遵守几个原则（见表1）：单只个股总仓位不能超过4个基础交易单位，单一板块不能超过6个基础交易单位，多个板块不能超过10个基础交易单位。

表1　不同市场下的头寸上限

投资范围	头寸上限
单个市场（单只个股）	4
高度关联的多个市场（单一板块）	6
松散关联的多个市场（多个板块）	10

如何通过海龟交易法则确定买卖点？

现在，学习了这些基础概念之后，我们可以来讲讲最核心的买卖问题了。海龟交易法则由长期和短期两个交易系统组成，如图41所示，短期交易系统以20日最高价为基础，只要股价超过20日最高价，就建仓买入1个基础交易单位，但如果前一次短期交易是获利离场的，那么这次短期交易计划就暂停一次。

系统1：以20日突破为基础的短期系统

系统2：以55日突破为基础的长期系统

系统1建仓信号：

- 价格超越20日最高价，则买入1个基础交易单位
- 如果上一次入场后止损离场，则本次信号立即执行。但如果前次建仓后，触发离场条件离场并获利，则本次信号不执行

系统2建仓信号：

- 价格超越55日最高价，则买入1个基础交易单位
- 每次信号发生都立即执行建仓

图41　海龟交易法则的建仓信号

而长期交易系统以价格超过55日最高价为建仓信号，买入单位也是1个基础交易单位，每次信号触发都立即建仓。

建仓完毕后，每当股价上涨0.5个ATR，就加仓1个基础交易单位。但如果建仓后股价没有上涨，却下跌了2个ATR，就要立即止损（见图42）！

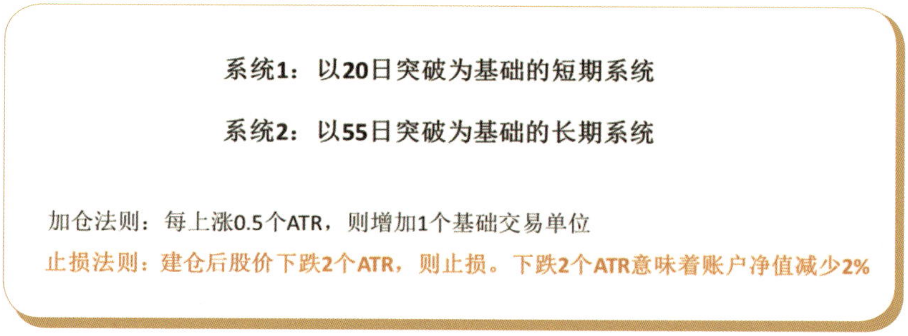

图42　海龟交易法则的加仓与止损规则

止损是必须要坚决执行的原则。华尔街有句名言，“有老的交易员，也有不怕死的交易员，但没有不怕死的老交易员”。还记得刚刚说的那个抛硬币的例子吧，一次交易的成败不会影响大局，我们要追求的是长期的收益正期望！

最后，我们看看海龟交易法则的离场（见图43）。短期交易系统的仓位在股价跌破10日最低点时卖出离场，而长期交易系统的仓位在股价跌破20日最低点时卖出离场。

看上去不难，对吧？但实际上正是“离场”这个环节最难做到。因为遵循这一原则可能遭受账面利润的巨大回撤！要知道丹尼斯的交易心法之一是：95%的利润源自5%的交易。看上去某一次的利润损失会很大，但这一准则也给带着盈利离场保留了足够多的机会。

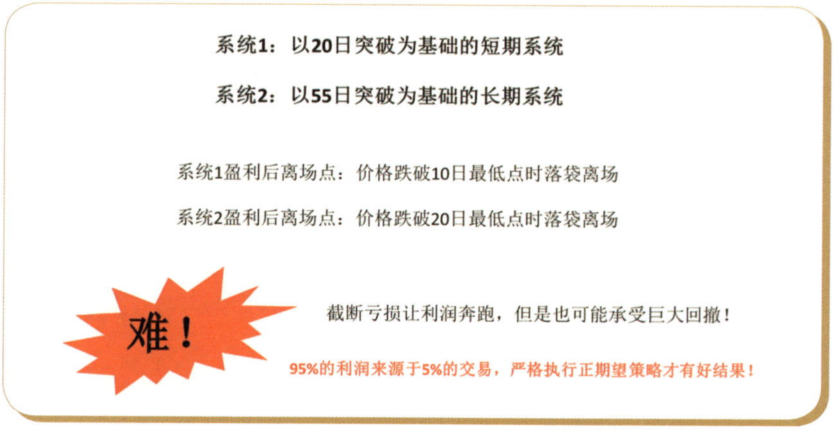

图43　海龟交易法则的离场信号

这就是海龟交易法则的全部内容，简单到交易大师丹尼斯给“海龟”们做的培训也仅仅只有2周的时间。现在我们再来看看第一次“海龟”招募的情况，第一批前来面试的应征者超过1000人，但最终只有40人有幸和丹尼斯面谈，最后只有13人成为首批“海龟”。他们的背景是这样的：一个拥有芝加哥大学语言学博士学位的人；一个对赌博和一切游戏感兴趣的人；一个职业21点和双陆棋玩家；一个谷物交易员，他在校期间曾拿过国际象棋冠军；一个会计师；几个有交易经验的人。

在我看来，丹尼斯对“海龟”智商的要求应该是有基本门槛的，但更重要的应该是考察他们运用概率思维的能力。那么，你认为伟大的交易员是天生的吗？欢迎你把自己的答案写在留言区，跟大家一起探讨。我是程大爷，听大爷的话，陪你一起穿越牛熊，我们下期再见。

留言区

扫一扫，观看本节
视频课程，参与互动

第七天

A股避坑的秘密：如何走上盈利长存之路

听大爷的话，做股市明白人。你好，我是程大爷，欢迎来到我的“7天训练营”。今天是7天训练营课程的最后一天。通过学习之前的几节课程，相信你现在对A股交易应该已经有了一定了解。你是不是已经进行交易实战了呢？今天我们就来聊一聊A股交易实战中常见的一些需要注意的问题。

很多散户朋友一说起股票来就眉飞色舞，什么金叉、死叉、公司盈利啦，最后还不忘加上一句“肯定要涨到××价位”。如果单纯只是炫技吹牛皮，这倒也无所谓。但请你一定不要把股价走势预测和股票买卖交易混为一谈，因为这根本是两码事儿（见图44）。

没有计划，全靠眼缘或盘感

- 什么股票都买，四处出击，买了什么都不记得了
- 爆雷后才发现企业严重亏损或者存在财务造假等严重问题
- 容易被市场情绪鼓动，演变成追涨杀跌

股价预测与股票交易是两回事。股价预测可以靠眼缘与盘感，但股票交易需要明确建仓、加仓与离场等准则。用交易系统来约束交易行为，这也为交易本身系上了安全带。

图44　A股交易实战中常见的问题（1）

很多小白散户在学会一定的技术分析原理之后信心倍增，通过画不同的线来测算预测顶底，好像股神附体，在实盘买卖操作上也是四处出击，一顿操作猛如虎，一旦运气不佳，股票爆雷狂跌，才后知后觉公司经营问题重重，要么早已严重亏损，要么存在财务造假；就算运气不错，避开了问题股，也容易被市场情绪鼓动，演变成追涨杀跌而浑然不觉。这样还谈什么理性投资？所以每一笔股票交易一定要建立交易计划，要通过交易系统来约束交易行为，这样才能为股票买卖系上安全带。

当然，有时候谈论股票不仅仅是技术交流，有的散户还喜欢从中打听一些所谓的内幕消息（见图45），他们会自我催眠：虽然说股票还是自己的好，但是消息还是要打听打听的，正所谓兼听则明，说不定有什么大利好呢！每天收市以后，一定要逛逛贴吧、论坛，或者交流群，特别是在股票重仓的时候，就怕有什么利空！实际上，无论从基本面还是技术面上看，交易本身都是概率事件，大多数消息是可以提前从基本面或者技术面上找到蛛丝马迹的。任何消息的传递都有时效性，要做到理性投资，就要坚持独立思考，不能沉迷于市场消息，而应该综合考虑消息对交易计划实施的影响，提前做好应对策略。

听信小道消息

- 追求小道消息，并且不通过独立思考来甄别消息的时效性
- 每天必须要看看贴吧、论坛或者交流群
- 有持仓就怕利空。只要不是好消息，那肯定是利空

> 无论从基本面还是技术面上看，交易本身仍旧是概率事件！大多数消息已经可以提前从基本面或技术面找到端倪。
>
> 消息的传递终究存在时效性，而你需要坚持独立思考，综合考虑消息对交易计划实施的影响，提前做好应对策略。

图45　A股交易实战中常见的问题（2）

另外一个常见的问题，就是散户们无法正确对待股价下跌（见图46）。在有

些朋友看来，股价上涨就是对的，下跌就是错的。谁的错？大盘的错、公司的错，甚至是美股的错，反正总能把“锅”甩出去，找到合理的解释！他们会觉得自己没有错，然后持仓等待反弹，甚至是加仓死扛，不曾想过底下还有地下室，甚至有的股票直接退市！

拒绝止损，下跌补仓

- 认为下跌永远有原因。比如大盘不好、外盘不好、利空等
- 期待能够反弹解套，结果越套越深
- 低位补仓，拉低成本价。结果底下还有地下室，甚至有的股票直接退市

止损是正常交易中无法避免的一部分，亏损不丢面子！盈利的交易是从红色的头寸开始的！95%的盈利往往源自5%的交易。把握住盈利的头寸才是最关键的。至于那些一开始就不省心的股票，只要触发止损条件，应立即认错，切不可加仓死扛！

图46　A股交易实战中常见的问题（3）

股价下跌当然是有原因的，但对于每一位投资者来说，面对亏损时首要做的并不是去找答案，而是承认错误，吸取教训，并且加以总结改进！承认错误并不丢面子，尤其是在股市。你看，在2020年全球股市下跌潮里，“股神”巴菲特还割肉航空股呢！金融大鳄索罗斯也有一句名言：“我之所以成功，就是因为我比其他人更快承认自己的错误。”你要知道，95%的盈利往往源自5%的交易。把握住盈利的头寸才是最关键的，至于那些一开始就让你亏损失望的股票，当断则断，触发止损条件时就应该离场，切不可加仓死扛！

还有一个可能你之前不太关注的问题：股票买卖的交易成本，你有没有计算过呢？A股交易的手续费有哪些项目？各有多少？你知道吗？有些散户朋友把几年交易的总账一算，结果发现股票买卖没亏损什么，手续费倒是搭进去不少。

要知道，通常来说，A股的交易手续费由三部分组成：印花税、过户费和佣金。其中，印花税收取千分之一，只在股票卖出的时候收取；过户费是十万分之

二；佣金大概是万分之二。过户费和佣金在股票买卖时双向收取（计算方法见图47）。现在我们来算算交易成本：假如你每周全仓买卖3次，这样一年大概就有150次交易，算下来的手续费超过本金的20%！吓不吓人？

交易过于频繁

- 过分追求短线收益，频繁换股，导致交易手续费畸高
- 股票没亏多少钱，手续费倒搭进去不少

A股交易手续费	
印花税	千分之一
佣金（可调整）	平均约为万分之二
过户费	十万分之二

假如每周全仓买卖3次，一年大约150次

印花税=0.1%×150=15%（仅在卖的时候收取）

佣金=0.02%×150 ×2= 6%（买卖双向收取）

过户费= 0.002% ×150×2 = 0.6%（买卖双向收取）

交易手续费超过本金的20%！！！

选一家低佣金的券商很重要！

图47　A股交易实战中常见的问题（4）

如果你投入10万元，一年到头好不容易赚了2万元，也仅仅只够交手续费。所以，抛开操作胜率不说，光是这手续费就是短线交易者要面临的最大挑战。在手续费的三部分组成里，只有佣金是可以调整的，所以选择一家低佣金的券商是很重要的！

而当你从A股小白入门后，开始能够取得不错收益成绩的时候，可能还会存在一些问题。比如说重仓交易，甚至每次一出手就是重仓（见图48），投资取得一定盈利就飘飘然起来，认为自己能够战胜市场了！但是你要记得：“上得山多终遇虎，长走河边必湿鞋！”一旦失手，你能不能承受得住这份重仓亏损的压力？炒股会不会由理性投资被迫变成了赌博游戏呢？就怕你到时候根本舍不得挥刀止损！

出手即是重仓

- 心理负担过重，无法理性思考
- 炒股由理性投资被迫变成了赌博游戏
- 决策错误时难以面对亏损，不能及时止损
- 面对盈利容易忽视离场信号

交易计划！交易计划！交易计划！

图48　A股交易实战中常见的问题（5）

所以，在任何时刻做任何一笔交易，请一定要制订交易计划！请制订交易计划！请制订交易计划！重要的事情说三遍！

最后，大部分散户还有一个共同的毛病：缺乏耐心，缺少交易计划的连贯性（见图49）。有的时候，看好买入的股票一直横盘，天天半死不活的熊样，要是原本不看好的股票反而涨了，更是心如刀绞，恨不得立马换股。还有的散户把每一次股票交易都当作一锤子买卖，清仓了就不管了，过段时间却发现这只股票上了新闻。仔细一看，哎呀！都涨成“妖股”了！你说气不气，可再怎么后悔也没用啊！

缺乏耐心，缺少交易计划的连惯性

- 选中的股票一直横盘整理，害怕错过市场行情
- 原本不看好的股票涨了，更忍受不了，急切换股
- 把每次股票交易当作一锤子买卖，离场后都不怎么关注了

海龟交易法则的成功核心之一是长期执行策略！请保持耐心，以平常心持续追随市场的波动。做好仓位管理，保持仓位的弹性，在制订交易计划时，始终考虑保留一部分仓位为行情的变化做预案。

图49　A股交易实战中常见的问题（6）

你还记得海龟交易法则的成功心法吗？选好你的投资标的，长期执行策略！请拿出足够的耐心，保持平常心持续追随市场的波动。当然，大爷也建议你在制订交易计划的时候，始终考虑保留一部分仓位。为什么呢？股市瞬息万变，等到你发现可能有更好的方案的时候，这部分保留仓位就能派上用场了！

以上就是今天要讲的全部内容。到这里，7天的训练营课程就暂时告一段落啦。今后，希望你能够不断磨炼，早日找到适合自己的交易法则、盈利长存之道，从A股市场的小韭菜进化成市场收割机，也希望终有一天你能够在A股的征战中无往不利。

另外，除了这7天的训练营课程，大爷还推出了30节的A股必修课正课，课程从交易心理、K线形态分析、量化技术分析、交易策略、交易原则、风险管理六大模块、上百个知识点入手，一周5节，共计6周，教授你A股从入门到精通的全方位知识点，帮助你建立自己的投资框架和方法论，感兴趣的同学可以继续往下阅读、继续进修。我是程大爷，听大爷的话，陪你一起穿越牛熊，青山不改，绿水长流，江湖再见！

留言区

扫一扫，观看本节
视频课程，参与互动

必修课

从追涨杀跌到穿越牛熊

接下来这一篇是我们的必修课。首先，我觉得有必要给你简单介绍一下必修课的内容定位、章节设置、学习方法等，给你一个“导航GPS”，帮助你建立起知识体系坐标，明确自身所处的位置，不至于在学习的过程中迷失方向感。

我的这门A股课程旨在帮助你利用碎片化时间学习关于A股的通识性知识，通过学习建立自己的投资框架和方法论，最终指导炒股实战，实现稳定盈利。本课程一共包含30节必修课，以“买”“卖”为出发点，具体分为交易心理、K线形态分析、量化技术分析、交易策略、交易原则、风险管理6个模块，每个模块5节必修课，囊括了A股从入门到精通的全方位知识点，你可以在每个交易日安排学习，然后把收获的技巧技术，用在第二天的看盘操盘实践上。

第一课

交易心理

第一节

在历史低价买入股票，真的安全吗？——股价预测的锚定效应

听大爷的话，做股市明白人。你好，我是程大爷，欢迎来到我的A股必修课，陪你从追涨杀跌到穿越牛熊。

在第一课的交易心理中，我想和你一起来看看，很多散户朋友在股票交易时会出现的典型心理活动和行为模式。通过这一课程的学习，相信你会重新认识、思考股票买卖中那些常常被人忽视，但却极其致命的思维陷阱和错误行为。通过学习这些经典交易心理，相信你在之后的课程中能够更加理性、高效地理解和掌握A股投资技巧与策略。

好，介绍完课程，那我们现在就正式进入正课学习。对于下面的这些场景（见图50），你可能不会太陌生。在牛市浪潮里，总有人好心告诉你“每一次下跌都是买入机会”“不要犹豫抓紧上车”。在熊市里，同样也很可能有人跟你说“每一次反弹都是逃命机会”“断臂保命最重要”。给你苦口婆心讲这些道理的人，肯定不是刚进场的“嫩韭菜”，他们分享的这些理念，固然是真金白银换来的经验。但奇怪的是，无论是“嫩韭菜”还是“老韭菜”，似乎都常常有一种不愉快的体验，那就是——“抄底抄在半山腰，割肉割在地板上！”股市里还有一句谚语是这么说的：“新手死于追高，老手死于抄底。”如果说，新手追高是无知者无畏的写照，那身经百战的老股民又是为什么会在“抄底”和“割肉”上屡屡受挫呢？想要明白其中的道理，先听我给你讲几个故事。

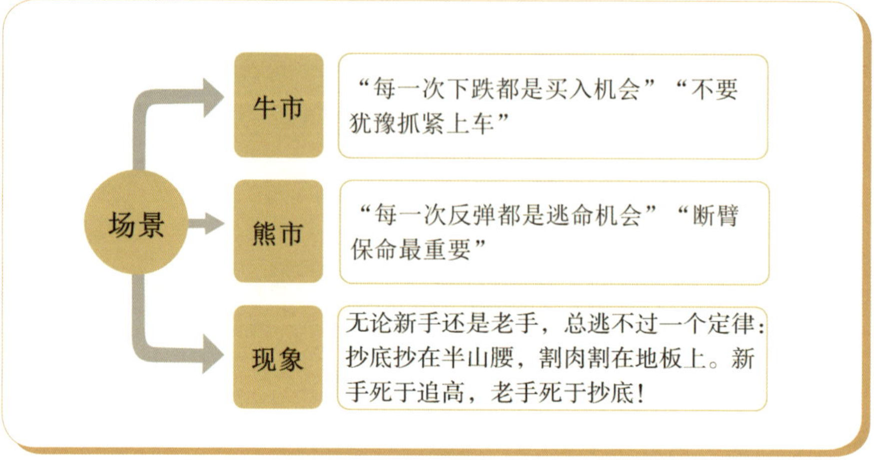

图50　市场诱导人犯错的场景

故事1：有个大爷退休以后，每天闲来无事就爱看房子，哪个楼盘开售了，他都要去溜达一下。有一次大爷一眼看中了一套豪华户型，他去找售楼小姐问详细情况。售楼小姐一看，老大爷穿个大裤衩、踩一双人字拖，心想这样的老头天天见，就是凑热闹的，简单应付下就好了。可让她没想到的是，这老大爷是真爽快，没聊几分钟就谈到付钱上了。售楼小姐问：“您老打算按揭多少年呀？”大爷说：“按揭干吗？全款买吧。”售楼小姐以为自己听错了当场愣住，大爷淡淡地说：“不用那么麻烦，全款吧，走，去签合同吧。”

故事2：有一个保洁大妈，她每天的工作，就是在写字楼里扫扫地擦擦桌子。没啥别的活，工资也不高。有一天，公司人事小王找到大妈说：“阿姨，下个月你就不用来上班了。”大妈一听立马就急了：“怎么？是我哪里做得不好吗？”小王说：“哎，不是你不好，是咱们公司效益不好，现在资金紧张，估计熬不过这次难关了。”“资金紧张？是不是差钱？差多少呀？”大妈问。小王面露难色：“差不多，差不多得3000万元吧。”大妈一听，说：“那我借公司3000万元，你看能不能缓过去？”

听了上面两个故事，你可能会说，这样的大爷我还没见过，这样的大妈我这辈子估计也不会碰到。那你肯定去过星巴克吧？不知道你有没有注意过，星巴克不仅卖咖啡、点心，还卖矿泉水，而且是依云矿泉水！这矿泉水超市里一瓶要卖十几二十块钱，你以为星巴克的依云矿泉水是拿来卖的吗？不，当你看到咖啡价格牌时，无论有意无意，肯定会做个比较，一瓶水都要20元，一杯咖啡才28元，还是来杯咖啡吧。

人们在对事物做出判断时，会受到第一印象或者第一信息的干扰，就像沉入海底的锚一样把参照点固定在某一处，这就是锚定效应。大爷的穿着、大妈的职业、星巴克的矿泉水都是锚定效应中的参照点，一旦和参照点做对比，就会影响我们对实际情况的评估。

锚定效应在股票买卖中的体现，则是诱导交易者在牛市中低估上涨空间，而在熊市中低估下跌风险！

你可能觉得有些抽象，那我们就来看看实盘案例吧。图51是2015年上证指数的走势图。2015年6月中旬，持续近一年的牛市突然结束。仅仅一个月的时间，指数从最高5000多点下跌了1500点，足足是这轮牛市区间涨幅的50%！那么假设你处在当时的情境，会认为指数到底了吗？

图51　2015年6月上证指数涨势突然逆转并大幅下跌

指数盘整了一个多月后，第二波下跌来得猝不及防！6个交易日再次重挫1000点，累计吞噬掉这轮牛市涨幅的70%！接下来的两三个月，指数企稳回升了600点（见图52）。这时候，你是不是认为行情已经到底了呢？

图52　2015年8月上证指数再度重挫

没过多久，2016年元旦，A股市场实施熔断机制。就在元旦后的首个交易日，指数两次触发熔断，当天下午开盘仅仅半小时便提前收市。第二天，开盘后指数直接下跌5%，触发当日第一次熔断。首次熔断结束恢复交易后，没过多久跌幅就达到7%，再次触发熔断，当天直接休市！那天A股全天的交易时间不超过30分钟，还不到上午10点就收市了，亿万股民见证历史，熔断机制仅仅实施了四天就被叫停了，可指数依旧大跌，两个月的时间再次下跌1000点（见图53）！也就是说，抹去了这轮牛市涨幅的90%！那么现在，你认为指数到底了吗？

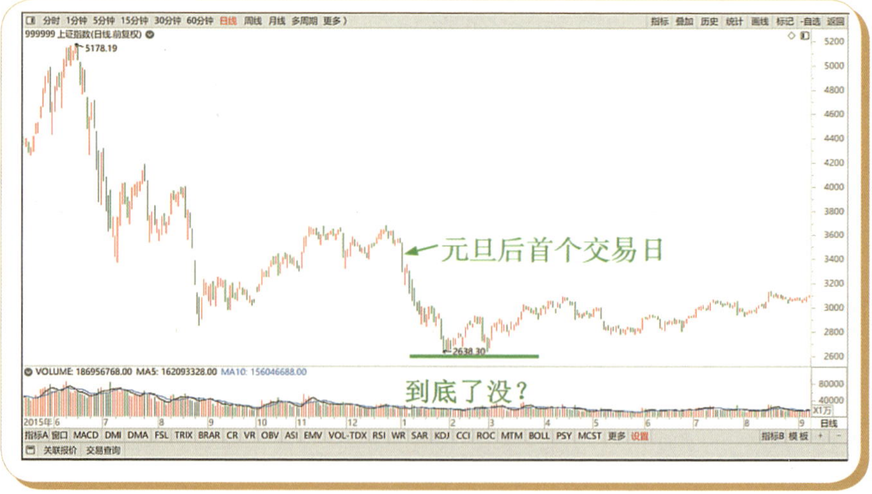

图53　2016年元旦后上证指数触发熔断并大幅下跌

2016年3月以后，A股终于稳住了，在接下来近两年的时间里，指数一路小碎步爬坡回升了1000点。时至2018年初，有人高喊“疯牛走了！慢牛来了！”“慢牛才是健康牛！”有人甚至放言“再不买，3800点再也见不到了”。没错，那一整年上证指数的确再没到过3800点。指数在2018年全年持续下跌，又是1000点跌幅（见图54）！创下了过往五年最低点的记录！

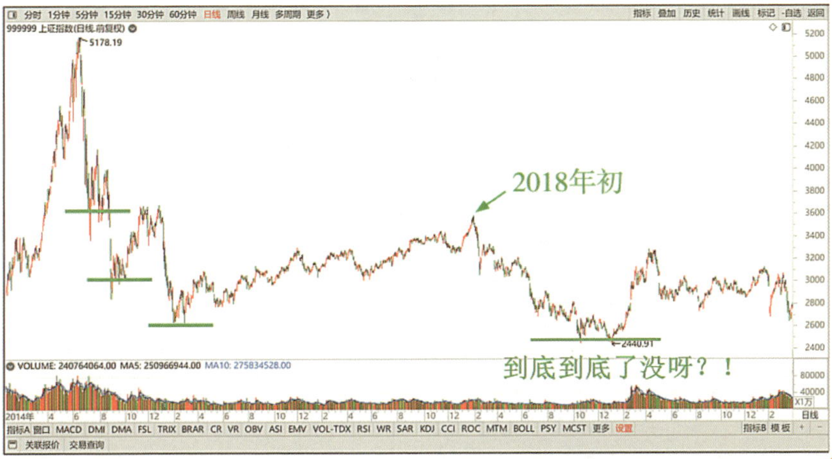

图54 2018年上证指数全年下跌创下新低

现在我再来问你，A股到底了吗？也许你会感叹，深不见底啊！如果这个时候，你手里还有股票，你是什么心情？如果你不但持有股票，而且是重仓或者全仓，你是什么心情？如果你甚至还加杠杆融资买了股票，你又是什么心情？如果真是这样，我想可能你根本没有思考“A股到底了没”的心情，只会充满“A股是不是还有最后一跌”的恐惧。

时间转眼到了2019年，上证指数居然默默走出了强势反弹行情！可是好景不长，不到三个月，又开始疲软了（见图55）。2020年春节，因为全球新型冠状病毒肺炎疫情影响，开年首个交易日，指数低开7%！很多股票当天从开盘到收市都是一字跌停纹丝不动！现在如果有人告诉你：“别怕，这是牛市！慢牛！”你有什么感觉？一定有人会心想：“还在喊牛市？简直是笑话！熊市中的每一次反弹都是逃命机会！”可如果这个时候，你扛不住了，决定“割肉”了，那就真的是“割”在地板上了，因为接下来的短短四个月时间，指数一扫颓势，上涨了25%，同期创业板指数更是上涨了近50%！

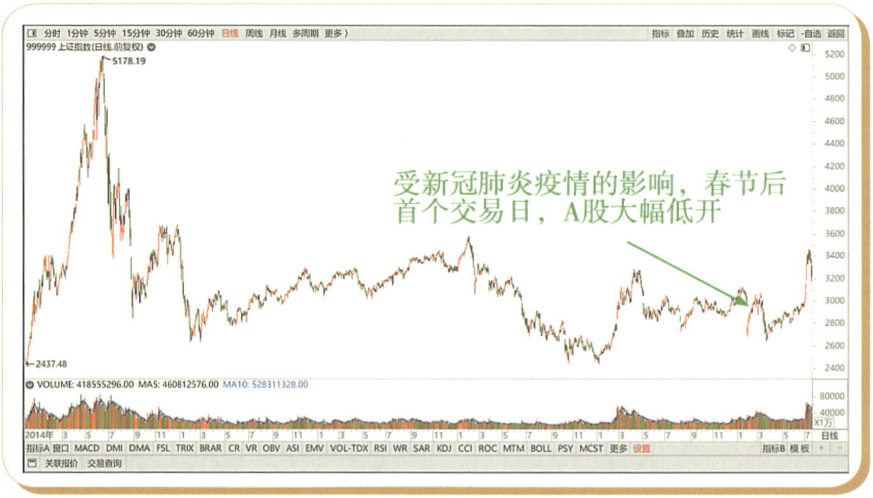

图55　2019年下半年A股强势上涨，指数创出新高

那么现在，让我们抽离出来，从旁观者的角度，来反思我们是如何踏错这些节奏的。当一开始指数下跌50%的时候，散户朋友可能还能顶住诱惑拒绝抄底，但当指数下跌70%或者90%，并且之后发生反弹的时候，有些人可能就会考虑赌一把！而更多的人很可能会在2018年去抄底，为什么？其中最大的诱惑是指数在过去两年间一直上涨之后，再次下跌，跌至近五年的历史低点附近，这个价格看上去太便宜了！但无论如何大多数人是预想不到2018年会发生极端行情的，甚至糟糕到不断刷新五年低点的下限！也就是说在2018年抄底的人几乎全军覆没，当时已经很难听到有人再谈牛市了。那些因贪图便宜去抄底而损失惨重的投资者，很可能此后无法理性认识局势而陷入痛苦或悔恨。无论当时的抄底价格现在回头看是不是真的便宜，在那个时间点，你去和被套牢的投资者谈布局简直就是对牛弹琴！

你是不是也有这样的习惯？在判断股价行情时，总是拉长K线图的时间线，从历史高点去计算下跌幅度，或是从历史低点去计算反弹幅度？因为锚定效应的存在，我们在熊市中对行情的下跌空间往往是预估不足的。跌幅50%不够多，70%可能还不够多，但90%就好像有点意思了，如果跌100%呢？是不是超跌了！

结果一买入还是“抄底抄在半山腰”“地板下还有地下室”。要知道，其实地下室一直存在，只不过你一直盯着天花板，不曾想过地下室！同样地，在牛市来临时，你会低估股价上涨空间，认为反弹即将或者已经见顶，上涨一波之后立马就“清仓逃顶”，那又是另一个版本的悲剧。

现在你已经知道了投资者会因为锚定效应而做出错误的交易决策，那应该如何避免受到锚定效应的影响呢？我要告诉你一个坏消息：即使专家也无法完全排除锚定效应的干扰！那是不是就没有办法了呢？多少还是有办法的。首先，我们要认识到锚定效应的客观存在，时刻警惕受它的影响；其次，进行交易决策的时候不要完全依靠盘感，同时采用一定的标准来约束自己的交易行为，比如在之后的课程里我们将会学习到的交易策略和交易原则，这样就能够尽量减少锚定效应的影响。

好了，今天的课程就讲到这里。最后，留给你一个思考题，欢迎你把自己的想法写在留言区，跟大家一起探讨。我是程大爷，听大爷的话，陪你一起穿越牛熊，我们下期再见。

思考题

你有没有抄底被套牢的经历？又或者你曾经参与过上面提到的这些行情，你当时是如何想的？现在反思又作何感想？

留言区

扫一扫，观看本节
视频课程，参与互动

第二节

公司业绩滑铁卢，股价却天天涨，凭什么？——股价走势的回归效应

听大爷的话，做股市明白人。你好，我是程大爷，欢迎来到我的A股必修课，陪你从追涨杀跌到穿越牛熊。

如果你喜欢看体育比赛，那应该听过类似下面这段话的解说："黑马A队在这次比赛中力压实力强劲的B队，优先拿到赛点。现在A队肯定想一鼓作气拿下比赛，不过也可能会因为心理压力增大而发挥不稳定，B队此时反而可以放手一搏，一旦反击成功，A队将面临更大压力！"这段分析听上去好像挺有道理，在进一步分析这段解说之前，我们先来看看另一个问题。

如果你是一个面试官，现在有两位应聘者。应聘者A履历平淡，负责过的项目没什么亮点，但是在面试的过程中，他表现很出色，言谈富有激情，给你留下了深刻的印象，看上去非常符合本次招聘的要求。应聘者B恰恰相反，履历很优秀，项目经验也丰富，但是面试表现一般，对答从容但是略显无趣，从能力上看和本次招聘要求吻合，但是你对他并没有太多深刻印象。那么，你作为面试官最好是录用谁呢？

我们回到一开始谈到的体育赛事的例子，通过解说，我们可以看出A队实力整体弱于B队，这次比赛A队是超水平发挥了。如果赛前让你下注，那么选择B队赢是理性，选择A队赢则可能是因为赔率可观而想赌一把。就算这次A队最后失利，也只不过是它平均实力的回归体现，而心理承受能力作为决定性影响因素的可能性并不大。假如两支队伍在后续一段时期内再进行多次比赛，结果大概率A

队还是输多赢少。同样的道理，作为面试官你也应该想明白：虽然你对面试者A印象深刻，但是A表现优秀是超水平发挥，而B可能只是状态不佳，以过往项目业绩为参照，在接下来的工作中，A可能不会再有惊喜，而B则可能会有出色的业绩。

个体在某一时期发生低于或高于总体均值的极端表现，而随着时间的推移这种极端性趋势不断减弱，并回归历史平均值的现象，就叫作回归效应。

回归效应在股价走势上同样有体现，我们来看下面这个例子：某家企业连续多年营业收入的增长率为15%。在2020年因为疫情影响业绩严重下滑，当年增长率仅为5%，股价也持续下跌，你会怎么办？又或者这家企业发布公告称，因为某项业务收入激增，当年业绩增长率达到25%，股价应声大涨，你又会怎么做？

根据回归效应，无论股价涨跌如何，我们首先最需要关注的是“增长率15%”这个历史平均水平，增长5%或者25%都大概率是暂时的波动，增长率很可能会回归到15%这个均值。因此股价因为增长率下滑而下跌可能是建仓机会，因为某项业务激增出现的股价大涨也可能不是行情启动的标志。如果你能认识到这一点，就不难回答“这个公司业绩这么好，为什么我买入后股价就一直跌？”“这个公司业绩那么差为什么股价可以天天涨？”这些问题了，这都是回归效应的体现。当然，炒作的风潮是无法避免的，但是当你了解回归效应后，碰上短期股价炒作，你思考的角度肯定会更全面了，对吧？

在股票交易过程中，我们经常会遇到两种令人纠结的情况。第一种是，股价突破盘整区后，价格一路上涨，虽然很高，但看上去还没见顶，这时候追还是不追？另外一种是，追高买入后，价格一直震荡，甚至发生回调，这时候该割肉还是补仓？在这两种情况下，我们如何利用回归效应做出更合理的交易策略呢？

我们先来看看股价突破的情况。图56所示的这只股票的价格经过数月的盘整之后爆发性突破，现在你的想法是什么？是不是认为机不可失，要抓紧买入，甚至认为赚了点钱就要赶紧加仓呢？又或者你现在恐高不敢追了，想要等待回调再建仓呢？合理的操作应该是“小仓位建仓，保持观察”。

如何面对突破买入信号：A．机不可失，重仓买入

B．现在不能追高了，等回调吧

C．轻仓建仓，保持观察

图56　股价突破盘整区间出现买入信号

我们再看看这只股票后续的走势（见图57），在价格突破之后，股价盘整了2个月，行情并没有一蹴而就使股票涨成牛股。

图57　股价突破后出现回归形态走势

显然，在股价突破之时，如果你因为幻想股价一飞冲天而贸然重仓买入，之后就可能彻夜难眠了。股价因为某种原因发生突破是事实，但是价格回归也是

大概率事件！如果你在打算追高买入的时候，多想想此后价格很可能会出现回归或者回撤，那种强烈的买入欲望是不是就缓和些了？万一当初你真的重仓买入被套，又该怎么办？是割肉，还是补仓？你可以先思考一下你觉得合适的操作，这个问题咱们稍后讨论。

我们先继续看行情的发展，股价在发生盘整后，逐渐回落到趋势线附近。这个时候买入点2出现了（见图58）。

问题：两个买入点如何分配仓位？

图58　股价突破后回撤至趋势线再次出现买点

因为回归效应，买入点2的出现是大概率事件！虽然在买入点1是小仓位建仓，但随着买入点2的出现，我们就可以考虑加仓了。我们比较一下两种建仓手法，在突破发生时一股脑把所有的仓位都放在买入点1虽然看上去很诱人，但很容易在情绪上陷入被动，而利用回归效应分步建仓则弹性更足。如果我们打算建仓1000股，那么买入点1和买入点2就可以分别买入500股。那是不是在买入点2追加建仓后，就可以高枕无忧，持股待涨了呢？

我们再仔细琢磨下买入点2出现时的实际情形：股价回落至趋势线的时候，买入点2出现了。为什么选择这个时候分步建仓？除了买入点2的出现是大概率事件以外，另外一个原因不外乎是“这个点位价格已经跌到位了”，或者“这个价格足够便宜了”。

不知道你是否会回想起上节课里我们学习的锚定效应，请你一定要警惕“足够便宜”这个想法！请看接下来这只股票的走势（见图59）。根据预定的操作计划，买入点1和买入点2的操作都获得成功，行情继续发展到买入点3，如果你只想到“价格便宜”而故技重施，烦恼就会接踵而至。虽然买入点3价格便宜，但是涨势可能已经逆转了！如果在买入点3我们加仓买入，后续股价却跌破了买入点3的最低点，应该怎么办？

图59　利用回归效应时需警惕锚定效应

答案只有一个：立即卖出，清仓走人（见图60）！我们要利用回归效应分步建仓或者加仓，而不是企图凭借回归效应百发百中，交易时一定要警惕锚定效应的负面干扰！

图60 设置交易止损点来避免锚定效应

好了，现在回到一开始提出的问题。如果我们在股价突破时，即买入点1重仓买入，然后被套了，怎么办？如同当初被行情蒙蔽心智一股脑买入一样，现在因为行情回撤而过度担忧想要割肉也是不理智的决策。因为行情回撤是大概率发生的事件，同时还可能带来买入点，因为亏损转而看空显然是不对的。合理的操作应该是适度减仓，以保持心理上的平衡感。

根据回归效应，买入点2出现之后，只要行情能够正常发展，我们就有机会逐渐回补仓位。而保持心理上的平衡感则有利于我们对行情的理性思考，更容易对锚定效应产生警觉，从而在不利情况下尽快接受涨势逆转情况的出现，避免出现无法挽回的局面。

今天的课程就讲到这里。最后，给你留一道思考题，欢迎你把答案写在留言区，跟大家一起探讨。我是程大爷，听大爷的话，陪你一起穿越牛熊，我们下期再见。

思考题

某公司公告大利好，你的朋友小蔡看到公告后，重仓买入，之后股价连续回调一周，现在想补仓，他来咨询你的意见，你会如何解答？你认为他错在哪里？如果让你操作，你的计划是什么？

留言区

扫一扫，观看本节
视频课程，参与互动

第三节

卖掉盈利股票，补仓亏损股票，对吗？
——股票交易的心理账户

听大爷的话，做股市明白人。你好，我是程大爷，欢迎来到我的A股必修课，陪你从追涨杀跌到穿越牛熊。

很多散户朋友在股票交易的时候经常会遇到下面两种令人烦恼的情形：第一种是调仓换股的时候，到底是卖掉盈利的股票好，还是卖掉亏损的股票好？第二种是买入被套后，要不要补仓拉低成本价？通常情况下，大部分散户都会犯相同的致命错误，就是卖掉盈利的股票，去补仓亏损的股票，以及不停地给被套牢的股票追加仓位。那么，为什么这么做是错误的？这个错误到底又是怎么犯下的？

我们先来看一个案例：小明买了一张电影票，而小王的朋友送给小王同样一张电影票。非常不巧的是，看电影那天刮台风了，不适合外出。你认为小明和小王，谁更可能去看电影？基本上大家都会认为小明去看电影的可能性更高，对吧？大家的逻辑肯定是这样的：小王的票是别人送的，不去看也没什么大不了，但是小明的票是掏钱买的，不去看就亏了！

那事实上呢？如果他们两个都不去看电影，损失的价值应该是一样大的，理论上同样的损失应该在情感方面带来同样的刺激，可实际上却产生了如此大的差异。产生这个差异的原因是心理账户的存在。

因为小王没有付出成本，所以小王为电影票开设的心理账户的价值几乎等于0，很容易摆脱价值损失带来的不愉快。而小明要保持同样的心态就难多了，因为他为电影票开设的心理账户价值等于他买票时付出的金额，如果电影票是100元钱，要克服这100元钱的损失的心理压力是远远大于“近乎无损失”的。

我们再来看一个案例：某公司前期已经投入了200万元在某项目上，现在项目无法按期完成，预期收益也有所下降，但是如果追加100万元投入，项目虽然会延期完成，但可能可以达到预期收益。作为决策者，你认为该不该追加投入？

理性思考的答案应该是不追加。试想一下，假如现在同时有一个新项目，只要投入100万元便可以获得同等或者更高的收益，那么这100万元就不应该追加投入到前面这个项目，而应该投入新的项目里。

如果从未参与任何项目，那这100万元投资的决策依据应该是多个项目收益的横向比较。但实际情况是，决策者可能坚持对前期项目进行追加投入，因为200万元的心理账户价值太大了，要忽视这个心理账户的可能损失需要更大的精神力加持，而试图挽回这个账户的可能损失的心理活动，很大概率会促成非理性的追加投资决策。

在股票交易的过程中，心理账户的影响同样存在。投资者会在不经意之间为每一只股票开设单独的心理账户。能赚钱的股票令你愉快，卖掉盈利的股票能够给你带来成就感，因此很容易。但要卖出亏钱的股票则要艰难一些，因为一旦卖出，浮亏就会变成现实，这意味着必然发生损失，亏损令人厌恶。为了避免这种糟糕情况的发生，你甚至会对自己说："要是现在补点仓，稍微反弹就能回本，回本我就走！"如此一来，卖出盈利股票、补仓亏损股票的行动就产生了。但是企图挽回股票的亏损的心态和小明冒着台风去看电影的心态没有差别，你补仓套牢的股票，就和往不及预期项目里追加投入的决策如出一辙。

就像玩扑克时每把都想赢，打麻将时每盘都想胡一样。在大部分投资者眼中，每一只股票的交易都是独立的一笔账，他们更加在意单只股票的得失，这也使得他们不能真正持续思考交易策略对整体账户最终盈亏的影响。假如股票赚了钱，那还过得去，但在某些不利情况下，我们本应该做出"丢车保帅"的决策，结果却往往是在亏损的股票上越陷越深。

理性的投资应该是卖出盈利概率最小的股票，而不是考虑它现在是盈利还是亏损。下次如果你再准备做出卖掉盈利股票、补仓亏损股票的决定时，建议你把盈利股票与亏损股票同时卖出，以达到强制关闭心理账户的效果，冷静下来后再重新审视这个问题。

实际上，除了无法忽视心理账户的亏损之外，要关闭亏损股票的心理账户比想象中还更艰难。假如你持有的股票已经亏损了5000元，你预计套牢的股票会发生反弹，一种情景是，你坚持持有，但是反弹没有发生；另一种情景是，你因调仓需求而卖出了它，后面反弹果然发生，如果你还继续持有则可以挽回5000元损失。你认为哪种情况你更后悔？

结果很明显，第二种情景更让你后悔。虽然两个情景亏损的金额同样都是5000元，但是在第二种情景中，你满脑子一定充斥着“假如当初没有卖出，现在就回本了！”“卖出亏损的股票这个决定就是一个错误！”这类想法。一朝被蛇咬，十年怕井绳！正是如此，那些一卖出就反弹，让你肠子都悔青的切身体验，让你更加不愿承担决策错误的风险，因此你心里始终留有幻想，始终担忧“卖出亏损股票”将是个错误的决定。

作为一个旁观者，我要告诉你，第二种情景所引发的后悔都是可以预见的“将来式后悔”（见图61），遇到这类情形在所难免，但终究是小概率事件！我们换个角度来思考，如果采用的投资策略能够带来长远收益，回本的机会就真的差这一次吗？如果我们没有任何持仓，或者这是额外的一笔钱，那是买入这只让你套牢的股票赚钱的概率大，还是买入其他同等品质的股票赚钱的概率大？如果概率相等，这次股价反弹会不会仅仅是运气好而已呢？

- ☐ “现在割肉会不会割在底部？”
- ☐ “如果继续持有，就不会亏损了！”
- ☐ “如果低位补仓，现在肯定都赚钱了！”

- ✓ **“将来式后悔”无法避免，但终究是小概率事件！**
- ✓ **理性的投资应该是卖出最无可能在未来盈利的股票，而不是考虑它现在是盈利还是亏损。**

图61　可预见的“将来式后悔”案例

华尔街有句名言，“截断亏损，让利润奔跑”。要做到这点确实不容易。要承认“亏损是无法避免”的现实，要截断亏损，就要避免为挽回损失而追加投入成本。为了获得心理上的平衡感，我们要尽量避免给每只股票设立心理账户，而要关注整体策略的收益期望值。换句话说，就是多算总账！当然，要做到果断截断亏损，就必须坚持磨炼心态，在账户亏损增加的情况下，面对决策错误的耐受力也是很重要的。

好了，今天的课程我们就讲到这里。最后，给你留一道思考题，欢迎你把自己的经历分享在留言区，和大家一起探讨。我是程大爷，听大爷的话，陪你一起穿越牛熊，我们下期再见。

思考题

你有没有卖出盈利股票、加仓亏损股票的经历呢？当时情况如何？后来结果又怎样呢？

留言区

扫一扫，观看本节视频课程，参与互动

第四节

持仓被套，还想加仓死扛，为什么？——股票交易的前景理论

听大爷的话，做股市明白人。你好，我是程大爷，欢迎来到我的A股必修课，陪你从追涨杀跌到穿越牛熊。

今天我们来聊一聊风险决策这件事。在股票交易的过程中，你的每一次买卖都可能赚也可能亏，本质上每一笔交易都是一次风险决策。那么，你在买卖股票的时候，是不是真的做到了客观理性呢？面对自己手里持仓的每只股票，在买卖它们的时候，你是不是做出了最佳的投资决策呢？

很多散户朋友会自嘲："我倒是想要做理性投资，可总是赚钱的股票没拿住，亏钱的股票捂到死，炒股炒成了长期股东！"要搞清楚这个现象出现的原因，我们就要从前景理论说起。

在介绍前景理论之前，我们先来做几道选择题（见图62）：现在有A、B两个项目，在相同的时间周期内，A项目投资1万元能够盈利5000元，B项目投资1

A项目：投资1万元能够盈利5000元
B项目：投资1万元能够盈利5000元

问题：如果只能投资一个，你会投资哪个？

理性思考过程：
A项目的期望值 = B项目的期望值

结论：A与B没有任何差别，随便投吧

图62 期望值与"理论上的"理性投资

万元也能够盈利5000元。如果只能投资1个项目，你会投资哪个？理性思考后，一般人会认为：A、B两个项目的投资回报期望值是一样的，所以两个项目没有差别，随便投哪个都是等效的。但当我们真正面临现实选择的时候，情况又是怎样呢？

我们设想下面两个情景（见图63）。第一个情景：如果你喜欢打篮球而不是羽毛球，现在你有50%的可能性获得一张价值200元的篮球比赛门票，也有50%的可能性获得一张价值200元的羽毛球比赛的门票，你会选哪个？你肯定会说：那当然是选择篮球呀。

案

情景一：如果你喜欢打篮球而不是羽毛球

有50%的可能性获得一张价值200元的篮球比赛门票
有50%的可能性获得一张价值200元的羽毛球比赛门票

例

情景二：如果你对A公司所在的行业比对B公司所在的行业更感兴趣

投资A公司股票有50%的可能性获得1万元收益
投资B公司股票有50%的可能性获得1万元收益

图63 “风险选择永远不会理性”的情景案例

你可能会说，这道题和股票买卖又有什么关系呢？那我们来看看第二个情景：如果你对A公司所在的行业比对B公司所在的行业更感兴趣，现在投资A公司股票有50%的可能性获得1万元收益，投资B公司股票也有50%的可能性获得1万元收益，你会投资哪个？答案还是不是“A与B没有任何差别，随便投吧”？现在你的回答可能就没有那么斩钉截铁了吧。通过这个案例，我们可以看出，每个投资者在做风险决策的时候，始终会受到个人偏好的影响，这是人的本性，是无法避免的。

更进一步，那我们面对股票投资中盈利和亏损的倾向，又是怎样的呢？来看看下面这两道题（见图64）。

1

你会选择哪个：
A.100%能得到900元；
B.有90%的可能性得到1000元，而有10%的可能性什么都得不到。

2

你又会选择哪个：
C.100%会损失900元；
D.有90%的可能性损失1000元，而有10%的可能性什么都不损失。

图64　投资的盈利和亏损的倾向（一）

问题1：你是愿意选择A“100%能得到900元”，还是愿意选择B“有90%的可能性得到1000元，而有10%的可能性什么都得不到”？如果我没猜错，你应该会选择A吧，如果一定能够得到900元，为什么还要为那多出来的区区的100元去赌博呢？

那我们接着来看问题2：你是愿意选择C“100%会损失900元”，还是愿意选择D“有90%的可能性损失1000元，而有10%的可能性什么都不损失”？如果我没猜错，这次你的选择很可能是D，你想的是都亏900元了，再亏100元也没什么太大关系，重要的是，有10%的可能性什么都不损失呢！

这两道题可不是脑筋急转弯，也不需要你进行头脑风暴，但A和D是大多数散户朋友的共同选择。那让我们从理性思考的角度出发，来分析一下这两道问题。

选项B的收益期望值=1000元×90%+0元×10%=900元，其实和选项A的收益期望值是一样的；而选项D的收益期望值=-1000元×90%+0元×10%=-900元，也和选项C一样。简而言之，A和B、C和D的收益期望值都没有差别，如果理性选择，选A与选B或者选C与选D的人数应该五五开，可为什么选择A的人要远多于B，而选择D的人要远多于C呢？

合理的解释是，投资者对盈利和亏损的态度是不一样的，人的天性中更厌恶损失。1000元价值的盈利带来的快乐，远不及1000元损失带来的刺激更大！你不想失去900元的铁定利润所以选择A，同理，你也不愿接受铁定900元的损失，而是冲着10%的无损失的可能性去赌上一把。

我们再来看看下面这两道选择题。（见图65）

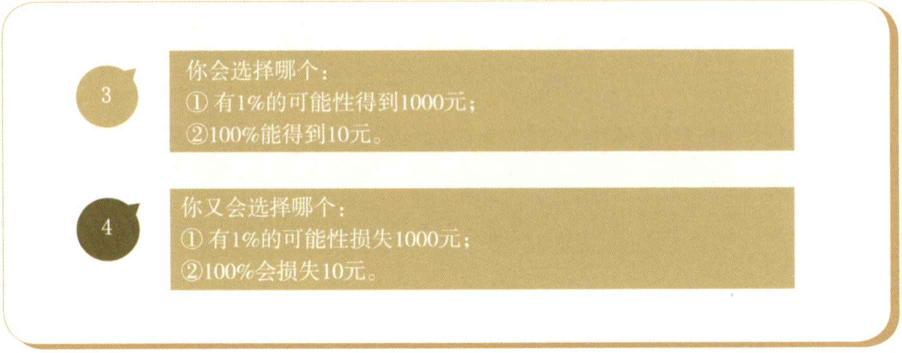

图65　投资的盈利和亏损的倾向（二）

问题3：你会选择有1%的可能性得到1000元，还是100%能得到10元？

问题4：你会选择有1%的可能性损失1000元，还是100%会损失10元？

我应该不会猜错，你会选择“有1%的可能性得到1000元”和“100%会损失10元”吧？要解释这个选择也不难，相比之下，1000元明显比10元更有吸引力。同样的道理，花10元妥妥解决的事情，就没有必要去冒损失1000元的风险，万一真的损失1000元就亏大啦！

回答完上述四个问题，现在我就可以告诉你什么是前景理论了。前景理论指明了我们在对待亏损和盈利态度上的不一致，大多数人在面临获利的时候是风险规避的，而在面临损失的时候则是风险喜好的。

也就是说，在不同的概率环境中，我们会存在四种不同的行为偏好模式。当事件发生存在较大可能性且结果为盈利时，我们的行为偏好会更保守；但如果很大可能发生的是亏损，我们却会为能够避免发生亏损的小概率事件而选择冒险。与此相反，当事件发生的可能性很小，但结果是大幅盈利，我们也很可能选择冒险，这个模式下典型的案例就像买彩票；而如果会发生较大的损失，即使发生的可能性很小，我们也会选择规避风险，这个模式下典型的案例就像买保险（见图66）。

图66 前景理论的决策矩阵

散户朋友在进行股票交易时，很容易陷入图66上方两种行为模式：当盈利的可能性较大时，你会保守地选择规避风险，这种情况下，只要股价稍稍有回撤，你就可能会为了规避风险保住盈利而过早卖出股票；当持有的股票被套牢后，虽然不知道什么时候股价会反弹，你还是会心怀幻想，希望明天就反弹，从而拒绝止损离场，甚至加仓死扛，结果小概率的反弹没有出现，大概率的下跌却发生了，最后导致亏损进一步扩大，演变成深度套牢（见图67）。

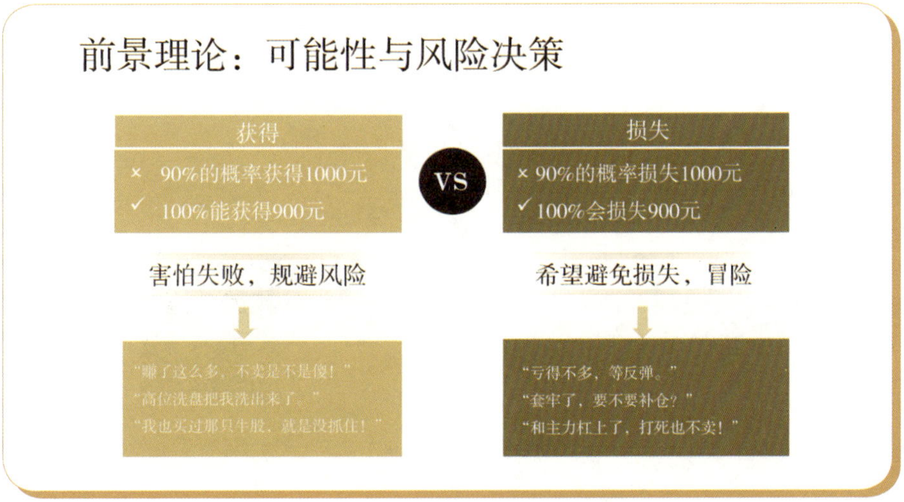

图67 股票投资者的风险决策倾向

现在你明白为什么散户朋友普遍拿不住赚钱的股票，却把亏钱的股票握得死死的原因了吧？这其实是人的天性使然！

前景理论指出的四种行为模式告诉我们：在面对风险决策的时候，厌恶损失的天性偏好会影响我们的决策，而且这种决策在股票交易中常常都是不利的决策！所以，在进行决策时，真正要做到理性决策，我们必须面临人性的挑战。所以只有通过改变思维方式，提高决策效用，我们才能尽可能地克服人性带来的不利干扰。

今天的课程就到这里。最后，给你留一道思考题，欢迎你把答案分享到留言区，跟大家一起探讨。我是程大爷，听大爷的话，陪你一起穿越牛熊，我们下期再见。

思考题

假如你和庄家猜抛硬币，如果抛得正面你能赚取200元，抛得反面你将损失100元，你会为这场赌局准备多少钱才开始入场下注？

留言区

扫一扫，观看本节视频课程，参与互动

第五节

重仓满仓一只股票，为什么不好？
——改善投资决策的思维方式

听大爷的话，做股市明白人。你好，我是程大爷，欢迎来到我的A股必修课，陪你从追涨杀跌到穿越牛熊。

在上一节里，我们学习了前景理论。现在你已经知道炒股时刻面临着人性的挑战。毫无疑问，我们需要通过理性的思考来获取投资的成功。你可能会说，我买股票之前都是做了研究的，都进行了理性的思考。真的是这样吗？这节课里，我们就来聊聊“理性思考”这个问题。

我先给你出一道选择题（见图68）：请你同时在情景一和情景二中选出你认为最佳的选项。在情景一中，你会面临选择A“100%能赚得440元”，选择

案例

情景一：

A. 100%能赚得440元

B. 45%的可能性赚得1000元，55%的可能性没有任何收获

情景二：

C. 100%会损失550元

D. 55%的可能性损失1000元，45%的可能性没有任何损失

图68　你会怎么选？

B“45%的可能性赚得1000元，55%的可能性没有任何收获”；在情景二中，你会面临选择C“100%会损失550元”，选择D“55%的可能性损失1000元，45%的可能性没有任何损失”。

相信你不会对这道题感到陌生，根据前景理论，大多数人在情景一中会选择A，而在情景二中会选择D。根据你对前景理论的了解，并且通过简单的期望值计算，你也能够知道在情景一中，A选项的收益期望值，只是略低于B选项；而在情景二中，C选项的收益期望值，是和D选项相等的。

理性分析后，情景一应该选B，情景二选C和选D则没有差别。但我相信，假如现在强迫你接受B+C或者B+D的选择，你也一定不会太舒心。因为A选项中虽然收益期望值略低，但铁定能赚得440元，依旧有很强的吸引力，虽然不能选择A，但是这个选项，始终能令你念念不忘。

而被迫选择B+C的人感觉要更糟糕，因为和那些还能够选择B+D的人相比，现在连45%的可能不会发生损失的机会都彻底没有了！做这道选择题多多少少令人痛苦。为了让你摆脱这种不愉快的体验，我给你一个特权，让你选A+D，你会答应吗？

现在我再给你出另外一道选择题，在两个投资方案中选出你认为更优秀的方案（见图69）。投资方案一：45%的可能性赚得440元，55%的可能性损失560元；投资方案二：45%的可能性赚得450元，55%的可能性损失550元。可能你需要再读几遍题目，你确实没有看错，我也没在开玩笑，请你比较这两个投资方案，孰优孰劣？

1 投资方案一：45%的可能性赚得440元，55%的可能性损失560元

2 投资方案二：45%的可能性赚得450元，55%的可能性损失550元

图69　哪个投资方案更有优势？

或许你这时在想：这也算题目？根本不用思考啊！只要没有看错数字，一个成年人不需要10秒钟就能知道，明显投资方案二更好，同样的赚钱概率，方案二要赚得更多，同样的亏钱概率，方案二要亏得更少（见图70）。我敢保证，小学生都不会选错！

那么，接下来我们花点时间来思考这道题目的真正意义。假如你口袋里现在就放着440元钱，你有55%的可能性损失1000元，也有45%的可能性没有任何损失。换句话说，你有55%的可能性倒欠560元，有45%的可能性口袋里仍保留440元。这其实就是前一道题里同时选择选项A和D的情况，最终的结论就是“45%的可能性赚得440元，55%的可能性损失560元”。

投资方案二更有优势

案 **情景一：**

A. 100%能赚得440元

B. 45%的可能性赚得450元，55%的可能性没有任何收获

例 **情景二：**

C. 100%会损失550元

D. 55%的可能性损失550元，45%的可能性没有任何损失

投资方案一 ＝ A ＋ D ＝ 45%的可能性赚得440元，55%的可能性损失560元

投资方案二 ＝ B ＋ C ＝ 45%的可能性赚得450元，55%的可能性损失550元

注意：根据前景理论，大多数人会在情形一中选择A，同时在情形二中选择D

图70　两个方案的收益分解

我们再看看第一道题中同时选择选项B和C的情况：假如你钱包里已经丢了550元，现在你有45%的可能性赚得1000元，但也有55%的可能性没有任何收获。换句话说，B+C选项的结论就是：你有45%的可能性赚得450元，55%的可能性损失550元。

现在你可能又想要把这段话再仔细读几遍了吧。请相信，A+D等于投资方案一，B+C等于投资方案二。小学生都不会选错的，那个让你味同嚼蜡的B+C选择完胜那个会让你念念不忘的A+D选择！如果你想到这一点，现在要求你接受B+C

这个选择，你会是什么心情？因为有特权而选择了A+D的人，现在又是什么感受？

最初选择A+D是一种令人舒适的做法，符合人性。如果仅仅是因为屈服于理性而选择B+C，就产生了冲突，这是理性和人性的冲突，也是投资中痛苦的来源。假如你是被迫选择了B+C，被迫接受了550元的亏损又恰巧没有赚到那1000元钱，你会不会想“当初就应该选A+D”，是不是悔不当初？但如果你就是选择了投资方案二，也恰巧发生了不利情形，你又会怎么想？你很容易接受投资不利的结果，因为这只不过是运气不好罢了！面对同样的结果，这两种心态相比是天壤之别。

现在不用我多说你就能明白，只有改善思维方式，才能提高决策效能。将情景一与情景二的问题单独进行思考的方式是窄框架的思维方式。而将情景一与情景二整合处理得到方案一与方案二，并进一步进行比较的思维方式，则是宽框架的思维方式。采用宽框架思维模式进行投资，不仅能够心情愉悦，而且可以提升决策和结果的品质，现在你应该能够懂得心理账户的价值了吧？

如果你给每只股票都设立单独的心理账户，就会形成窄框架的思维模式。不仅如此，在窄框架的思维模式下，如果你更加关注个股单日波动带来的盈亏，将会加剧投资决策中的痛苦感！

为了进一步阐述宽框架思维模式的好处，我们再来看看：有这样一个赌局能让你有45%的概率亏损100元，55%的概率赚取200元，你可以自行选择是否下注，你会不会下注？如果只让你下注1次，即便这个赌局对你有利，你是否仍然可能会拒绝？

那现在的问题是，你认为需要有多少次下注机会才愿意赌呢？这里我们列出了概率表（见表2），投资1次亏损的概率为45%，投资3次亏损的概率为20%，而投资5次亏损的概率已经低于10%了。只要增加若干次下注机会，获胜概率就显著改变了。

表2 投资次数和亏损概率

投资次数	亏损概率
1次	45%的概率亏损
3次	20%的概率亏损
5次	9%的概率亏损

说明：45%的概率亏损100元；55%的概率赚取100元。

你还记得在上节课的最后我留的那道思考题吗？假如你和庄家抛硬币，如果抛得正面你能赚取200元，抛得反面你将损失100元，你会为这场赌局准备多少钱才入场下注？如果你的答案是只要100元就能下注，说明你非常激进，完全无视风险；如果你认为需要3000元或者5000元甚至更多才愿意下注，说明你可能偏于保守了。对赌抛硬币情景的亏损概率见表3。

表3 对赌抛硬币情景的亏损概率

投资次数	亏损概率
1次	50%的概率亏损
2次	25%的概率亏损
3次	12.5%的概率亏损

说明：50%的概率亏损100元；50%的概率赚取200元。

在当前赔率下，连续投3次，发生损失的概率只有12.5%，也就是说不亏钱的概率有87.5%。那么连续投5次把不亏钱的概率就更高了。

如果你有900元或者1500元，你把它分成三等份，每300元或500元作为一个投资基本单位去下注，每一个投资基本单位有90%左右的胜算，这样来看，你是不是就更容易接受这个赌局了？这种把3次或者5次下注视为1个投资基本单位的下注思路，就是宽框架思维方式。

最后，我简单地做一个总结：决策的框架是能够影响决策的，而且宽框架思维模式更加有利。在进行股票交易的时候，我更建议你采用投资组合的方式进行，而且应避免在单只股票上重仓交易。同时你也需要更加关注投资组合的整体收益，而不是单一股票的收益。从时间跨度上说，也建议你采用长期策略，而不是采用短期策略进行投资。同时在设计投资策略时，你不仅可以考虑品种分散，也可以考虑投资时间分散。这些都是宽框架模式的投资策略。

今天的课程就讲到这里。我是程大爷，听大爷的话，陪你一起穿越牛熊，我们下期再见。

留言区

扫一扫，观看本节
视频课程，参与互动

第二课

K 线形态分析

第一节

技术分析内功心法：K线&分时图

听大爷的话，做股市明白人。你好，我是程大爷，欢迎来到我的A股必修课，陪你从追涨杀跌到穿越牛熊。

在上一章节的课程里，我们对股票交易中常见的思维与情绪状态有了整体的认识，了解和思考这些内容，将有利于我们在投资实战中做出更优的决策。那么，从这节课开始，我们进入新的一课——K线形态分析，也就是实战技术讲解的环节。

说到股票交易实战，就不得不说到股价图表。目前用于进行股票证券分析的两大流派主要是基本面分析和技术分析。而这其中的技术分析流派的主要分析工具就是股价图表。K线图又名蜡烛图，起源于18世纪日本德川幕府时代，由当时的大米商人本间宗久发明，用来记录大米市场的价格波动。本间宗久一生致力于米市行情研究，从气候变化、战争政治到投资心理对大米市场价格变化的影响他都有深入研究，而在研究大米价格的历史记录时，他发明了K线图，并逐渐演变成了影响深远的“酒田战法”（山形县酒田市是本间宗久出生地）。

可以说，K线图的运用，让本间宗久的大米交易如虎添翼。凭借K线图，本间宗久在大米市场的交易几乎达到了呼风唤雨的地步。据说他曾创下连续100笔交易都盈利的辉煌纪录。当时在日本民间甚至流传着这样一句话：“你这辈子就算能登上领主的宝座，也休想像本间宗久家一样有钱。”时至今日，K线图已经褪去了当年的神秘光环，因为其简单明了而又细腻丰富的特色在全球股市广泛被应用。如果说要在现在的股市投资者中，找到一个连K线都没听说过的人，恐怕是比大海捞针还要难。

言归正传，散户朋友应该如何通过K线，来指导自己的投资行为呢？首先，我们得明白K线基础的含义和画法。每根K线都包含了当天股票交易的4个价格，即开盘价、收盘价、最高价和最低价。

在A股里，如果当天股价收盘价高于开盘价，K线的长方形柱体显示红色，这就是所谓的阳线；如果收盘价低于开盘价，K线的长方形柱体显示绿色，这就是阴线（见图71）。长方形柱体上方的垂直线条称作上影线，它的最高点对应的价格是当天股票成交价格的最高值。同样的道理，长方形柱体下方的线条称为下影线，它的最低点对应的价格是当天股票成交价格的最低值。当我们把某一个交易日的股票成交价格用这样的方式记录下来，就得到了一根日K线。如果我们把每个交易日的K线都连续地画出来，就制作出了K线图表。现在每天记录价格这样烦琐的事，已经不需要我们手动操作了，打开任何一款行情软件，你都能轻轻松松地看到K线图，其不仅数据丰富翔实，就连几十年前的数据也一天都没落下。

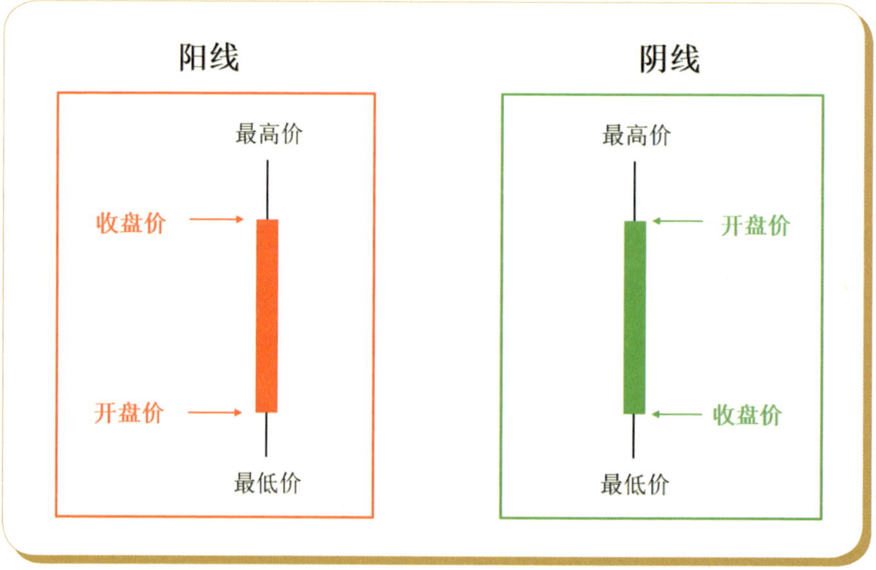

图71　K线图中的阳线和阴线

在看K线图的同时，你可能还能够看到分时图。很多朋友对分时图会陌生一些，但它其实也并不难理解。分时图记录的是当天开市时间每个时刻的股票价格。以贵州茅台（600519）来举例（见图72）。

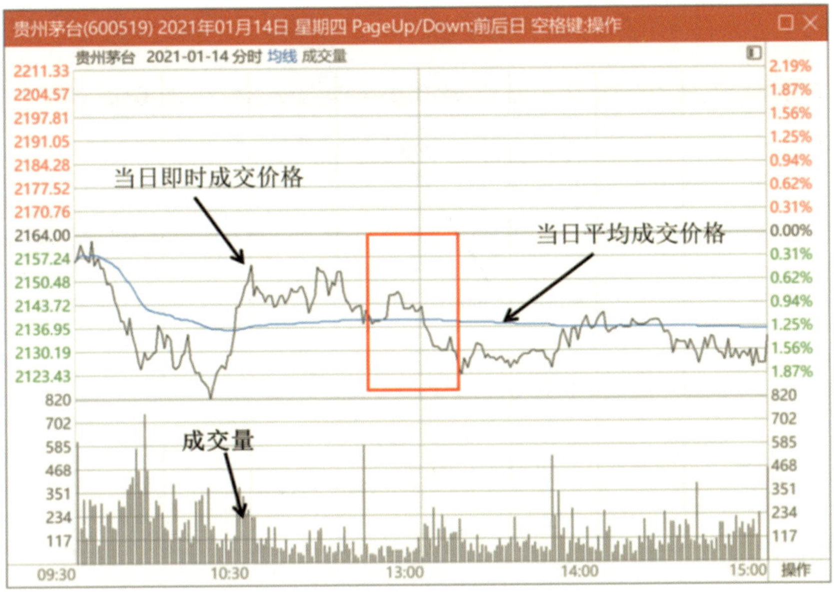

图72　贵州茅台（600519）股价分时图

分时图上的黑色线条表示当日即时成交价格，也就是最新的成交价格。而蓝线表示当日平均成交价格，换句话说，我们把该股票的当日成交总金额除以成交的总股数，得到的就是这条蓝线的值。在分时图的下方，我们看到的是成交量，就是以此价格买方和卖方达成交易的总数量。

我们可以看到图中红色方框内的价格走势情况，黑线向下穿越蓝线，表示即时成交价格跌破了当日平均成交价格，且下跌速度很快。同时我们看到成交量在这个局部迅速地放大。这说明在这个时刻，有一笔数量较大的资金正在抛出股票，甚至就算成交价格低于当日平均成交价格也愿意卖出。这就是一次简单的杀跌动能释放的过程。

如果我们看的是大盘单日分时图，黑线（白线）①则表示加权指数平均数，

① 因软件背景设置差异，线条颜色会相应发生改变。

蓝线（黄线）则表示非加权指数平均数。说得简单明了一些，就是黑线（白线）偏向大盘股走势，蓝线（黄线）偏向于小盘股走势。

如图73所示，当天蓝线和黑线都呈现上涨的走势，但黑线走在蓝线的上方，说明当天大盘股涨得比小盘股要好。

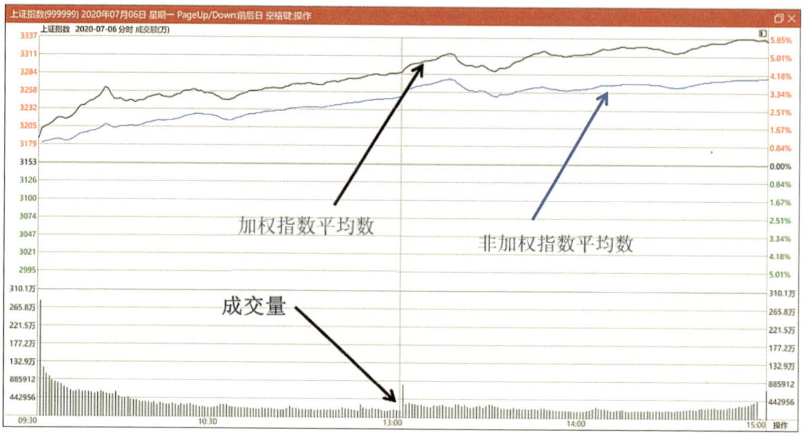

图73　单日分时图

现在回到我们的主题。你能通过股价的分时图画出相应的K线吗？我们以上证指数的加权指数平均数为例来试试看（见图74）。首先，我们找到当天的开盘价格3280点，然后找到当天的收盘价格3310点，这样我们就可以画出相应的长方形柱体。从分时图上我们看到当天黑线的最高点为3333点，由此我们画出上影线。以同样的方式，我们通过分时图的最低点画出下影线。很明显，这一天上证指数的收盘价高于开盘价，所以我们将柱体涂成红色。现在我们就得到了一条有上、下影线的中阳线。这条阳线虽然有上、下影线，但柱体的长度也不短，通常投资者都喜欢这样的阳线，当然要是长阳线就更好了！

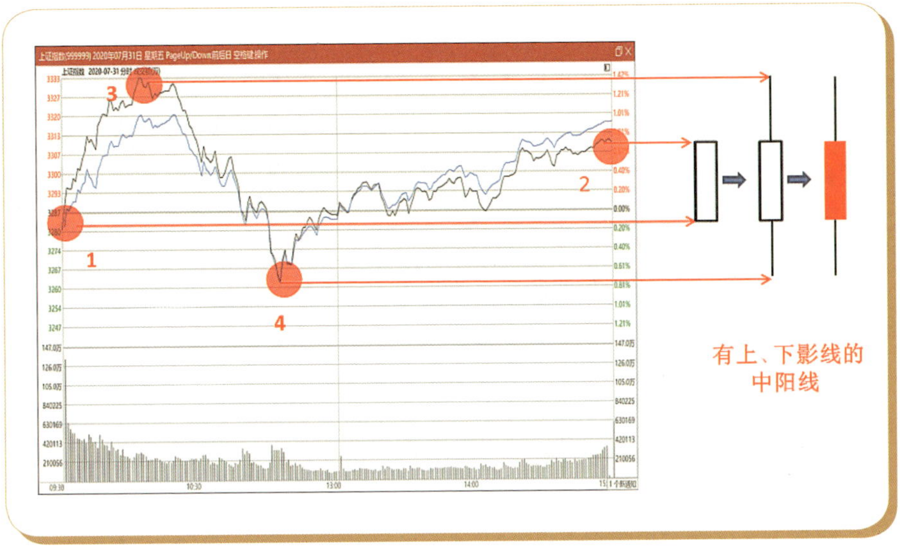

图74 根据分时图画当日K线（中阳线）

我们试着多画几条K线看看。图75是上证指数2020年7月16日的分时图，根据上述4个步骤照葫芦画瓢，我们画出了一根长阴线。而且因为这天上证指数的收盘价就是最低价，所以这根阴线是一根没有下影线的长阴线，这就是通常所说的“光脚大阴线”。每当股价或者指数走出这样的K线时，市场情绪都是十分恐慌的，因为大家都担心面对如此的大跌，后期行情仍会继续下探。

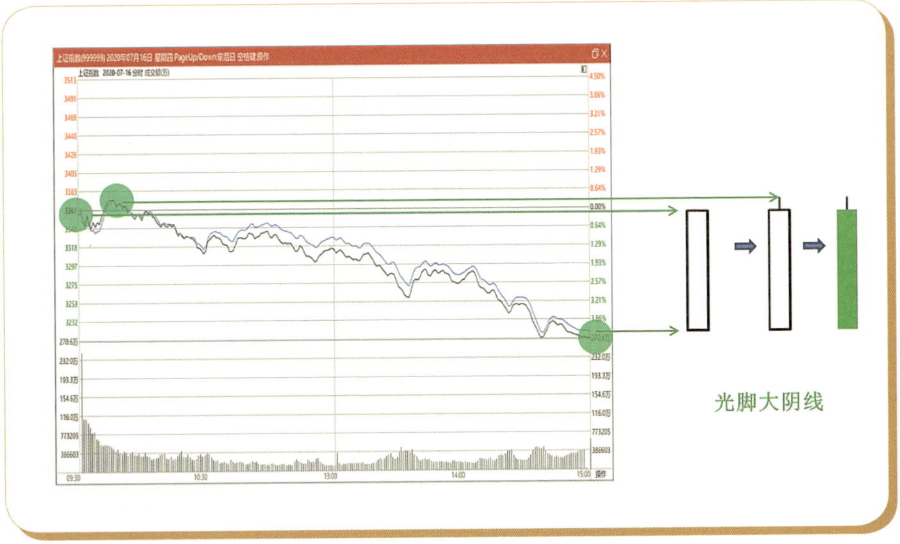

图75 根据分时图画当日K线（长阴线）

继续看上证指数2020年5月11日的分时图（见图76），我们会发现这根K线的上、下影线都很长，而柱体的长度很短，会形成这样的K线通常是因为市场波动剧烈。某些情况下，如果当天市场波动幅度很大，但收盘价却非常接近开盘价，这根K线就会演变成十字星形态。当在价格极端高位或者极端低位出现十字星形态时，往往说明股价已经到达了一个关键点位，在这个点位上多空双方分歧巨大，但胜负未分。越是在这种时刻，散户朋友就越要关注后续的行情走势，无论发生何种变化都应尽早做准备。

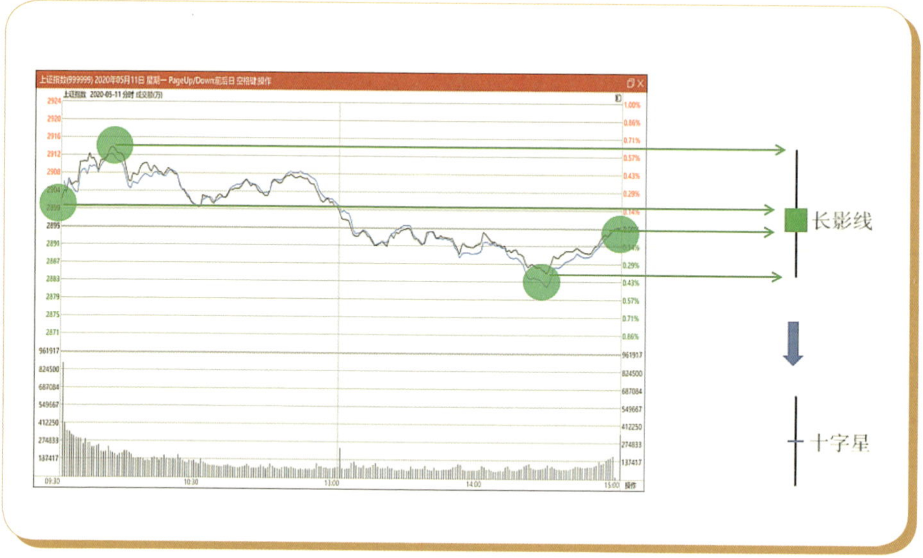

图76　根据分时图画当日K线（长影线与十字星）

即使之前你没有了解过K线，通过上面的简单介绍，现在你也肯定能读懂K线图了。在交易软件上，我们可以看到多种周期的K线图。常见的有日K线图、周K线图、月K线图和年K线图。当然了，你也可以自定义K线的周期，制作K线图。

现在我们来看看日K线和周K线的关系。通常情况下一周有五个交易日，在左边我们画出了连续的五根K线（见图77），它们涨跌不一。我们遵循分时图画K线的方法，根据第一根K线的开盘价和最后一根K线的收盘价画出柱形，同时给它们涂上颜色。然后，我们根据这五个交易日的最高价和最低价画出上、下影线。这样我们就得到了一根周K线。这是一根具有很长下影线的短阴线。

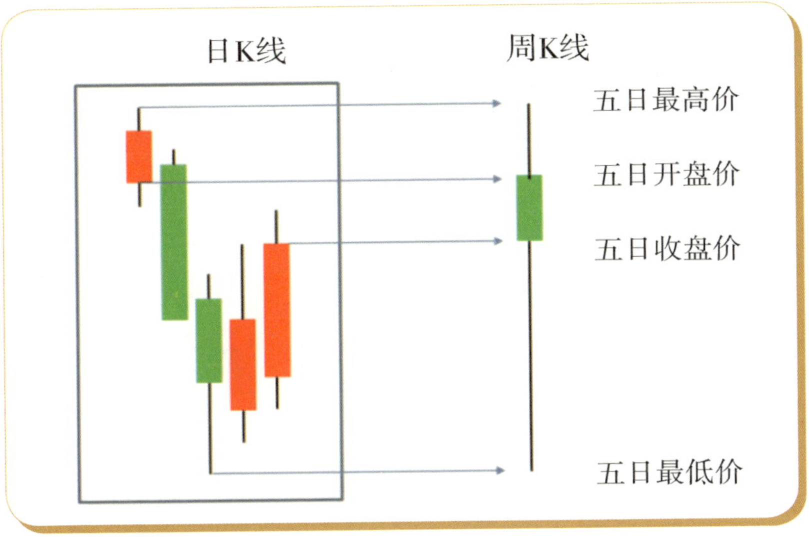

图77　日K线与周K线

无论是根据分时图画日K线，还是根据日K线画周K线，都很容易做到。但问题是，相对于理性分析，大多数散户朋友更相信眼见为实。面对左边的这五根日K线，大部分人的心态可能是这样的：第一天的中阳线令人愉快，但第二天和第三天的下跌肯定会让人心神不宁，还好第四天和第五天是上涨的，能够稍稍缓解紧张情绪，甚至会让人期待接下来的一周涨回来。但是我们如果仅仅只看右边这根周K线—— 一根有长影线的阴线，阴线代表本周市场是下跌的，则可能会有担忧的情绪，对下周行情上涨抱有的期待，可能会远远小于看五根日K线的情形（见图78）。

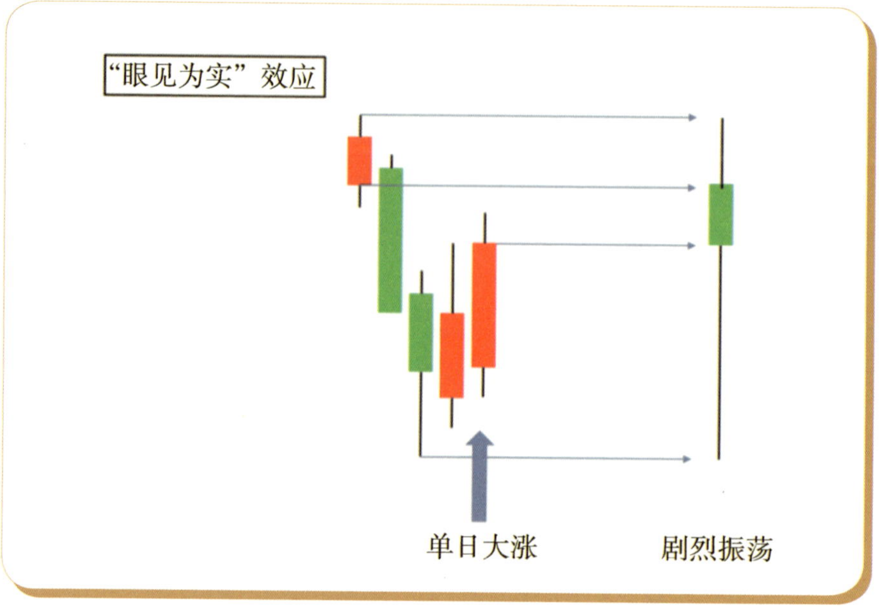

图78　解读不同周期K线时人的心理活动差异

看到红色的阳线，我们总是会不经意地想到上涨，看到绿色的阴线，我们则会想到下跌。这些K线的颜色或者说既定的事实，在不知不觉中影响着我们的判断，这也是锚定效应的作用。

另外，对K线的解读往往不止一面。你能够根据下面这根阳线画出当日的分时图吗（见图79）？答案是“显然不能”。因为我们无法识别左边这根阳线到底是冲高回落还是下探翻红，我们也无法知道右边这根阴线是高开低走还是尾盘空头突袭股价跳水。只看单根K线的涨跌情况是难以对市场走势做出全景描述的，所以仅仅以单根K线对行情做预测很容易发生误判。

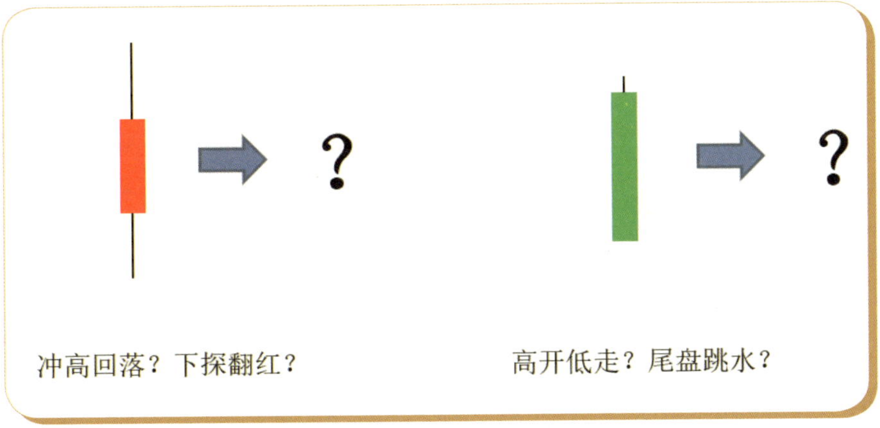

图79 不同周期K线转换的不可逆性

那我们为什么还要看K线图？看分时图不是更能看清股价波动吗？原因其实我们在之前的课程里就讲过，分时图虽然能够完整呈现每天的交易走势实况，但终究是具有局限性的窄框架思维模式，看得太窄，眼光自然不会太长远。所以从宽框架思维模式着手，建议还是要关注K线图。那K线图到底要怎么看？单根K线和几根K线的组合相比，哪个又是宽框架思维模式呢？有没有比K线组合更宽的思维模式呢？

今天的课程就讲到这里，上面三个问题先留给你思考，我们会在之后的课程中解答。我是程大爷，听大爷的话，陪你一起穿越牛熊，我们下期再见。

扫一扫，观看本节视频课程，参与互动

留言区

第二节

K线组合形态：告别骗线，踏准趋势！

听大爷的话，做股市明白人。你好，我是程大爷，欢迎来到我的A股必修课，陪你从追涨杀跌到穿越牛熊。

在上一节课里，我们学习了根据分时图画日K线，根据日K线画周K线的方法。在这节课里，我们就来看看K线的组合效果。

在进入正课之前，我想先讲一件身边发生的真事：最近A股行情火热，大爷我却听说有个朋友反而大亏了！这怎么会呢？哎！原来是上当啦！上个月我的这位朋友“上当君”接到一个陌生来电，对方声称是专业投资机构，和很多私募机构联合坐庄，现在要建群送福利，推送内幕股。上当君将信将疑地进了群，接下来发生的事情就有点神奇了。群里每天都有老师在推荐股票，你还别说，那是一推一个准。接连5天，股票每天都有涨停板！这下上当君按捺不住了，联系老师报名成了付费VIP会员，满心欢喜，以为找到了生财之道。可没想到，刚付钱没多久好日子就到了头，群里面推送的股票不再像之前那般灵验了，上当君被套后找群主维权，没想到马上就被拉黑了！现在的情况更糟糕，荐股群都解散了，股票被套得一塌糊涂，都不敢看了！

证券从业人士一看就知道，这其实就是一个老掉牙的股市骗局套路（见图80）。这种骗局的基本操作思路是，给足够多的人推荐当日涨停的股票或者大涨的股票。通常情况下，涨停的股票明天大概率还会上涨甚至连续涨停。假如骗子集团第一天给一批随机客户推送了三只股票，而第二天恰巧这三只股票中有股票涨停了，他们就会继续给这批客户推送新的所谓内幕股。所以，那些持续收到股票推荐信息的人，自然会看见推荐的股票天天都有涨停板了。而对于骗子集团来说，只要渔网撒得足够大，运气不是太差，别说第五天，就是到了第十天，都可能还有想要上钩的鱼！大爷我记得不久前还有一条新闻上了热搜，大致内容是微信荐股群里有50个人，除了受害者以外，其他49个人全是骗子集团的托！

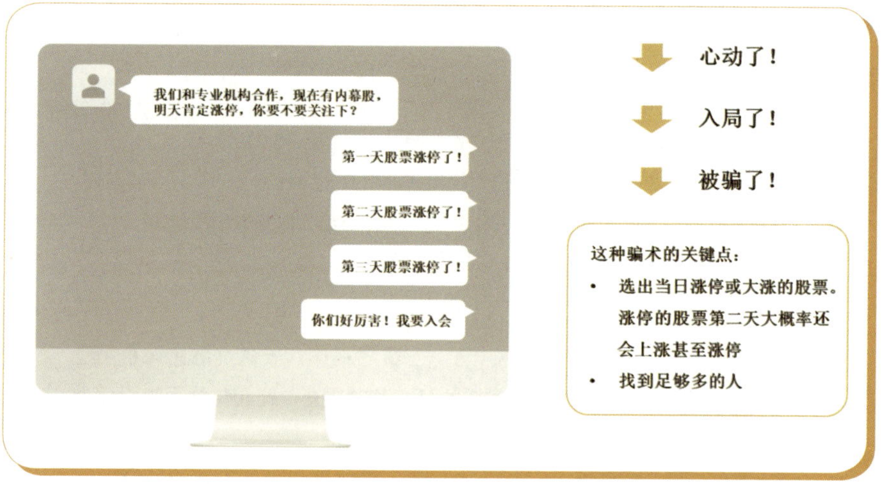

图80　常见的荐股骗局

骗子集团的障眼法固然是让散户朋友咬牙切齿，但他们的荐股思路却是值得我们反思的。他们的圈套至少可以给我们两点启发：第一，如果单日股票大涨甚至涨停，这种上涨动力很可能延续下去，最终演化出上升趋势，这种股票往往会登上财经新闻版面头条；第二，即使这种情形是有利可图的，但它也依然只是概率事件，也就是说，万万不能把单日上涨等同于后市必然上涨。

如果你去仔细研究一下股票上升趋势中的K线分布，就会发现在上涨行情中，长阳线的数量通常是多于长阴线的数量的。如果你打算就此根据单根阳线就进行操作买入，那么建议你先小仓位建仓，如果后续股价走势下跌，跌破建仓当日最低价就立刻止损离场。之所以这样建议，原因很简单，单根K线可能无法正确反映出市场的真实情况，倘若在下降趋势中，庄家或者主力尾盘偷袭，强行将股价拉高，做出一根阳线，我们看到阳线就进场，岂不是被庄家欺骗，掉进了诱多的圈套？

进一步分析，庄家通过操纵资金的骗线手法是不可持续的，他们是绝不会幼稚到无止境地买入，吃下所有卖单成为接盘侠的。综合成本和风险的考量，庄家在多根K线上持续做手脚的概率将会大大降低。

我们来看看“红三兵”这个K线组合（见图81）。在连续阴线下跌之后，拉出连续的三根阳线，就构成了这一组合形态。当在局部估值低点时出现这一形态，我们就可以考虑建仓了！

形态分析：

红三兵是指在连续阴线后连续拉出三根阳线（红色）。红三兵一般出现在市场见底回升的初期，因而升幅不大，动作缓慢，但升势相当稳定。

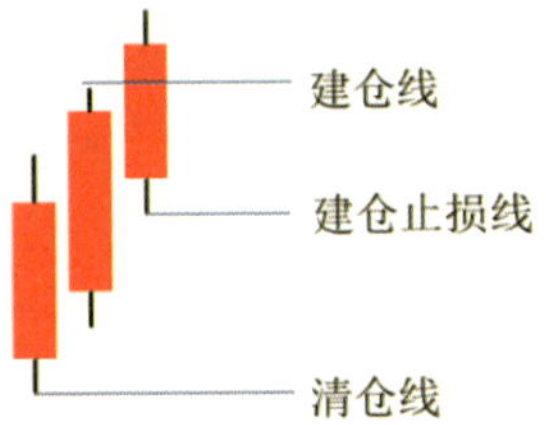

操作策略：

1．当第三根阳线上涨突破第二根阳线的最高价时建仓，此仓位的止损价位为当日的最低价

2．若后续行情跌破红三兵最低价，则清仓离场

图81　K线组合——红三兵

在第一根阳线出现的时候，我们应当保持冷静继续观察，而当第二根阳线出现时则说明后续短期上涨的概率增大，现在我们还要再耐心一点，当第三根阳线上涨，突破第二根阳线的最高价时，建仓买点就出现了。和单根阳线建仓策略相比，“红三兵”买入策略被庄家骗线的概率就要低得多了。建仓完毕后，我们把第三天的最低价设置为建仓止损线，如果行情跌破这个价位，则应当离场或者减仓。若后续行情跌破“红三兵”组合的最低价位时，则应当坚决清仓离场。

和“红三兵”相对应的K线组合是“三只乌鸦”（见图82）。它是由三根阴线组成的，并且每一天的收盘价都要低于前一天的收盘价。

形态分析：

三根阴线相连，且每一天的收盘价均低于前一天的收盘价。如果伴随成交量温和放大，则说明市场的杀跌能量开始释放，市场随后可能有加速下跌的风险。

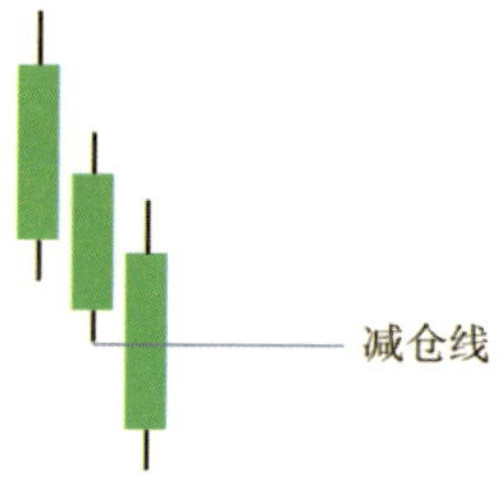

操作策略：

1．当股价大幅偏离均线或者突破上升趋势通道后，较短时间内出现“三只乌鸦”走势，则可能短期见顶

2．在连续出现两根阴线之后，第三根阴线跌破第二根阴线最低价时，应减仓

图82　K线组合——三只乌鸦

如果出现“三只乌鸦”形态的同时，成交量也温和放大，则说明市场的杀跌能量开始释放，后市不容乐观，行情有可能加速下跌。当股价大幅偏离均线或者突破上升趋势通道时，如果出现这种形态，短期内股价很可能就要见顶了。在股票交易的任何时候，只要出现“三只乌鸦”的形态，无论是否马上采取措施，在战略层面都应当给予足够的重视，建议在连续出现两根阴线之后，如果第三根阴线顺势跌破第二根阴线的最低价，应该考虑减仓。

在K线图上，还有一种重要的形态值得我们关注，那就是十字星形态。假如某个交易日股票的开盘价等于收盘价，这样画出来的K线就只有上、下影线，没有柱体，看上去就是一个“十”字。有的时候，K线柱体长度较短，也可以将其视作十字星形态。十字星上影线越长，表示抛压越重；下影线越长，表示买盘越旺盛。当在股价局部极端高位或低位出现十字星形态时，意味着此处博弈剧烈，行情很可能出现转机。根据十字星形态出现的位置和组合，可以把它们分为“早晨之星”和“黄昏之星”。

“早晨之星”出现在股价局部低位，在这个K线组合中（见图83），第一天由于投资者恐慌性抛盘而出现下跌，第二天跳空低开下行，但最终走出十字星形态，第三天市场多头反攻走出长阳线，就形成了“早晨之星”的形态。

形态分析：

因为开盘价等于收盘价，所以其K线只有上、下影线，没有柱体。有些时候，柱体长度较短，也可以视作十字星形态。

十字星上影线越长，表示抛压越重；下影线越长，表示买盘越旺盛。当在股价高位或低位出现十字星形态时，意味着此处博弈剧烈，行情很可能出现转机。

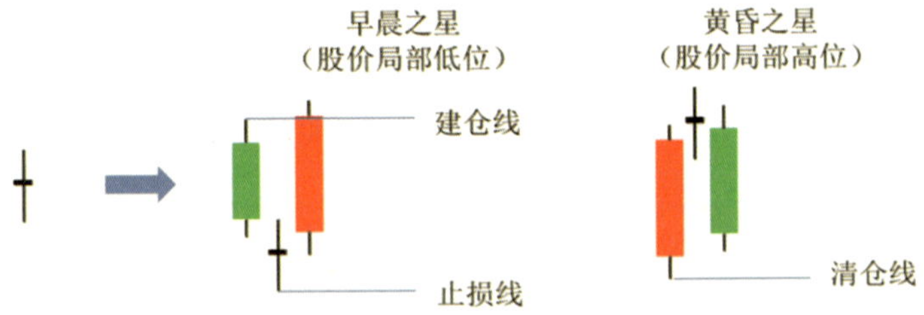

图83　K线组合——十字星

在上升趋势中，如果股价回落跌至趋势线附近，或者小幅下穿趋势线之时，形成“早晨之星”形态，我们应当建仓买入。买入点位是第三根阳线上穿第一根阴线最高价之时，这是一个抄底的好时机！虽然通过“早晨之星”形态买入，盈利是大概率事件，但决策错误的可能性依然存在，所以我们要把十字星形态的最低价格设置为止损点位，如果后续股价跌穿这一价位，我们必须承认由本次“早晨之星”形态做出的决策出现了错误，应当止损离场。

“黄昏之星”则是出现在股价局部高位，它往往提醒我们这一轮涨势可能接近尾声，就像黄昏过后即将进入黑夜一般。这种走势往往能让你联想到，某些股价运行结构的假突破现象。

在这个K线组合里，第一天股价大涨，第二天股价高开，但是冲高回落形成了十字星，第三天股价不再能够维持强势，出现了放量下跌，市场恐慌情绪开始蔓延。这是一个典型的危险信号！在上升趋势中，如果股价大幅偏离均线，或者突破上升趋势通道时，出现“黄昏之星”形态，应当考虑减仓。尤其要注意的是，当整体股价运行呈现三角形形态，或者箱体形态时，股价向上突破后出现这种“黄昏之星”，应当立即清仓离场！

最后，我们要学习的是“穿头破脚”的形态组合（见图84）。和“早晨之星”“黄昏之星”类似，这一形态组合在股价突破走势时具有同样重要的指导性意义。在上升趋势里，如果某一个交易日股价创出短期新高，市场情绪高涨，后一个交易日市场在一片看多中如期高开，但到当天收盘时，股价反而出现巨幅下跌，甚至收盘价比前一天最低价还要低，这就构成了上升趋势中的“穿头破脚”形态。

如果下跌时成交量急剧放大，则更加印证本次股价的向上突破可能只是一个假动作，突破失败的可能性非常高！无论你是原本就持有仓位，还是在突破时尝试性地建立了仓位，此刻都应该坚决离场。

与上升趋势中“穿头破脚”给出的卖出信号相对应，在下降趋势中，如果“穿头破脚”的形态出现，则会给出一个买入信号。

形态分析：

在上升趋势中，前一日股价创出短期新高，后一日以更高的价格开盘，但当天股价却出现巨幅下跌，收盘价低于前一日最低价。

在下降趋势中，前一日股价创下短期新低，后一日以更低的价格开盘，但当天股价却出现巨幅上涨，收盘价高于前一日最高价。

此形态往往伴随着成交量的急剧放大。

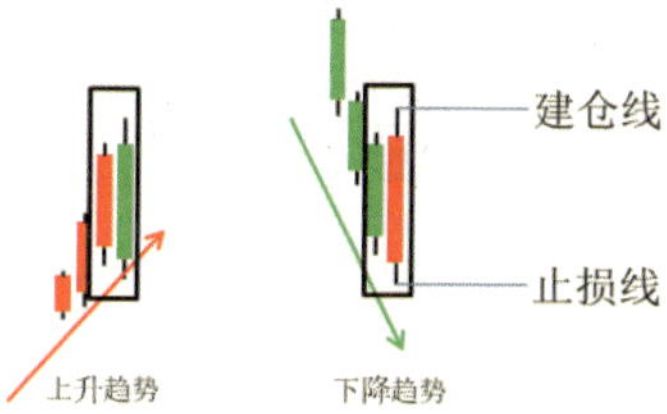

操作策略：

1.在上升趋势中，出现“穿头破脚”形态应立即清仓离场

2.在下降趋势中，出现“穿头破脚”形态，则可跟进建仓，若后续走势跌破形态中的最低价则止损离场

图84 K线组合——穿头破脚

当股价跌破趋势线，向下突破三角形形态或者箱体形态时，出现“穿头破脚”形态，就应该控制好仓位，勇敢建仓买进。在这个策略下的止损点位不用多说了吧，就是这根大阳线的最低价。

好了，今天的课程就讲到这里。需要再次特别强调的是，任何一种K线组合形态的后续走势推演，都是大概率事件，而不是必然事件。我们在使用这些形态进行股票买卖交易的时候，应该把三到五次交易作为一个基础单元进行考量，这样从效果和心态上都会提高交易质量。

我是程大爷，听大爷的话，陪你一起穿越牛熊，我们下期再见。

作业题

请你根据今天学习的K线组合形态，对最近上证指数的走势进行复盘，看看效果如何，也请你把自己的分析写在留言区和大家分享。

留言区

扫一扫，观看本节视频课程，参与互动

第三节

高抛低吸秘籍：趋势线在手，T+0我有

听大爷的话，做股市明白人。你好，我是程大爷，欢迎来到我的A股必修课，陪你从追涨杀跌到穿越牛熊。

我们在之前的课程里多次提到趋势的判定，但实际上判定趋势不是一件简单的事情，今天这节课里，我们继续深入学习趋势线的画法。

我们可以把市场走势分成三类：上升趋势、下降趋势和横盘整理（见图85）。在训练营的课程里，我们提到过，在上升趋势中，股价结构的波峰和波谷依次抬高；在下降趋势中，股价的波峰和波谷则依次走低；而在某些结构中，你会发现波峰和波谷是横向排列的，这就是横盘整理形态（也可称为盘整形态）。

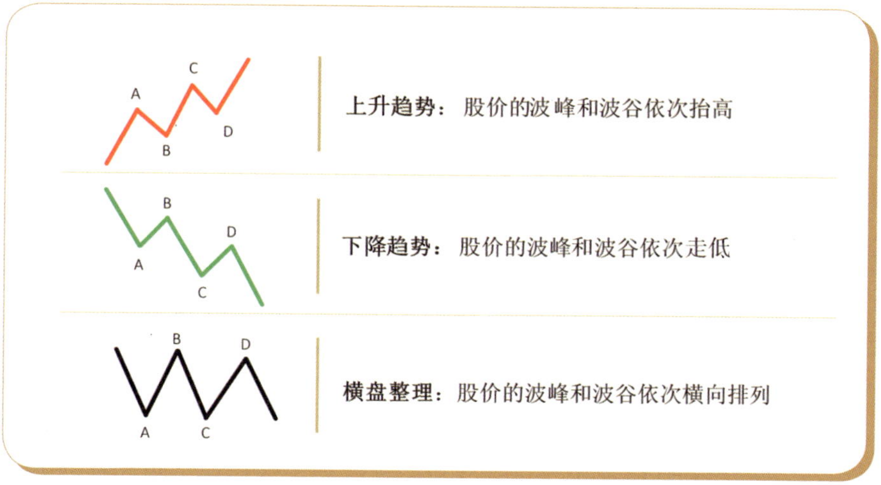

图85 趋势的三种方向

在上升趋势中，如果我们连接依次抬高的低点，很可能会发现它们分布在一条向上倾斜的直线上，这条直线就是上升趋势线；同样的道理，我们连接下降趋势中所有的高点，也可能会发现它们分布在一条下降趋势线上（见图86）。

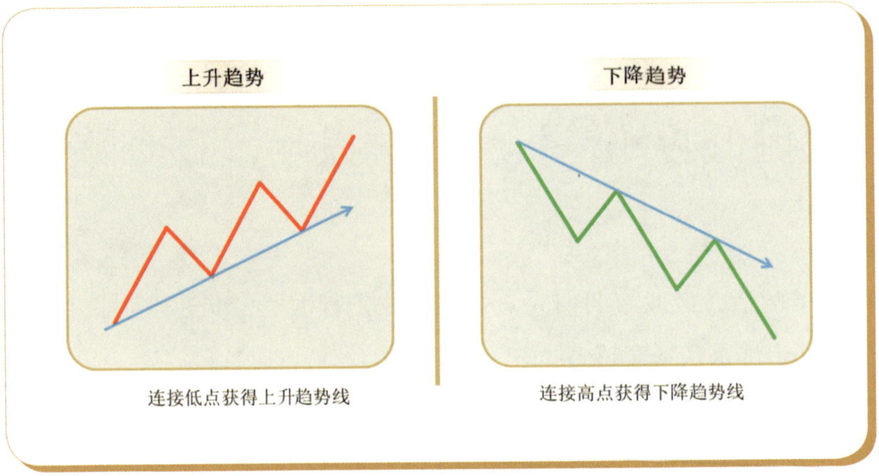

图86　上升/下降趋势线

但实际情况远比理论上复杂，画趋势线就像玩解谜游戏，我们在画历史趋势线的时候，其实是“偷看”了谜底的，在看到所有的高点或者低点的情况下，自然能够轻易地找到趋势线的最优解。而真正面对未来的走势时，我们往往需要去猜测当下的低点或者高点是否仅仅只是长期趋势中的一个微小的折返走势。因此，在画出未来的趋势线这道题目上，我们只能先给出可能解，并在股价后续的走势中去确认或者优化它。为了尽可能高效地找到最优解，我们需要遵循以下三个简要步骤。

第一，必须对目前市场的趋势做出合理的假设。当你发现股价走势中的第二个低点可能已经出现，并且这一低点高于前一低点时，我们可以假设当前趋势为涨势；反之，当你发现股价走势中的第二个高点可能已经出现，并且这一高点低于前一高点时，就可以假设当前趋势为跌势。请注意，在当前情形下，我们能做的仅仅是对行情做出假设，而且必须要做出这类假设。需要提前告诉你的是，这类假设很可能都会被行情走势推翻。尽管如此，请你依然大胆地尝试走出这一步，要知道和在股市长期亏钱做一棵小韭菜相比，犯错这点小事根本没什么大不了的。

第二，如果假设市场是涨势，那么就去找出现的两个明显的低点。这两个低点需要满足的条件是：连接这两个低点的直线能够承载股价运行中的绝大多数价位，意思就是股价运行的主体结构要在这条直线的上方。在实盘操作里，我们看到的第一个低点是明确的历史行情，而第二个低点则是变动的。试想一下，如果你认为第二个低点已经出现，这个时候行情很可能已经企稳或者发生了小幅反弹了吧。因为在持续的下跌行情中，除非心存幻想，否则应该是看不到谷底这个形态的。但是纵使如此，你也无法打包票说之后的行情绝对不会再次下跌创出新低。如果在之后的行情中，我们发现原来锚定的第二个低点，只是下跌过程中的一个小小的修整点位，那么我们就需要重新定义第二个低点，并调整之前所画的趋势线。无论如何，只要第二个低点高于第一个低点，步骤一中的假设就没有被推翻。如果被推翻了，游戏就重新开始，仅此而已。

第三，也是最重要的步骤，我们需要在后续的行情里，通过第三个低点来验证趋势线的有效性。如果随后的调整低点出现在所画的趋势线上，就说明趋势线有效。

画下降趋势线的方法同样如此。通过这三个步骤，你会发现在实盘里，绘制趋势线是一个动态的过程，并不像回顾历史数据那样一目了然。原因就是我们对于最新的低点或者高点的选择永远只是预测。在上升趋势里，如果发生调整型下跌，下跌的最大限度应该是上升趋势线附近。如果所有的假设都成立，此时就是最佳的买入时机。所有的假设其实也就两个：第一，我们确实找到了正确的趋势线；第二，趋势能够持续发展下去。我们怎么确定这两个假设都成立呢？很简单，在股价触及趋势线并企稳后买入，如果股价再次创出新低，就说明假设很大概率已经不再成立了，这个时候应该立即抛售离场。

在尝试去验证趋势线是否有效的过程中，你会发现那些受到试探次数越多、持续时间越长的趋势线越有效。而在跨周期的比较里，长时间周期的趋势线会比短时间周期的趋势线更有效。

还有一个有意思的细节是，如果你保留一些作图痕迹，你会发现很多时候存在倾斜度不同的趋势线（见图87）。它们都是合乎规则的，只是分布在不同的结构层次里。一般而言，在上升趋势里如果趋势线的倾斜度过大，就表示股价在这一过程中上升过快。当这一增速无法维持时，股价就会寻找更大周期里相对平缓的趋势线作为支撑。

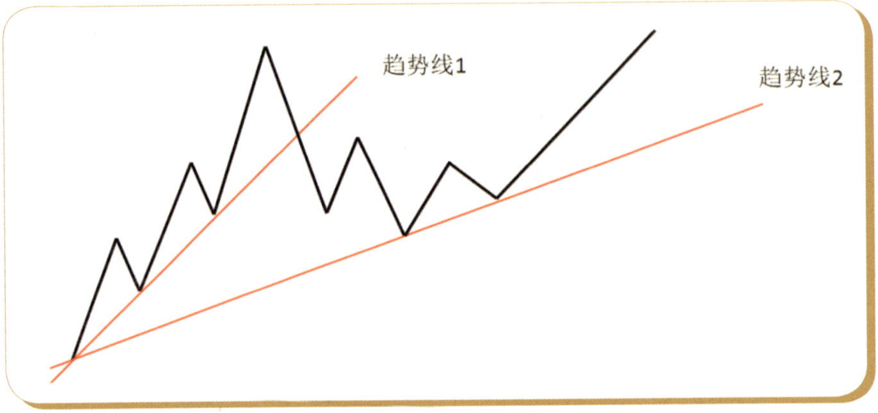

图87　不同倾斜度的趋势线

当我们成功地画出一条有效趋势线，并做出了有利的尝试性建仓后，就有了一个不错的开局。在此之后，只要类似股价回落到趋势线附近的情形出现，我们都是能够进行适当加仓的，操作方法和建仓类似。

现在我们要关注的焦点就该逐渐转移到何时离场了。其实很简单，一旦股价跌破趋势线的时候就会触发离场机制，这并不是说在股价跌破趋势线时就立即离场。在实战中你很容易看到某日股价明明已经跌破趋势线，但后续却重返涨势的情况。这是因为趋势线能够给予股价运行以支撑。所以，建议采用“5%原则”和“两天原则”来判断趋势线是否被有效跌破：股价跌破趋势线的幅度达到5%，或者股价跌破趋势线后连续两天下跌，再次下行创下新低（见图88）。这两个原则发生任何一个都可以视为趋势线被跌破了。在某些情况下，你可能还会发现，行情一旦跌破上升趋势线，这条支撑线就变成了压力线。这类典型情况我们在之前的头肩顶形态中也曾提到过。

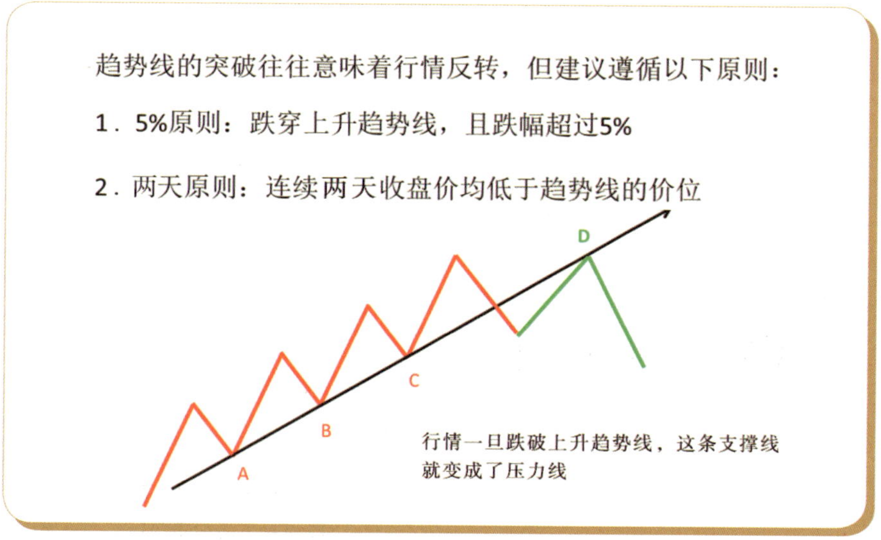

图88　趋势逆转的信号——趋势线的突破

如果你能正确地画出趋势线，它所带来的收益远不止指导你建仓、加仓这么简单。当我们根据上升趋势线，画出股价上涨通道的时候，就可以表演高抛低吸的高端技法了。我们可以在股价穿越趋势线通道上边线的时候减仓，并在其回落到趋势线的时候回补仓位。

你也许会问，既然我们好不容易寻找到了正确的股价通道，为什么不在此清仓，等到股价回落再接回，这样不是能够最大化地做到高抛低吸吗（见图89）？

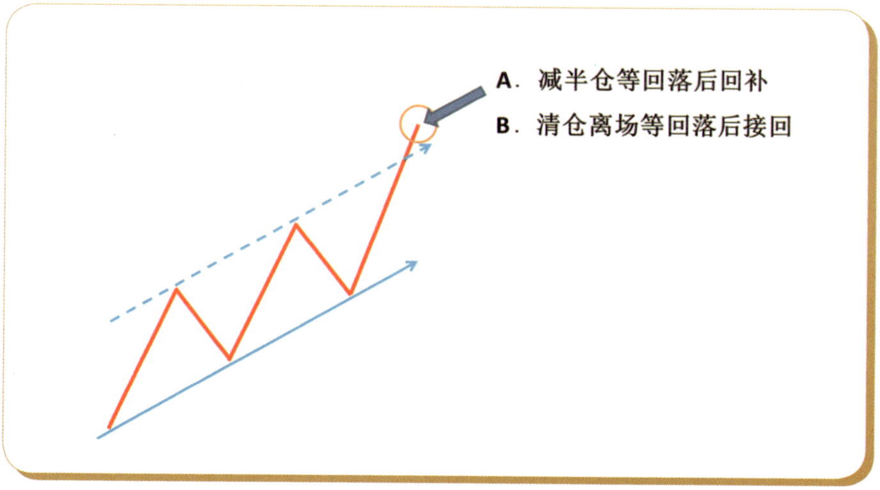

图89　股价向上穿越趋势线通道时该如何操作?

这个想法很完美，可是你想过没有，越是大行情，越不会按照常理出牌。在牛市里，股价在持续了一段相对平缓的走势后，会出现加速上涨的情形，形成更加陡峭的趋势线。这一现象在牛市的后期更为常见，如果错失这一阶段的涨幅会让人非常懊悔。所以做投资决策的时候，要保持适度的弹性，减仓比清仓更加合理（见图90）。

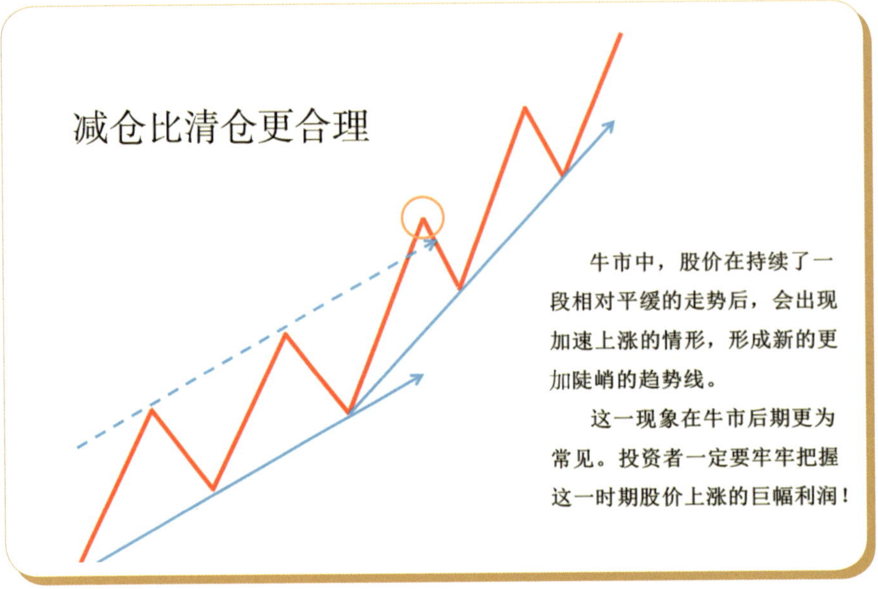

图90　股价穿越趋势线通道上方后的处理方式

最后我们来看看实战案例，图91是2012年到2015年年中创业板指数的走势。2012年，创业板指数始终运行在上升趋势通道里。到了2012年底，指数突破原有趋势通道，进入了长期盘整的阶段。这一盘整阶段持续了一年的时间。随后行情突破盘整区间，并沿着更加陡峭的趋势线稳步上涨。在这轮牛市的末期，上升趋势线的倾斜度再次加大了，并持续到牛市行情结束。

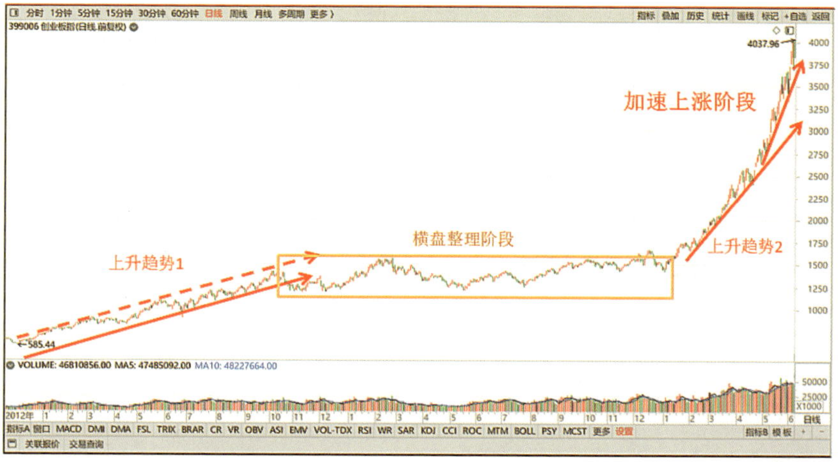

图91　2012年至2015年年中创业板指数走势

今天的课程就讲到这里，现在你对趋势线的了解应该比之前更深刻了吧。我是程大爷，听大爷的话，陪你一起穿越牛熊，我们下期再见。

作业题

纸上得来终觉浅，绝知此事要躬行。图92是上证指数推出以来的走势图，你打开任意一款股票交易软件就能找到。你能画出指数在各个阶段的趋势线吗？

欢迎你把答案分享到留言区，和大家一同探讨。

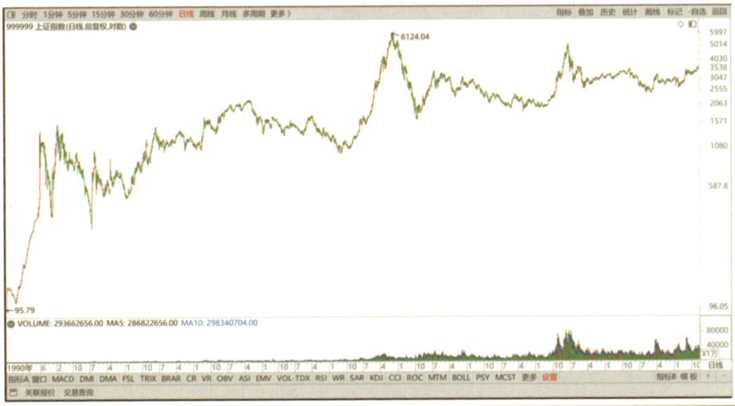

图92　上证指数1990—2020年走势

留言区

扫一扫，观看本节视频课程，参与互动

第四节

乘风破浪顺势而为："进五退三"的波浪理论

听大爷的话，做股市明白人。你好，我是程大爷，欢迎来到我的A股必修课，陪你从追涨杀跌到穿越牛熊。

要学习股票技术分析，就绕不开道氏理论，和在此基础上发展起来的波浪理论。

散户朋友应该都知道中国的上证指数、美国的纳斯达克指数和标准普尔指数等。但是你知不知道，世界上第一个市场价格平均指数是由查尔斯·道在1884年设计的——大名鼎鼎的道琼斯指数。

查尔斯·道通过研究市场价格指数的运动规律提出了道氏理论，这也是至今为止影响最为深远的技术分析理论之一。道氏理论根据时间的长短，把市场价格运动分为三种趋势：长期趋势、中期趋势和短期趋势。

在A股里有一句人尽皆知的名言，那就是"炒股要顺势而为"。如何才能做到顺势而为？首先你要能分清趋势，道氏理论的长期趋势根据涨跌的方向，可以分为牛市和熊市，持续时间一般以年计算。在长期趋势里会出现一些中期趋势，中期趋势可以和长期趋势方向相同，也可以相反。当中期趋势和长期趋势方向相反时，就被视为次级折返走势，这就是我们经常看到的牛市里的回调和熊市里的反弹，次级折返走势通常持续几个星期到几个月不等。和长期趋势、中期趋势比起来，短期趋势比较难预测，通常它们只会持续几天到几星期不等。

查尔斯·道认为，市场价格平均指数的长期趋势是无法被操纵的，长期趋势的运行是消化所有市场信息的最终结果，如果我们通过两个指数的走势分析进行相互验证，那么对趋势的研判准确度就会大大增强。

这就是技术分析的雏形。在道氏理论的基础上，之后出现的技术分析手段不断发展，百花齐放，其中影响最深远、光芒最璀璨的是波浪理论。波浪理论又叫作艾略特波浪理论，最初是由美国证券分析家艾略特提出来的。艾略特曾经是会计师，他在退休之后，细细揣摩出了股票市场价格运动的一些规律，并提出了波浪理论。也许是从道氏理论里获得了灵感，波浪理论和道氏理论有很多相似的地方。但是波浪理论提出了更多的波动规则，在道氏理论的基础上向前发展了一大步。直到今天，波浪理论在技术分析的流派里，始终占据着非常重要的位置。

如果用最简单的语言来概括波浪理论的核心思想，那就是“进五退三”这个词。就像下面这个模型（见图93）。

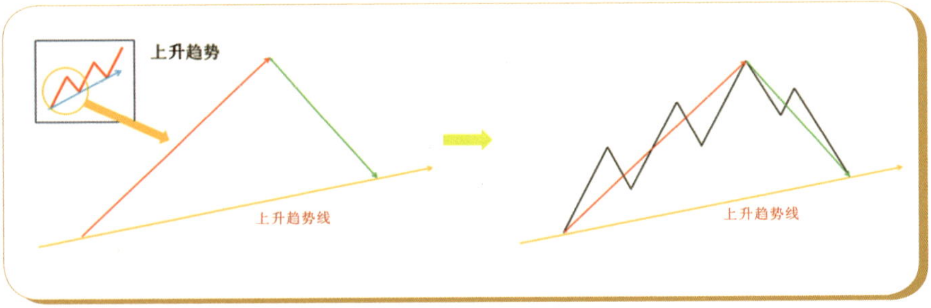

图93 波浪理论的“进五退三”模型

在上升趋势中，价格上升往往会伴随着价格的回撤一起周期性出现。而一个完整的“上升&回撤”过程可以细化成8个波浪。其中，股价上升的过程可以细分成5个子浪，而下降的过程可以分成3个子浪。这就是“进五退三”原则。为了方便描述，我们把上升过程中的5浪分别命名为1浪、2浪、3浪、4浪和5浪，把下降的3浪分别命名为a浪、b浪和c浪（见图94）。

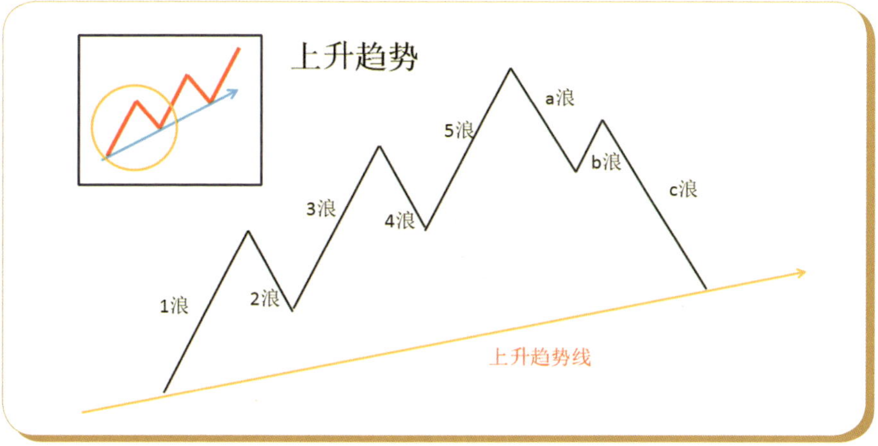

图94 上升趋势的波浪划分与命名

需要强调的是，所谓的“进五退三”并不是说把上升浪通通划分成5个子浪，把下降浪全部划分成3个子浪。它的正确解读是“和更大级别的趋势运动方向相同的浪，可以划分成5个子浪，而和更大级别的趋势运动方向相反的浪，可以划分成3个子浪”。请你仔细看看图95中这个下降趋势中的浪形划分。

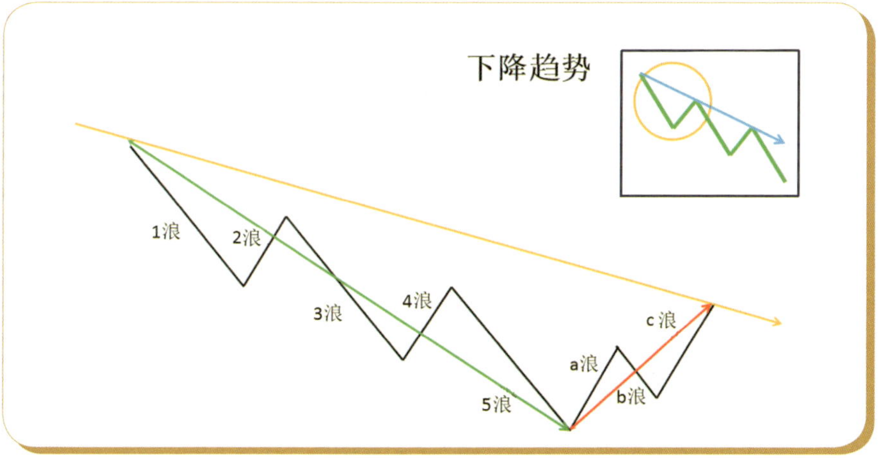

图95 下降趋势的波浪划分与命名

因为股价走势是下降趋势，股价下跌是“进”，股价上升反而是“退”，所以我们要把下跌的过程分成5个浪，而把上升的过程分成3个浪。每当你在运用波浪理论时，我都建议你先好好想一想，当前的趋势浪所在的更高一级别的运动方向是什么？为了进一步解释这个问题，请看接下来这个模型（见图96）。

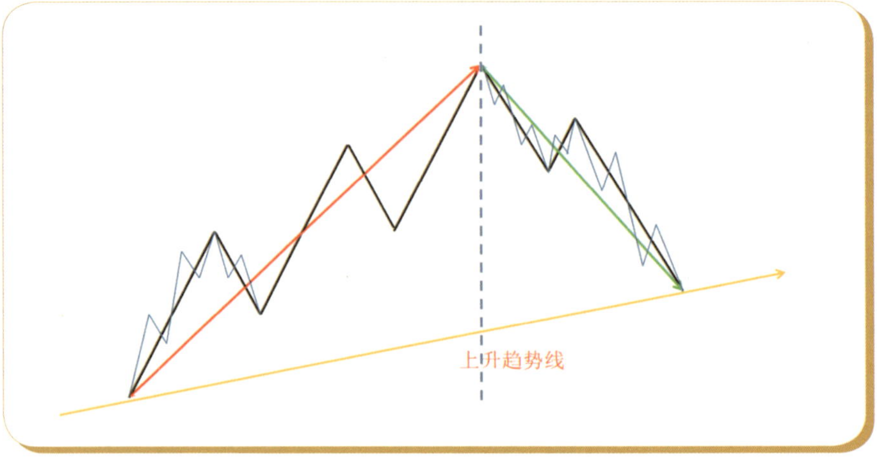

图96　多层次的波浪划分模型

红色箭头代表的走势和绿色箭头代表的走势共同构成了上升趋势，所以我们首先把红色的上升浪分成5个子浪，而把绿色的下降浪分成3个子浪，这两个细分结构在图上都用黑色线条画出来了。现在我们先看虚线左边的5浪结构，黑色的5浪结构的更高级别运动趋势是红色箭头所指的上升趋势，所以黑色5浪结构里的每一个上升浪理论上都能够继续细分成5个子浪，而每一个下降浪都应该能细分成3个子浪。

再看虚线右边的3浪结构，它的更高级别趋势是绿色箭头所指的下降趋势，所以黑色3浪结构里的每一个下降浪，应该可以继续划分成5个子浪，而每一个上升浪应该可以划分成3个子浪。这就是“进五退三”原则，无论有多少层次的嵌套，波浪的划分都遵循这一原则。

在提出“进五退三”这一原则的同时，波浪理论也对每个波浪的个性做出了特别的设定，我们以上升趋势里的波浪为例（见图97）：

第1浪是整个8浪循环的开始，它承接上一个8浪循环，所以当它开始发展的时候，我们很难立刻识别出来，因为它和下降趋势中的调整浪相差无几。

第2浪很可能会剧烈地跌到第1浪的底部，给你一种将会跌穿第1浪的错觉。往往在出现第2浪时市场上会有“熊市还有最后一跌”这样的声音。

第3浪是最具爆发力的一浪，很可能也是涨幅最猛烈的一浪。如果你在浪形划分的时候，发现第3浪短于第1浪，那么肯定是出错了，因为第3浪一定要长于第1浪，某些情况下第3浪持续的时间还要更长，并演变成了延长浪。如果我们把第3浪再细分成5浪，那么其中的第3个子浪就是无数波浪迷们梦寐以求的一浪，很多“老韭菜”叫它“3浪3”。

第4浪的特点是表现形式非常多样，很可能会出现各种整理形态，但是第4浪的浪底不会低于第1浪的浪顶。

第5浪是上升趋势里的最后一浪。这个时候市场情绪一片乐观，散户们一致看好后市，但市场上涨内在动力已经开始衰减了，多头能量无法继续推高股价。在第5浪里，各种技术指标通常和走势发生背离，这也是市场即将发生重大转折的早期信号。

行情走完上涨的5浪结构，就进入下跌的3浪结构里。当a浪来临的时候，因为市场盲目乐观，它很容易被误认为只是上升趋势里的简单调整，因此不容易引起重视。而b浪的反弹就更加给人重返涨势的假象。一旦没有及时认识到a浪和b浪已经发生，c浪猛烈下跌，将给后知后觉的投资者造成毁灭性的打击。

图97　上升5浪的特点

在A股里运用波浪理论，最主要的目的就是尽早发现上升趋势里的5浪位置；其次，如果通过研究我们发现股价可能走出了第2浪，就应该勇敢地进行尝试性建仓，这个阶段正是获取廉价筹码的最佳时机。一旦预判准确，在这一阶段建立的仓位将成为底仓，并成为高抛低吸的金砖。当身处在第3浪的时候，耐心持股择机加仓是不二选择。如果行情进入第4浪，就不宜再冒进“抄底”了。涨势走到第5浪，我们的任务就是尽早做好离场计划和心理准备。如果发现已经进入3浪调整结构，则应坚决离场，或做空对冲。

股市“冲浪游戏”是如此的有趣，很多散户朋友都沉迷于此，乐此不疲。但大爷我想给你一个忠告：尽管波浪理论在某些走势里，精妙到无与伦比，但它绝不是股票技术分析的全部。我们炒股的最终目标是从股市里赚到钱，而不是成为著名的股评家，所以在某些时候，对于波浪的划分，应该化繁为简。

今天的课程到这里就结束了。我是程大爷，听大爷的话，陪你一起穿越牛熊，我们下期再见。

作业题

我们来看看如何在2013—2015年的上证指数走势里运用波浪理论（见图98）。这里用黑线标出了简单的浪形划分。你认为有没有更好的划分方法呢？

欢迎你把你的研究结果分享到留言区，和大家一起探讨。

图98　2013—2015年上证指数走势

留言区

扫一扫，观看本节
视频课程，参与互动

第五节

浪中淘金的正确姿势：细说波浪形态

听大爷的话，做股市明白人。你好，我是程大爷，欢迎来到我的A股必修课，陪你从追涨杀跌到穿越牛熊。

在上节课里，我们已经学习了波浪理论“进五退三”的核心思想，不知道课后你有没有尝试去自选股实盘数数波浪呢？如果你真的这样做了，就会发现，在现实中，波浪的形态比课程里所讲的模型要复杂得多。在这一节课里，我们就来重点学习一下波浪的各种表现形态。

我们先来简单回顾一下波浪的基本规则：首先，第3浪永远不可能是5浪中最短的一个浪，至少它不会短于第1浪，因为第3浪是最具爆发力的一浪，所以它通常是5浪中最长的一个浪；其次，第4浪的浪底不能低于第1浪的浪底；最后，第2浪和第4浪的形态结构，往往复杂多变，而第4浪出现复杂形态的概率更高。

在波浪里和更大级别的浪的运动方向一致的子浪叫作推动浪，5浪结构里的第1浪、第3浪和第5浪就是推动浪，而第2浪和第4浪叫作调整浪。我们先看看推动浪的表现形式。

根据“进五退三”原则，理论上可以把每一个推动浪划分成5个子浪，但如果出现了延长浪，原本的5浪结构就会被9浪结构替代。绝大多数情况下，推动浪里只有一个浪会发生延长，所以延长浪大多数是9浪结构，13浪结构很少见。一般情况下，发生延长浪的最常见位置是第3浪，其次是第5浪，第1浪走成延长浪的概率很低。多数情况下，我们可以把延长浪当作是第3浪的专有变化。下面这张图（见图99），就分别是上升趋势和下降趋势里上升浪和下降浪出现延长浪的例子，这9个浪十分相似，这样的9浪结构和原来的5浪结构具有相同的效用，不需要强行划分。

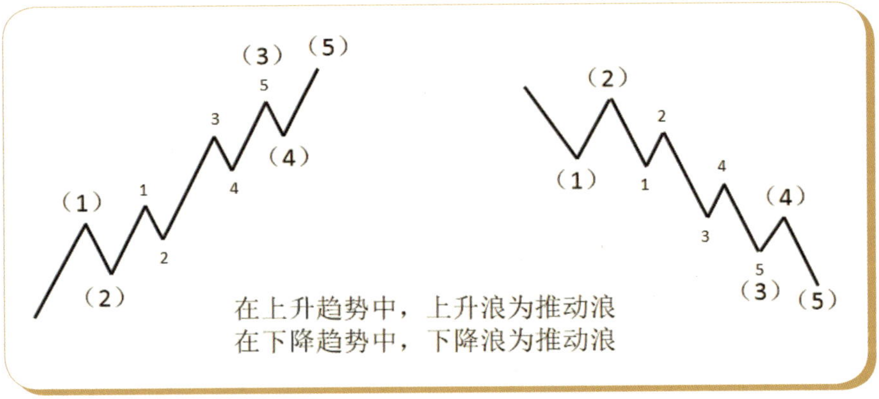

图99　上升浪和下降浪中出现延长浪形成的9浪结构

第5浪的常见形态有两种，分别是斜三角形和衰竭形态。我们以上升趋势为例，在这里画出了一个上升斜三角形的简易模型（见图100）。

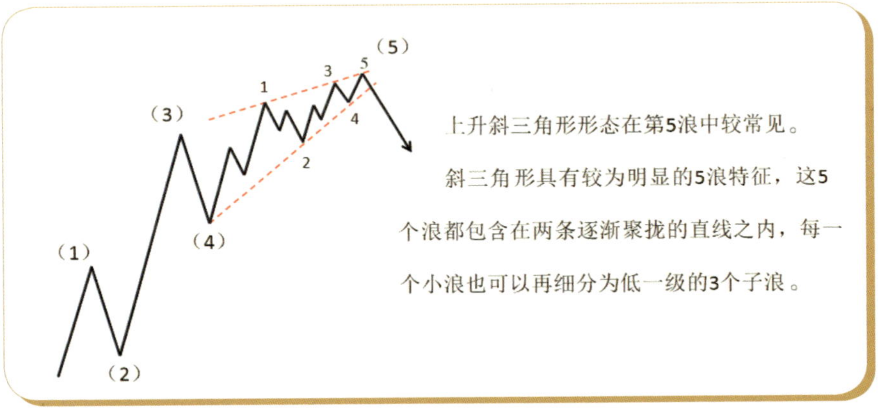

图100　第5浪的常见形态之一——上升斜三角形

这是一种消耗性走势，出现这种形态以后，上涨走势往往很难延续，市场随时可能反转向下。虽然名为上升斜三角形，但是它的走向指示却是看跌的。与此相反，在下降趋势的第5浪里，你看到的下降斜三角形，却可能具有看涨的含义。在斜三角形内部，我们可能可以进一步找到精细结构的5个小浪，这些小浪又分别由一个个“之”字形的子浪构成。在斜三角形内部，第4个小浪的底可以低于第1个小浪的顶，这一点和常见的规则有些小差异。

和斜三角形比起来，5浪的衰竭形态更为常见（见图101）。衰竭形态又叫作失败浪，当第5浪的最高点无法明显越过第3浪的顶点时，就会出现这种形态。

衰竭形态，又称为失败浪。在上升趋势中，第5浪无力越过第3浪顶，一般会形成双顶形态。若在下降趋势中，第5浪没有击穿第3浪浪底，则形成双底形态。

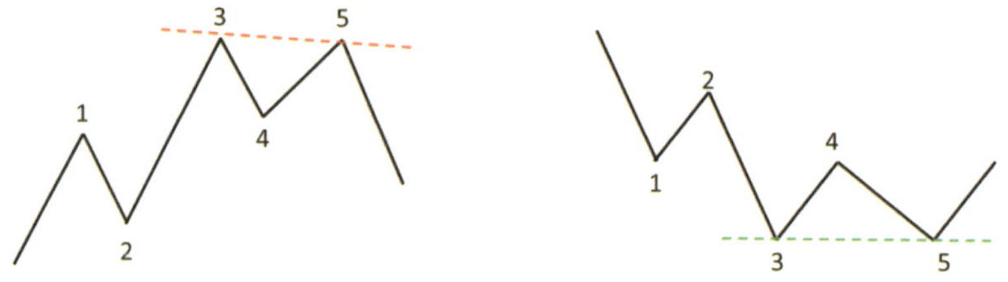

图101　第5浪的常见形态之二——衰竭形态

我们在热身课里提到的双重顶形态正是上升趋势里的衰竭形态；同样地，双重底形态则是下降趋势里第5浪出现衰竭形态的表现。第5浪无法有效地击穿第3浪的底部，这一现象提示我们，后期市场可能会出现一定幅度的反转行情。

和推进浪相比，调整浪的表现形式就复杂多了，也就是第2浪和第4浪呈现出来的变化更多。结构简明的调整浪呈现出“之”字形；在某些情况下，“之”字形结构会通过平台的形式出现；而如果调整浪持续的时间很长，就会呈现长期的横盘整理结构，也就是多重三浪结构，这种结构和我们常说的箱体结构很相似（见图102）。

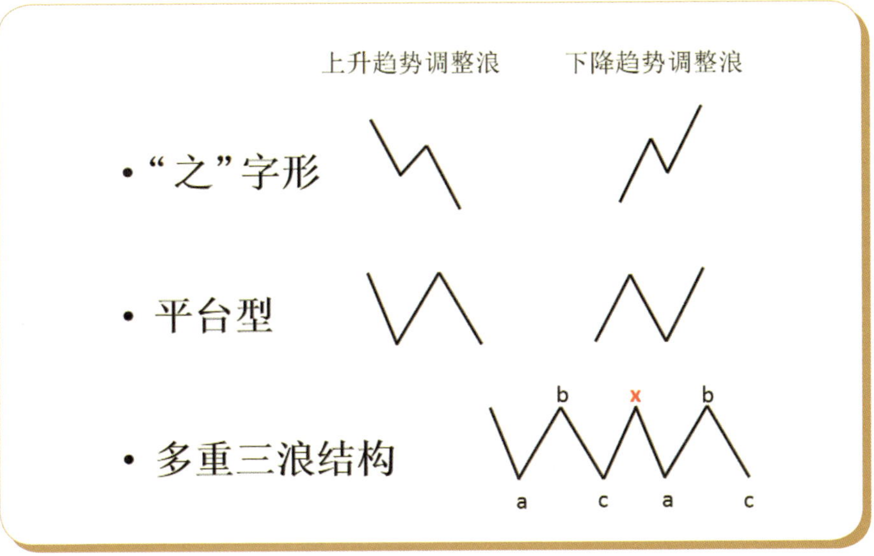

图102 调整浪的常见形态

在第2浪和第4浪里，常见的复杂形态是三角形形态。你还记得我们之前学过的股价常见爆发形态里，提到的三角形形态吗？艾略特把三角形形态分成了四种类型：上升三角形、下降三角形、对称三角形和扩散三角形，这里我画出了对应的示意图（见图103）。

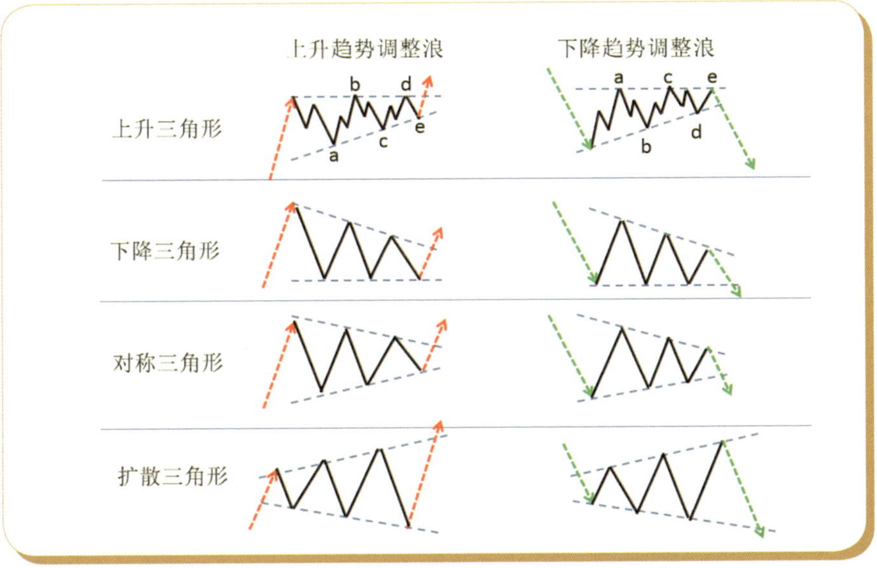

图103 常见的三角形形态

在很多个股走势中，第2浪出现三角形形态的情况很普遍，无论这种三角形形态是哪种类型，我们都应该积极地应对，换句话说，第2浪的三角形形态一旦发生向上突破，我们应该积极建仓。

如果三角形变化出现在第4浪，就不是那么乐观了。第4浪三角形形态的突破一般预示着第5浪的形成。由于第5浪是上升5浪的最后一浪，三角形突破后掉头转向的案例屡见不鲜。第5浪终结的过程，可以被解读成三角形形态的假突破。

至于a、b、c这个三浪结构的表现形态，就不继续赘述了。因为通过浪形分解，可以把它们也划分成5浪结构，大部分变化也和上面讲述的内容相似，有兴趣的同学，可以在课后自行学习补充一下。

现在，我们再来回顾一下上证指数在2013—2015年期间的浪形划分（见图104）。

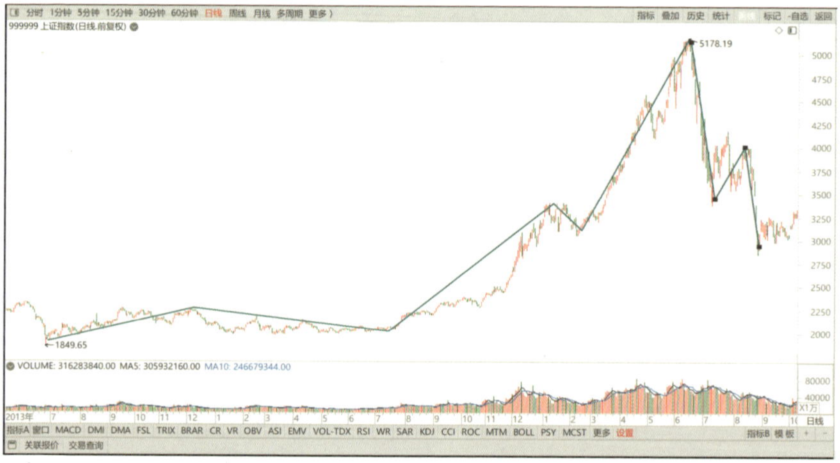

图104　2013—2015年上证指数走势浪的形态

在这个结构里，第1浪可以细分成5个子浪，而这5个子浪里的第5浪，是一个失败浪；第2浪的呈现形式是下降三角形；指数在完成三角形调整后，一路强势上涨，行情非常凌厉，第3浪演变成了延长浪；第4浪是一个结构简单的平台型调整；而在第5浪的最后，我们可以看到一个上升斜三角形。随着上升斜三角结构的终结，三浪结构的下跌随之到来。

现在波浪理论的大部分内容基本上已经全部讲完了。最后，我们再来简单地总结一下：波浪理论的规则实际上并不复杂，如此简单的规则，套用在千变万化的股票走势里，最后的结果就是千人千浪（见图105）。

1. 波浪理论看上去简单，但数起来却是千人千浪
2. 并非所有的市场股价走势能够立刻在图表上被划分
3. 尽管“事后诸葛”能够精准地推算浪的长度，浪的波动幅度，但永远无法准确地知道当前所在浪是否存在延长或者变体
4. 使用波浪理论时应持续进行回顾分析，寻找最优解

图105　波浪理论的局限性

我曾经遇到过这么一个伪高手，他在分析浪形的时候，标注的数字和字母，可以说是天花乱坠。结果走出来的行情，和预期规划总是大相径庭。我问他错在哪里？他的答案总是“结构发生了变异”。

其实，造成这种糟糕局面的原因很简单，尽管波浪理论总是能“事后诸葛”一样地精准推算出浪的长度或者波动幅度，但是就此做出股价预测，并希望价格运动按照预定的轨迹按部就班运行，无异于刻舟求剑。

从这个角度出发，对于任何一个投资者来说，通过波浪理论研究市场趋势的价值，是远远大于用它进行股价预测的。

关于波浪理论，我们更应该重视利用它发掘战略机会（见图106），就像一个成功的投资者并不会要求每次交易只赚不亏，他们追求的是只要最后赚钱就好。所以，我们并不要求数浪的时候准确无误，只要能够赶在第3浪走完之前能及时建仓，搭上顺风车就好。

1. 第1浪往往在价值超跌区域，可以采用少量资金尝试性建仓
2. 第2浪是最佳的建仓时机
3. 第3浪应乘胜追击，在突破第1浪顶时，往往出现加仓时机
4. 第4浪应持股耐心观察
5. 第5浪逐步减仓离场
6. 下跌趋势不抄底，等待下个8浪循环

图106　波浪中的交易策略

好了，今天的课程就讲到这里。我是程大爷，听大爷的话，陪你一起穿越牛熊，我们下期再见。

思考题

你对波浪理论“千人千浪”的现象有什么看法呢？欢迎你把自己的观点分享到留言区，和大家一起探讨。

留言区

扫一扫，观看本节视频课程，参与互动

第三课

量化技术分析

第一节

能涨多高，会跌多深：黄金分割理论识别阻力&支撑

听大爷的话，做股市明白人。你好，我是程大爷，欢迎来到我的A股必修课，陪你从追涨杀跌到穿越牛熊。

在第二课里，我们学习了K线的画法、K线组合形态、道氏理论和波浪理论，这些都是在K线的原始形态上进行分析的经典技术。在这一课，我们来进一步学习K线的相关量化指标，换一个角度来看看股价K线的运动规律。今天我们学习的是黄金分割理论，以及如何通过黄金分割来寻找K线运动过程中的支撑位与阻力位。

你可能想不到，提到黄金分割，首先进入我脑海的形象，居然是一对活蹦乱跳的小兔子。为什么呢？因为黄金分割是由意大利数学家斐波那契通过兔子繁殖问题发现的（见图107）。兔子繁殖问题曾经难倒无数人，题目是这样的：

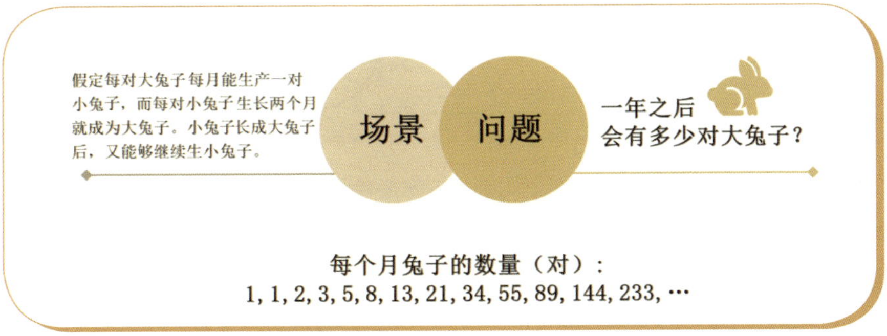

图107　兔子繁殖引发的数列

如果每对大兔子每个月都能生一对小兔子，而每对小兔子经过两个月的成长后，就能成为大兔子，小兔子长大后每个月也能生一对小兔子。那么如果一开始

你有一对大兔子，一年之后你会有多少对大兔子？

我们来分析一下：第一个月你会有一对大兔子，第二个月你会有一对大兔子和一对小兔子。到了第三个月，大兔子继续生了一对小兔子，而之前那对小兔子已经长大了，所以现在你有两对大兔子和一对小兔子。如此这般，你细细推算就会得到下面这个数列：

1，1，2，3，5，8，13，…

这个数列就叫作斐波那契数列，它有什么特点呢？你发现没有，这个数列里的每个数字都等于它前面两个数字之和？另外，如果你推算出来的数列足够长，你就会发现，在这个数列里，后一个数字除以前一个数字，得到的比值越来越接近1.618，而前一个数字除以后一个数字，得到的比值则越来越接近0.618。0.618和1.618就是经典的黄金分割比例。

现在我们来看看下面这个由多个正方形组成的矩形，把这些正方形从小到大排列开来，它们的边长分别是斐波那契数列里面对应的数字，我们用平滑的弧线依次连接这些正方形的对角线，就会得到“斐波那契弧线”（见图108）。

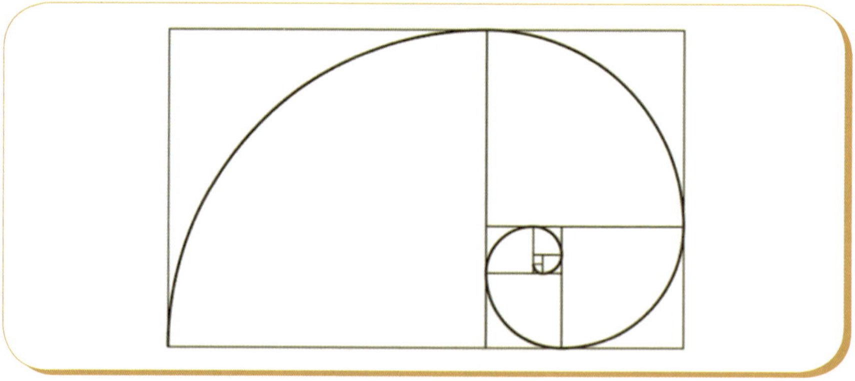

图108　斐波那契弧线

你肯定很熟悉这个弧线的样子，它很像一只海螺对吧？实际上，无论是斐波那契数列，还是斐波那契弧线，在大自然里无处不在：你可以去数数大树的枝干的数量，从下往上正是斐波那契数列排列；而许多植物的叶片、枝杈或者花瓣也都是按照黄金分割的角度分布的（见图109），从上往下观察植物的枝叶就会发现，它们把360°的圆分为了222.5°和137.5°，而360°乘0.618约为222.5°，植物学家经过研究论证后发现，这样的生长结构能够最大效率地接收到阳光，有利于植物进行光合作用。

图109　无处不在的黄金分割

艺术家们可能也从斐波那契黄金分割比例里获得了灵感，由他们创作的传世之作中往往也隐藏着黄金分割的秘密。比如达·芬奇的《蒙娜丽莎》（见图109），我们以蒙娜丽莎的鼻子作为起点，绘制斐波那契螺旋线，就会发现螺旋线依次经过了蒙娜丽莎的下颌、头顶、肩膀和右手，因此这幅画的比例结构看上去十分和谐；如果你用的是苹果手机，那你知不知道其实苹果logo里，也隐藏着斐波那契元素呢?

关于斐波那契数列的神奇就介绍到这里，现在我们要开始进入正题了。斐波那契的黄金分割无处不在，在股市里更是数不胜数，很多情形下，我们都能够通过黄金分割比例来预测股价上涨或者回撤的潜在幅度，也就是说，我们是能够测算出股价运动的潜在阻力位或是支撑位的。

通过前期课程的学习，我们已经知道，股价运动中的常见支撑位和阻力位的表现形式，包括趋势线和历史高、低点。在上升趋势里，趋势线会在股价回撤时提供支撑，当股价回落到趋势线附近，很可能就会重回涨势。在下降趋势里，下降趋势线将会成为阻力，股价反弹到趋势线附近时，很可能受到压制而重返跌势。

历史高、低点也同样扮演着支撑和阻力的角色：历史高点通常是阻力位，但是被行情成功突破之后，阻力将转换为支撑，也就是说，股价成功突破前期高点后，如果再次回落到这个价位，将会获得支撑发生反弹。历史低点的支撑和阻力情况也是如此。

除了上面说的这类支撑和阻力的表现形式，每段运行趋势中的黄金分割位，也是非常显著的支撑位或者阻力位。我们先来看看回撤的情况，每一个阶段的涨势发生回调后，最大可能在什么位置止跌呢（见图110）？如果将前期全部涨幅的垂直空间高度看作1个基本单位，我们从这轮涨势的起点开始计算，股价大概率在回撤至本轮涨幅的0.618、0.5和0.382处获得强力支撑。就算回撤相当凶猛，在回撤到这轮涨幅的0.809处仍可能获得支撑，这种情况在上升5浪的2浪里很容易见到。

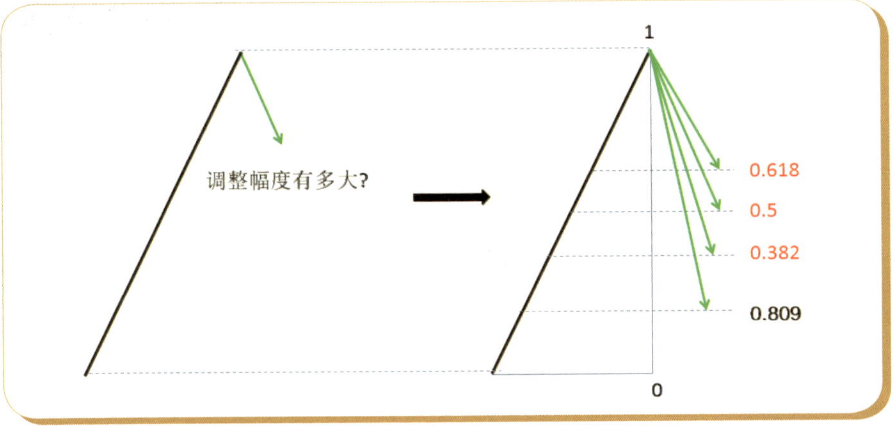

图110　黄金分割比例测算回撤支撑位

当行情回调完毕，重回涨势的时候，又可能涨到什么价位呢（见图111）？

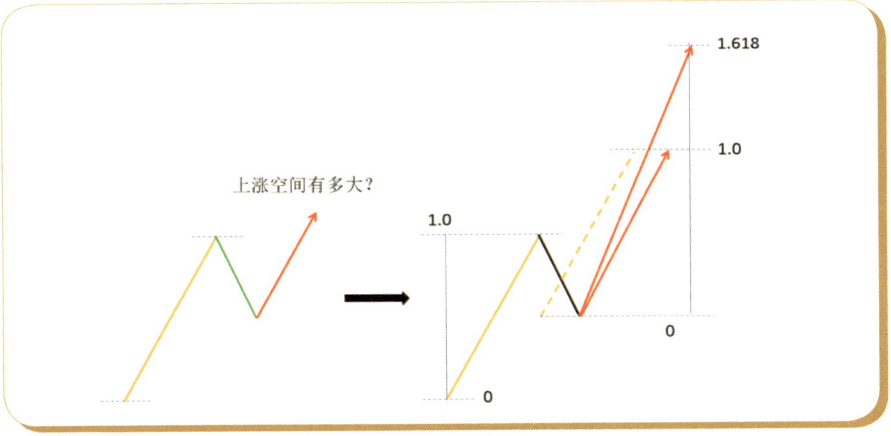

图111　黄金分割比例测算上涨阻力位

我们把上一轮上涨的幅度记作1个基本长度，从回撤结束时的终点开始计算，再次上涨1个或是1.618个基本长度时，大概率将遇到阻力。

我们来看一个计算回撤的实战案例。这是2013—2016年A股市场的牛熊周期（见图112），经过牛市的暴涨之后，指数剧烈回调。即使如此，市场在跌到本轮涨幅的0.618位置时，仍然获得了足够的支撑。市场在0.618位置上盘整了大概两个月的时间，如果能够及时意识到熊市来了，在这里马上割肉离场，也不算太迟。当市场再次下跌，在本轮涨幅的0.382处再次获得支撑，并且这一次的支撑更有力，市场走出了一轮抢眼的反弹。

图112　上证指数走势中回撤幅度的黄金分割比例

我们再来仔细看看局部结构（见图113），首轮下跌行情在下探到0.618位置

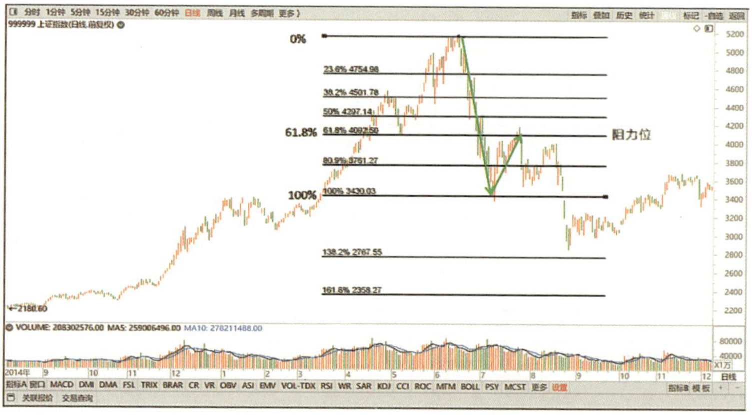

图113　下跌走势中反弹幅度的黄金分割比例（一）

时获得了支撑，市场发生小幅反弹，形成平台调整，刚好上涨到首轮下跌幅度的0.618位时，就停下了脚步。

我们接着来看平台调整后，第二轮下跌和反弹的情况。通过计算很容易看清楚，第二轮反弹的阻力位恰好是整个下跌幅度的0.618位置（见图114）。同时，这个阻力位和第二轮下跌结构的0.382位置几乎重合（见图115）。因此这轮反弹在相应点位的阻力剧增。最后，第二轮反弹没能成功突破阻力，在形成双重顶形态后，涨势溃败。

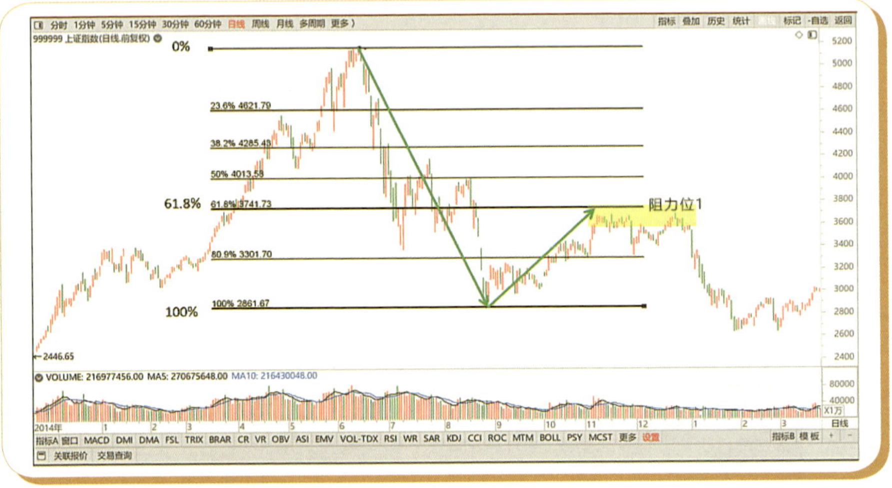

图114　下跌走势中反弹幅度的黄金分割比例（二）

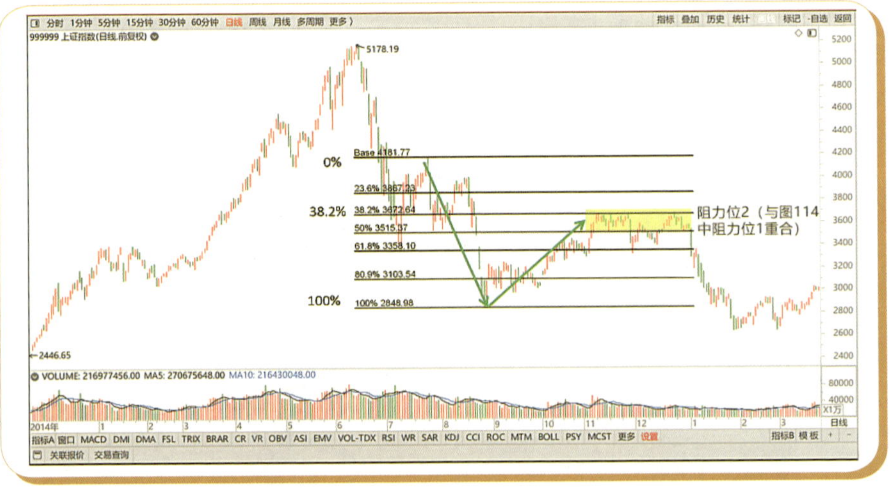

图115　黄金分割比例位置重合形成的强阻力位

在上升趋势的上升5浪里，如果第5浪发生衰竭，我们也能够发现黄金分割位的阻力作用。把上一轮涨幅的垂直空间幅度看作1个基本长度，那么失败浪的终点往往出现在这轮涨幅的0.8到1.2倍之间。在双重顶、多重顶或者其他形态结构突破失败时，通常也遵循这一黄金分割比例（见图116）。

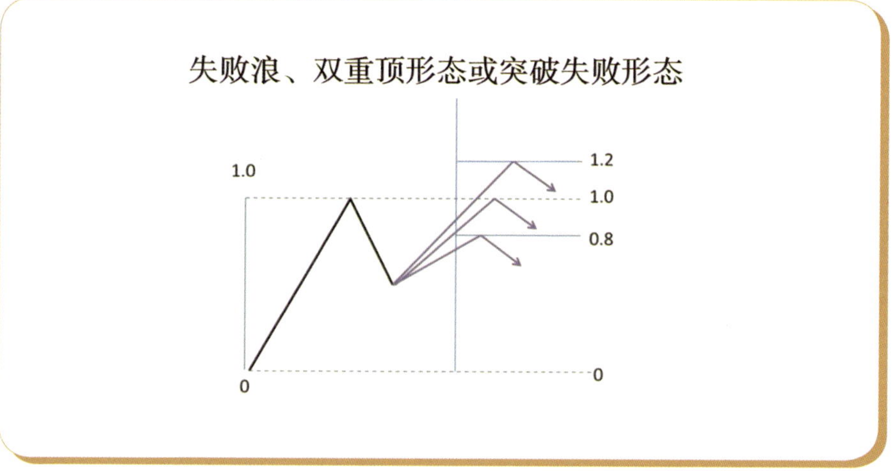

图116　突破失败（或衰竭形态）中的黄金分割比例

继续来看上证指数实盘（见图117）。2016年元旦开始，市场一路下行，但是跌幅并没有超过上轮跌幅的120%。换句话说，虽然指数创下新低，但这一次下跌依然是以突破失败告终的。在此之后，A股以一段持续两年的慢牛行情来印证这一观点。

图117　上证指数向下突破失败案例

现在你认识到黄金分割的实战价值了吧？在历史价位的0.382、0.5、0.618和1.2倍位置，呈现出支撑或者阻力的案例数不胜数。也许你还是有疑问，在空间测算时到底选择0.382还是0.618呢？

还有一点小技巧分享给你：如果通过计算，我们发现某一价位能够在不同的结构里同时处于0.382或者0.618位，那么重合度越高就越有效，如果是支撑位，后市反弹更有力，如果是阻力位，压力更大、更难突破。另外一种情况是：如果某一黄金分割点位在历史数据里作为支撑位或者阻力位的次数越多，那么这一分割点位越有效。在这种情况下，需要把眼光从局部形态结构上挪开，对更多的历史数据进行比对和分析。比如我们发现0.328这个价位出现过的历史高低点有4～5次，而0.618的位置从来没有出现过形态高低点，那么0.382位置成为支撑位或者阻力位的可能性就更高。

好了，今天的课程就讲到这里。我是程大爷，听大爷的话，陪你一起穿越牛熊，我们下期再见。

作业题

请你分析图118中由黄金分割点位构成的支撑位或阻力位。欢迎你把答案分享到留言区，和大家一起探讨。

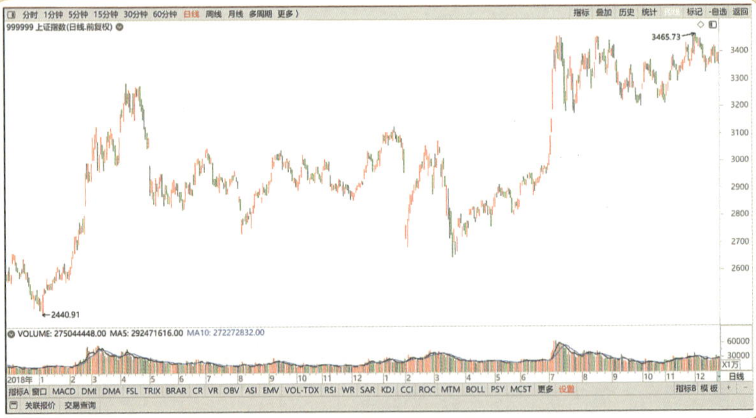

图118　黄金分割点位的案例分析题

留言区

扫一扫，观看本节
视频课程，参与互动

第二节

天量天价，地量地价：读懂量价，识别趋势

听大爷的话，做股市明白人。你好，我是程大爷，欢迎来到我的A股必修课，陪你从追涨杀跌到穿越牛熊。

今天我们学习的是股票下单和成交量相关的知识。几乎每个周一到周五，从上午9点一刻开始到下午3点，股市的交易机器就从未停歇过。现在炒股已经不需要守着电脑或者大屏幕看了，在街边闲逛或是在和朋友闲聊时，你随时都可以打开手机上的交易软件，看看行情走势，输入代码和价格，点击下单，就能发出交易指令。中国股民数量已经远远超过一亿人，这意味着你走在大街上，每经过十几个人就能遇到一个股民，说不定还是资深股民呢。那你有没有想过，每天这么多人在交易，到底股票买卖是怎么成交的呢？如果我们作为股票的买方，又该怎样才能知道卖方的动向呢？

我们当然不能精确地知道其他股民现在手机屏幕展示的是哪一只股票的行情，但是有这么一个窗口能够告诉我们，现在有多少人或者多少资金，正打算交易你想买卖的股票。

这个观察窗口就是股票的买卖盘口（见图119），在买卖盘口里，我们通常可以看到“买一到买五”和“卖一到卖五”的五档行情，而行情的下方则是每一笔买卖成交的时间和成交价格。盘口里这些价格有什么含义呢？

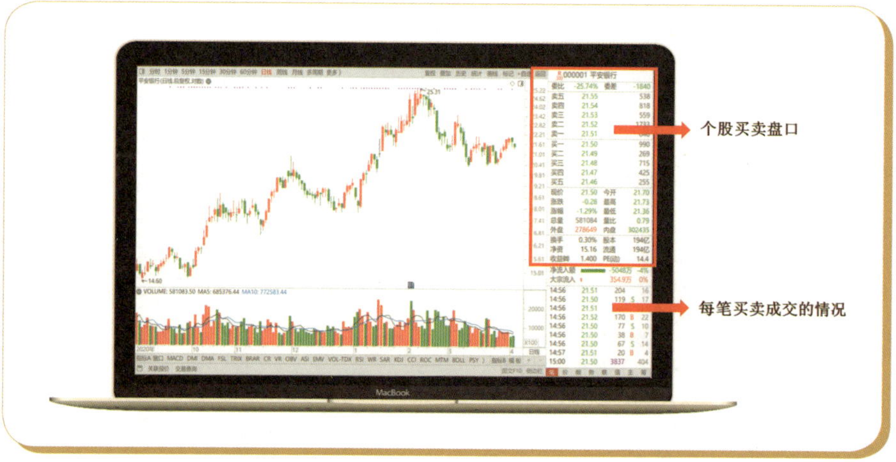

图119 股票买卖盘口

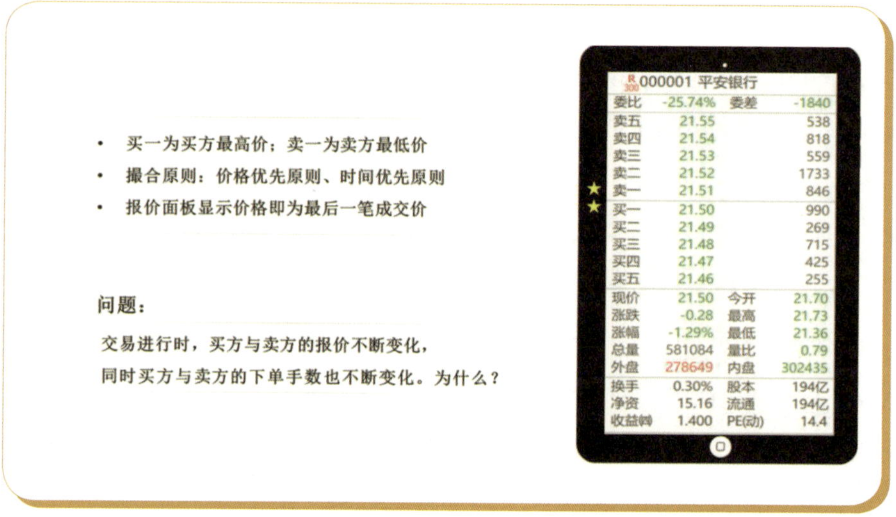

图120 股票买卖的报价委托与撮合

我们先看“买一到买五”，这些代表潜在的股票买方。如图120所示，买五的价格是21.46元，买四的价格是21.47元，买三、买二和买一价格逐渐递增。买一的报价最高，是21.50元。这些就是这只股票的买方中，意愿最强的五个资金方给出的报价。而买一的手数是990手，每手股票等于100股股票。所以买一这一档数据表明，资金方买一愿意以21.50元的价格买入990手平安银行的股票。同样的道理，买五这档数据说明，资金方买五愿意以21.46元的价格买入255手平安银行的股票。

接下来再看看卖方的情况，“卖一到卖五”是本次股票卖方中报价最低的前五位出货方，其中卖一的报价最低，他愿意以21.51元的价格卖出846手平安银行股票。通过观察我们看到，出货方卖二想卖出的股票的数量比较大（1733手），但是他想要的卖出价格是21.52元，不仅高于买方的最高报价21.50元，也要高于卖方的最低报价21.51元。

显然，资金方买一优先会与出货方卖一成交，因为卖一价格最低，和他成交的成本最低。然后资金方会再和卖二成交，最后才会考虑卖三的报价，卖四和卖五也以此类推。撮合股票买卖成交的原则很简单，首先是价格优先原则，股票买方优先和报价最低的卖方成交；其次是时间优先原则，也就是说如果报价相同，那么谁先下单谁就能够先成交。我们在行情软件上看到的报价，就是最后一笔成交价。

如果在开市时间，你持续观察股票盘口，就会发现，买方和卖方的报价不断在变动，同时他们下单的手数也不断变化，这是为什么？因为在买卖不断成交的同时，原来已经报价的投资者可能改变主意重新报价，另外还会有新的资金方参与进来，给出更多更容易成交的报价。盘口越活跃，股票买卖的人气就越旺。你想没想过，这么多投资者进行交易报价，那他们的内在行为规律是怎样的呢？

为了回答这个问题，我们先来看看下面这些情景：红富士苹果现在在市场上每斤卖8~10元，而因为今年气候变化导致苹果减产，多方面迹象显示，后期苹果价格可能还会上涨。假如你是苹果商人，你发现某地红富士苹果每斤只卖2元，你会买吗？如果是每斤5元呢？又假如某地红富士苹果每斤卖8元或者13元，甚至是每斤15元或20元呢（见图121）？

我想结果很可能是这样的：当红富士苹果每斤2元时，任何货源都会遭到秒杀，即使其价格涨到每斤5元，依然会被哄抢；当涨到每斤8元时，因为苹果价格后期看涨，可能会有经销商囤货待涨；如果价格已经上涨到每斤13元，考虑到依旧存在上涨空间，可能还会有投机炒作者跟风介入；但是当价格涨到每斤15元时，大部分买家的囤货意愿可能迅速降低，而之前已经囤货的商人却抱有惜售心态不愿意立即降价；随着时间的推移，大家对苹果市场价格的预期越来越悲观，为了挽回损失，之前囤货过多的经销商现在可能要争相打折销售了（见图122）！

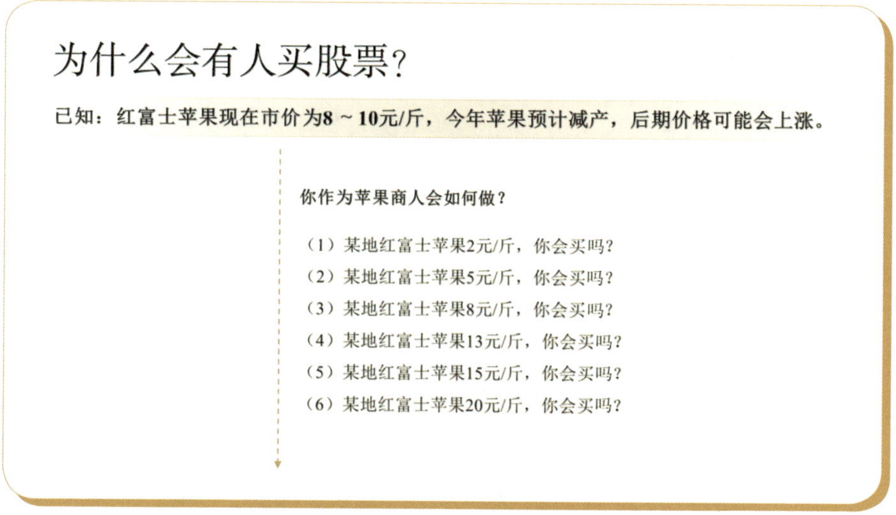

图121　红富士苹果交易案例（一）

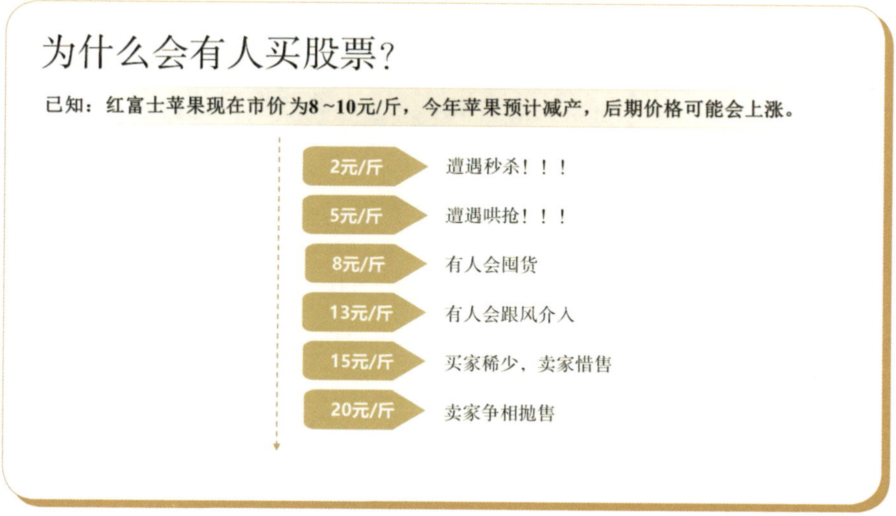

图122　红富士苹果交易案例（二）

通过上面这个案例的分析，我们大致可以提出一个简单的量价模型（见图123）。在涨势发展的中早期，价格处于相对低位时，随着成交量的增大，股价会上涨，在这一阶段中，如果成交量下降，价格会相应下跌，但下跌的幅度远小于上涨的幅度，这是市场本身的自然调节方式；修整完毕，成交量再次放大，价格又将继续创下新高；当股票价格达到某一个高度时，多空力量开始转变，多头选择获利了结，转为空头，现在多头不能再像之前一样碾压空头了，同样的成交量不能再将股价推到全新的高度，这就出现了放量滞涨的现象；接下来，更多的买方选择观望，而卖方却不愿降价出货，于是市场会出现缩量下跌的情况；再往后，对于后市的悲观期望逐渐发酵，多空力量发生逆转，空方力量开始反过来碾压多方了，市场开始放量下跌，空头不惜一切地卖出股票，那些一门心思去抄底的人成就了成交量，成了接盘侠！

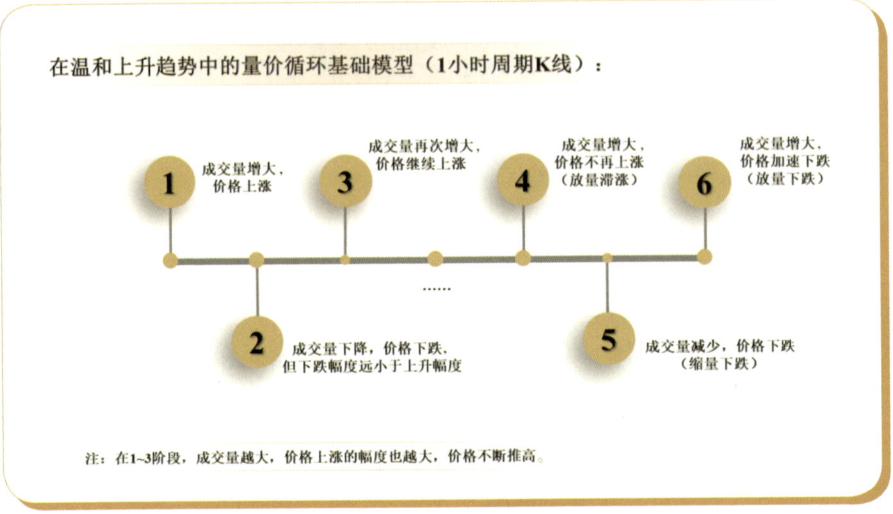

图123　股票成交的量价关系模型

这一量价模型在以小时为周期的K线上很容易被验证，虽然模型里的所有环节并不是每次都能够被完整地呈现出来。我们首先把K线图设置成以小时为周期。在K线图的下方对应的是成交量，如果成交量长柱是红色，就说明对应的K线是上涨的阳线，反之就是阴线。为了更清晰地理解放量现象，可以在K线图上用黑线把成交量做个简单的区域划分，黑线之下是交易量平均水平，而那一根根像针刺一样的红绿柱就是显著的放量成交柱，如果放量的柱子是红色的，说明是放量上涨，反之就是放量下跌（见图124）。

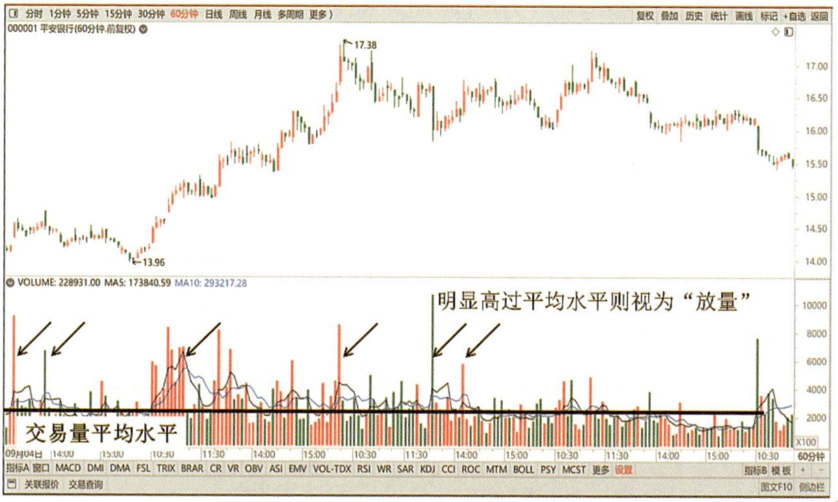

图124 交易量平均水平与“放量”

放量的柱子是我们分析的重点（见图125）。我们看到在第一个阶段里，放量上涨，长柱频繁出现，每一次放量上涨后，市场都会缩量微幅下跌调整休息，然后继续放量上冲。但到了第二个阶段，放量的柱子出现的频率相比第一个阶段就要低很多，不仅如此，放量的红色柱子甚至不再明显高过绿色的柱子了，这就进入缩量下跌的阶段，最后一根放量下跌的大阴长柱，则开启了阶段性的下跌行情。

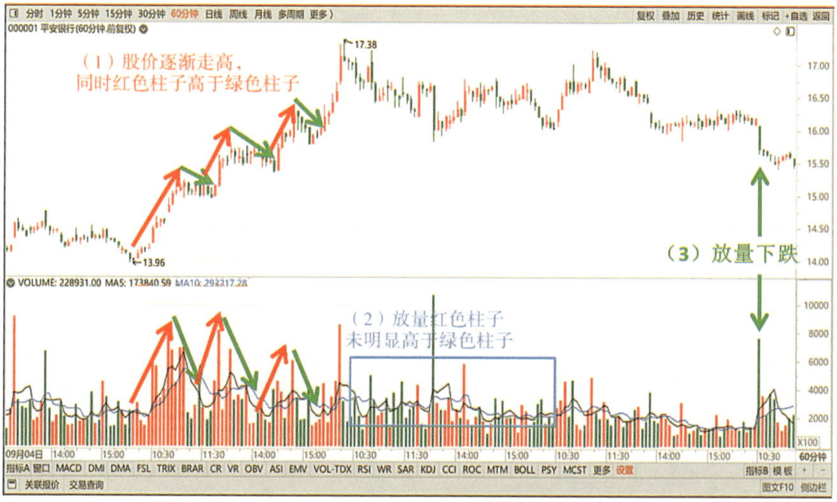

图125 60分钟K线中阶段性上升趋势中的量价关系

上面讲到的量价模型适用于小时周期的K线图。那在大周期上的量价关系又是怎样的呢？想要在短期内看到日线的量价关系并不容易，因为每一阶段的量价关系，可能需要几个月的时间来呈现。但是在回顾历史数据的时候，我们依旧可以清晰地看到类似的量价规律。以上证指数2014年9月到2015年末的日线为例（见图126），在阶段（1）到阶段（3）的发展过程里，我们可以看到成交量的放大推动股价的大幅上升；但是阶段（3）同样的成交量带来的涨幅已经远不及阶段（2）的涨幅了，这是放量滞涨的现象；等到阶段（4），成交量并没有减少（图126中“★”的位置），但价格已经远低于高点了，这一量价形态无异于在宣告牛市终止。

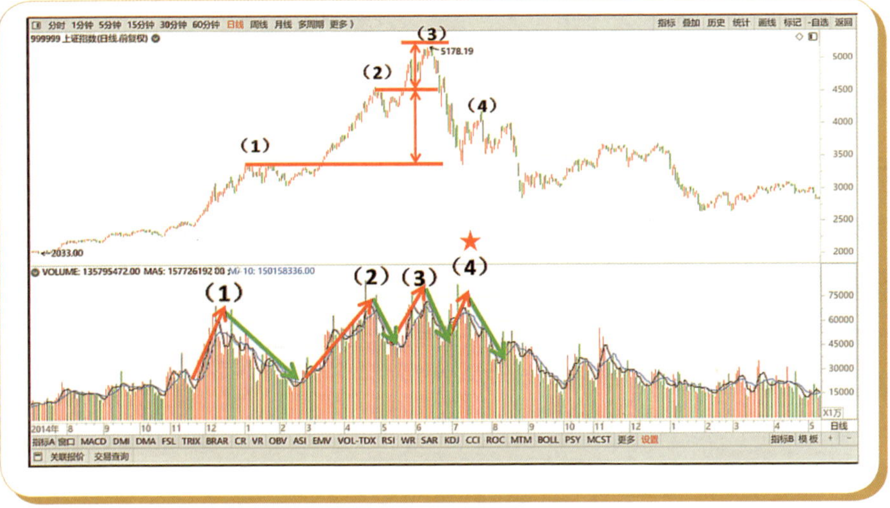

图126　日K线中的量价关系

另外还有一种典型的量价规律值得关注，那就是“天量天价”。当“天量天价”出现在K线形态突破区域时，尤其需要重视（见图127）。这样的量价形态，虽然并不足以判定突破是否成功，但至少预示了新的行情即将开始。当行情处于熊市的末期，在低迷的市场中开始出现“天量天价”的时候（图127中“★”的位置），往往也启示我们新一轮的牛熊转换已经开始。

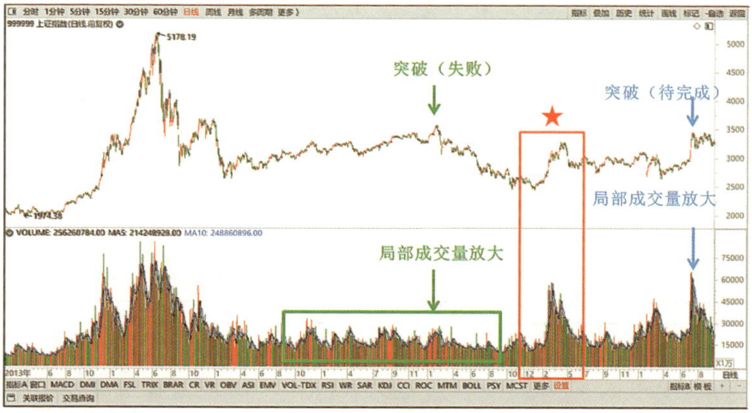

图127 大趋势中的量价关系——天量天价

最后，我们来简单描述一下下降趋势里的量价关系。因为下跌过程中更容易产生复杂的心理反应，这个过程里的量价关系并不容易被提炼出来。但大致包含下面三个阶段：首先是无量下跌或者是缩量下跌；然后会发生放量反弹，这是抄底多头量能，但是它能带来的反弹幅度十分有限；最后是放量下跌的阶段，彻底击垮市场人气。

好了，这就是今天的全部内容。最后，给你留一道作业题，欢迎你把答案分享到留言区，和大家一起探讨。我是程大爷，听大爷的话，陪你一起穿越牛熊，我们下期再见。

作业题

请你标出图128中的量价关系。

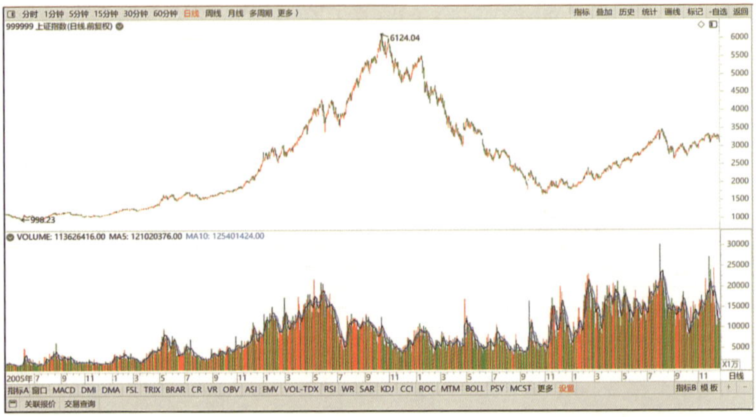

图128 量价关系案例分析

留言区

扫一扫，观看本节
视频课程，参与互动

第三节

金叉看多，死叉看空：经典量化指标——MACD和KDJ

听大爷的话，做股市明白人。你好，我是程大爷，欢迎来到我的A股必修课，陪你从追涨杀跌到穿越牛熊。

大家在看股市点评的时候，肯定经常会听到很多英文名词，比如说MACD、KDJ、RSI这一类，同时还会经常听到类似“金叉”“死叉”这样的描述。其实这些都是技术指标的名称，今天我们就来学习两个最经典的技术指标——MACD和KDJ。

技术指标并不是什么高深的东西，它们通常是把K线的开盘价、收盘价、最低价和最高价通过一定的公式运算进行处理得到的，可以说技术指标不过是K线的衍生品，只是换一个角度观察股价运动而已。

首先，我们来看看MACD这个指标。MACD的中文名叫作异同移动平均线，在它的推算过程中用到的核心计算法则是“指数移动平均值”运算（见图129）；英

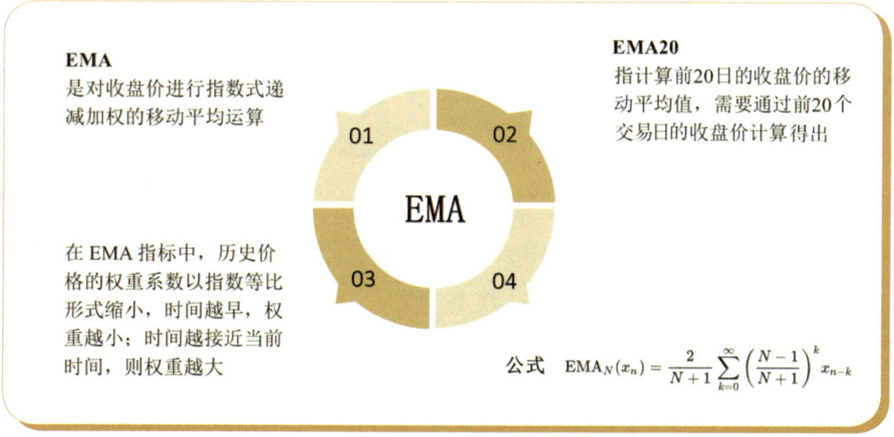

图129 指数移动平均值的计算方法

文名叫作EMA，它是对K线的收盘价进行加权运算的一种方式。以EMA20为例，EMA20就是计算前20日收盘价的移动平均值，要算出这个值就需要用到前20个交易日的收盘价。在EMA的运算里，越接近当前时间的收盘价，所占的权重比例就越大。通过反复采用EMA的运算法则，我们就能够计算MACD这个指标了。计算的过程很烦琐，但大致分为以下四个步骤：首先分别计算长周期和短周期收盘价的EMA值；然后把长短周期的EMA值相减得到差值，如果把这个差值画成一条曲线，就可以得到MACD指标里的快线；再把这个差值进一步进行EMA运算，就得到了MACD指标里的慢线；最后我们把快线和慢线的数值做减法，就能得到MACD值了（见图130）。

MACD的计算方法比较复杂，大致分为以下四个步骤：

1. 分别计算出长周期和短周期的EMA
2. 将短周期的EMA减去长周期的EMA，得到差值DIFF值（快线）
3. 计算差值DIFF的EMA得到DEA值（慢线）
4. MACD=（DIFF−DEA）×2

图130　异同移动平均线（MACD）指标的计算方法

这个运算过程听起来有点让你晕晕乎乎的吧？没关系，计算方式你只需要大概了解一下就够了。如果你对计算过程感兴趣，可以课后自行深入研究，因为就算不了解指标的运算方式，也丝毫不会影响我们使用指标，在实际操作中，只要在行情软件里面调出MACD指标就可以了！

交易软件上的MACD图表，由三部分组成，它们分别是：黑色快线、蓝色慢线[1]和红绿柱（见图131）。在红绿柱之间，我们可以看到一个分水岭，这就是零轴。需要强调的是，零轴不仅仅是红绿柱的分水岭，它更是多空方向的

① 不同的交易软件颜色可能不同。

分水岭。

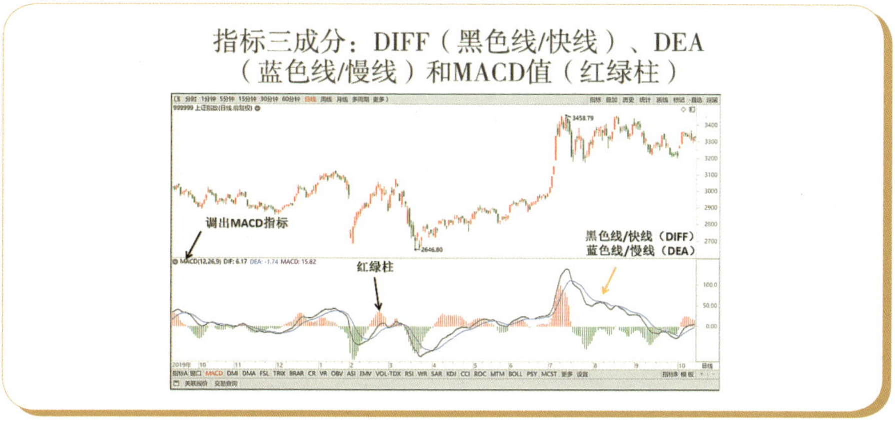

图131　MACD指标的组成

要用好MACD指标，抓住零轴是关键！当快慢线运行在零轴上方时，属于多头区间，要优先考虑做多；反之就是空头区间，要优先考虑做空（见图132）。当然了，散户朋友在A股里的主要操作是做多，因此我们主要围绕多头区间这一情况来讨论。

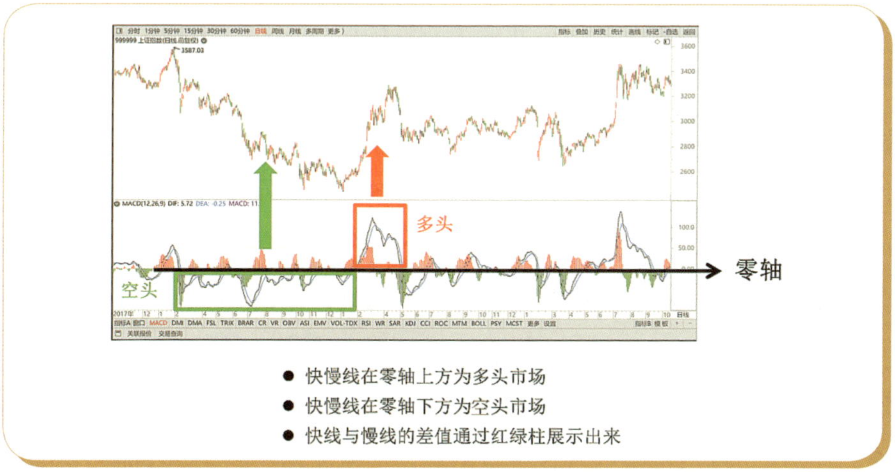

图132　用MACD指标的零轴识别市场多空环境

如果说零轴是市场趋势的分水岭，那么蓝色线和黑色线的交叉，则是市场动力的指示器。当黑色快线从下方向上穿越蓝色慢线时，形成的交叉就叫作黄金交叉，简称金叉；而黑色快线从上方向下穿越蓝色慢线时，所形成的交叉叫作死亡交叉，简称死叉（见图133）。当金叉出现时，往往说明近期市场行情上涨动力强劲，而死叉出现则说明上涨动力衰竭。

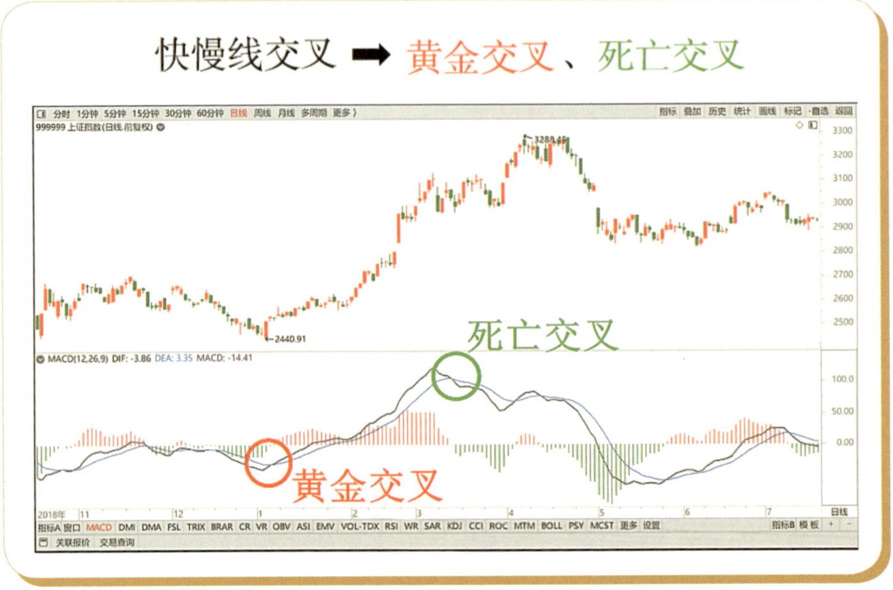

图133　MACD指标的黄金交叉与死亡交叉

学习了这些基本概念之后，我们来看看MACD指标在实战里的具体用法。首先我们需要把K线图的周期设置成日周期或者更长周期，因为MACD指标更适合较长周期的交易策略。接下来我们就可以利用零轴来识别市场方向了，当黑色快线和蓝色慢线都在零轴上方时，就是多头市场；如果你发现蓝色慢线刚刚上穿了零轴，这时就是建仓时机；建仓后，只要市场能够继续维持多头趋势（即快、慢线均在零轴上方），我们就应该维持多头思维；在金叉出现时，我们要勇敢加仓，而当死叉出现时，就要适当减仓，在整个多头趋势里，我们都可以这样进行高抛低吸操作。而需要随时关注的是，黑色快线是否跌破零轴，因为这是多头市场转变为空头市场的危险信号，一旦出现这种情况，我们就要及时清仓离场。

我们来看一个MACD指标的实战案例。图134是上证指数2018—2019年的K线图。在情形一中，我们捕捉到第一个蓝色慢线上穿零轴的时机，可是建仓信号出现后不久，死叉出现了，同时黑色快线也跌破了零轴，这次的交易是建仓后立即止损出局。在情形二中，我们看到蓝色慢线穿越零轴的同时发生了死叉，这是一个失败的交易信号，我们将不进行任何交易。再看看情形三，这是MACD指标发出的第三次建仓信号（慢线上穿零轴），这一次我们建仓成功了，并且在情形四出现死叉的时候进行相应减仓。当行情发展到情形五，触发了黑色快线跌穿零轴的离场信号，本次交易就结束了。这就是MACD指标的用法，我们可以看到MACD交易策略是一个长期的策略。一年的交易时间内出现交易机会的次数并不会太多。

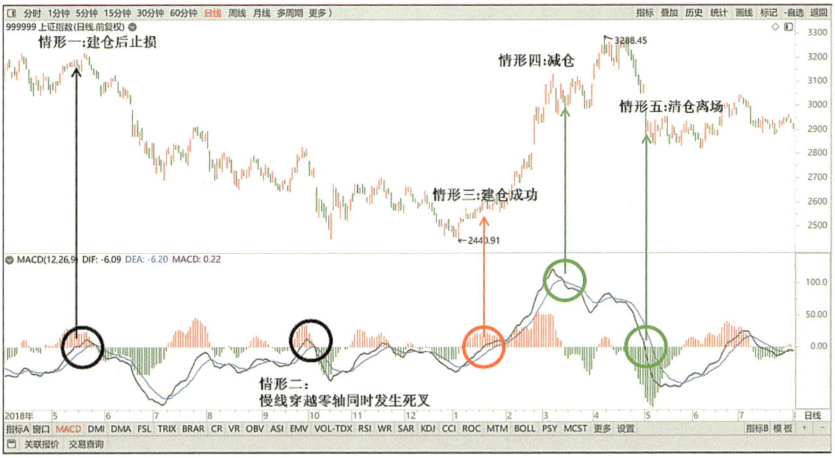

图134 MACD指标实战案例

接下来我们来学习另外一个经典指标——KDJ，这个指标又叫作随机指标，由K值、D值和J值共同组成。图135列出了KDJ指标里各个值的计算方式，如果你有兴趣的话，课后也可以自行研究。下面就简单讲解一下这个指标的含义：KDJ指标是通过价格波动的幅度，来识别股票价格走势的强弱。其中，K线是快线，K值越高说明短期市场上涨动力越强；D线是慢线，D值是K值的均值；而J值是通过K值与D值的差值计算得到，J值表示的是市场的动力加速度。

KDJ指标由K、D、J三个值组成，其计算方法如下：

1. 通过每日最高价、最低价和收盘价计算出每天的“未成熟随机值”（RSV）

2. 通过RSV值计算K值与D值

3. 通过K值与D值计算J值

（1）RSV = $\frac{收盘价-最低价}{最高价-最低价}\times 100\%$

（2）当日K值 = 2/3 × 前一日K值 + 1/3 × 当日RSV

（3）当日D值 = 2/3 × 前一日D值 + 1/3 × 当日K值

（4）当日J值 = 3 × 当日K值 − 2 × 当日D值

注：如前一日无K值或D值，则取值50。

图135　随机指标（KDJ）的计算方法

我们以上证指数日K线举例（见图136），图中的黑线是由K值画出的快线，蓝线是由D值画出的慢线。和MACD指标一样，当快线上穿慢线时，则为KDJ金叉，当快线下穿慢线时，则为KDJ死叉。

K值和D值只会在0到100之间上下波动，如图137所示，通常我们把数值超过80的区域叫作超买区域，当K值进入超买区域，说明买方力量很强，涨势强劲，但极盛易衰，反转也容易接踵而至。数值低于20的区域叫作超卖区域，当K值进入超卖区域，则表示短期市场卖方力量强势，多方不宜行动。20到80之间的区间为徘徊区域，K、D值会有很长时间在这个区间运行。

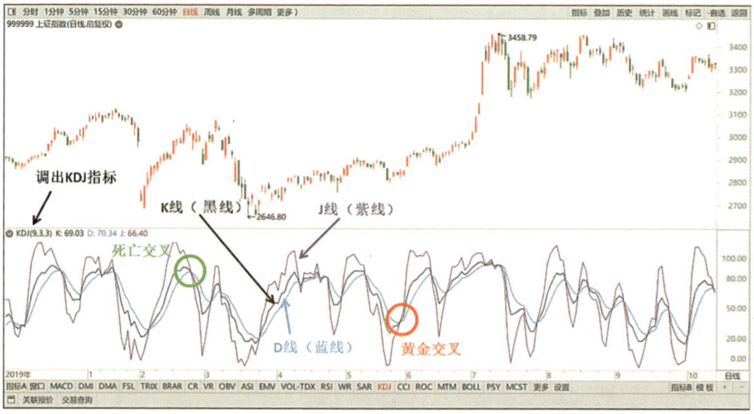

图136　KDJ指标的黄金交叉与死亡交叉

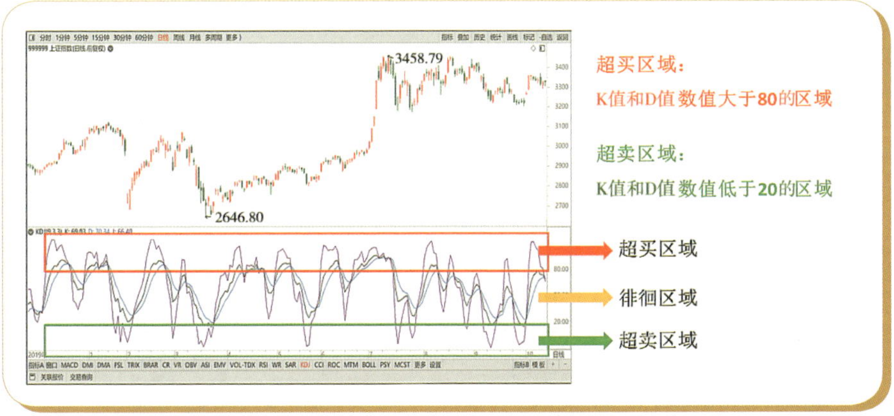

图137 KDJ指标的超买区域、超卖区域与徘徊区域

和MACD指标相比，KDJ指标更加敏感，出现金叉和死叉信号的次数会更多。如果我们在每一个金叉或死叉出现时，都进行相对应的买卖操作显然是不合适的，因此需要通过一定的交易策略，来筛选交易信号。

这时我们可以从K值着手，当K值从超卖区域涨回徘徊区域后，出现一个金叉信号，则可将其视为有效的建仓信号，满足这一条件的金叉出现时，我们就立即建仓。买入的同时，我们把这时K线的局部低点，设置为止损位或者清仓点位，如果后期股价跌破这一点位，就止损离场。因为KDJ信号更多的是反映市场的波动幅度，敏感性很强，因此并不建议直接把KDJ的死叉信号作为离场信号。何时离场，我们以后还会讨论。

现在我们来看一个KDJ指标的交易实例。图138是上证指数2020年的走势图，根据上面说的KDJ指标交易规则，图中标出了满足条件的金叉入场信号。在情形一出现时入场就非常成功！入场收益应该会很不错。如果只发现情形二给出的入场信号，运气就要差些，因为刚刚建仓不久就跌破止损线了。根据系统规则，我们需要清仓离场。情形三的处境就很尴尬了，前两天刚止损，现在又出现买入信号了。这时候怎么办？建议只有一个：勇敢建仓！当然前提是，别忘记把局部最低价位设置为止损点位。

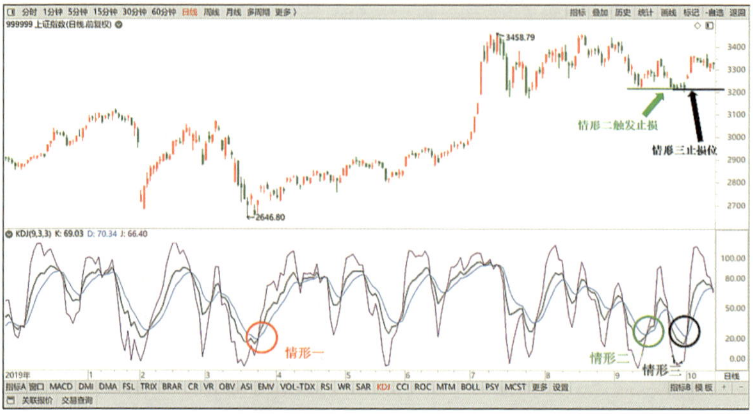

图138　KDJ指标实战案例

这个实战案例也提醒我们，交易指标本身不是万能的，在使用它们的同时，也要面对后续连续发生亏损的不利状况。控制好仓位，把多笔交易作为一个基础投资单位的宽框架思维依然适用。

这就是今天要讲的全部内容。最后，给你留一道作业题，欢迎你把答案分享到留言区，和大家一起探讨。我是程大爷，听大爷的话，陪你一起穿越牛熊，我们下期再见。

作业题

图139是上证指数2018年末以来的走势图，请你根据MACD指标规则，找出K线图中的交易信号。

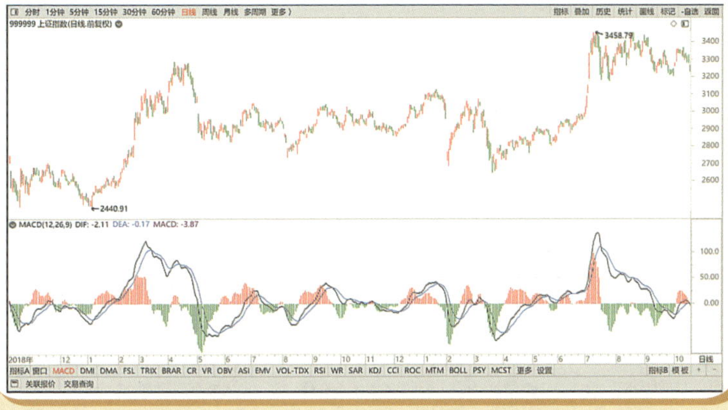

图139　图中MACD指标的交易信号有哪些?

留言区

扫一扫，观看本节
视频课程，参与互动

第四节

股价见顶，指标先行：指标背离的交易策略

听大爷的话，做股市明白人。你好，我是程大爷，欢迎来到我的A股必修课，陪你从追涨杀跌到穿越牛熊。

在上节课程里，我们学习了经典量化指标MACD和KDJ。在这两个指标里，快线和慢线发生的金叉或者死叉现象，能够给我们提供股票买卖的信号。

在之前的课程里，我们多次提到过，股价运动的上升趋势里，K线形态的波峰和波谷都会逐级抬高，如果我们观察MACD或者KDJ指标里快线的波峰和波谷排列情况，也会发现类似的逐级抬高规律（见图140）。为了更直观地说明这一规律，我们来看上证指数2009年中到2009年底的走势图（见图141），向上倾斜的橙色线（箭头指向）体现了K线走势和指标走势的一致性，但是如果你把目光稍稍往更短的时间段挪一挪，就会发现不一样的走势形态（图141中方框部分）。这个不一样的形态，就是典型的指标背离形态。

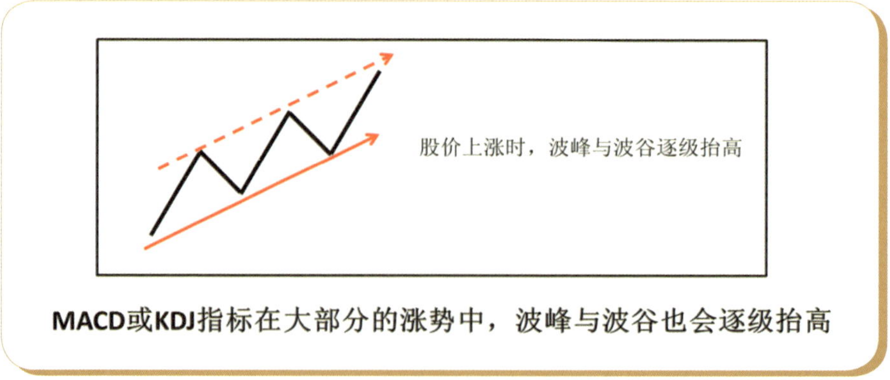

图140　K线与指标的波峰与波谷的排列方式

MACD指标与KDJ指标在正常的涨势中，波峰与波谷会逐级抬高

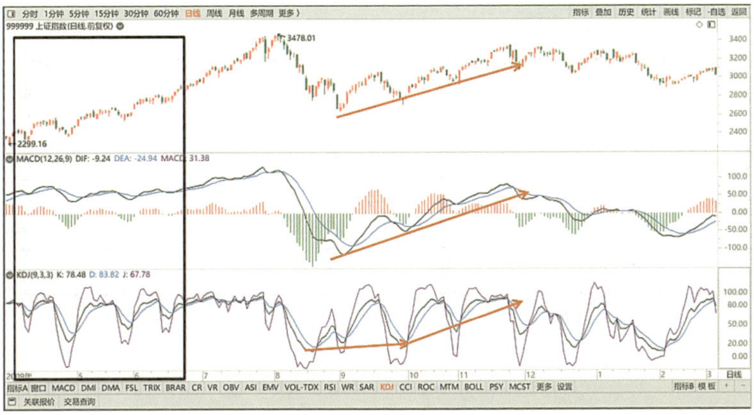

图141　指标背离形态（左侧方框区域）

指标背离分为顶背离和底背离两种，我们可以看看指标背离的基础模型（见图142）。在上升趋势里，股价创下新高，但是指标上新的波峰却低于上一个波峰，这就出现了顶背离形态；与此相对地，在下降趋势里，如果股价创下新低，但是指标的波谷却高于上一个波谷，就出现了底背离形态。

图142　指标的顶背离和底背离基础模型

实际情况中，如果股价不断创新高或新低，只要指标没有同步创下新高或新低，又或者股价出现双重顶或双重底时，指标已经先行出现波峰下降排列或波谷上升排列，我们都可以认为是出现了指标背离（见图143）。

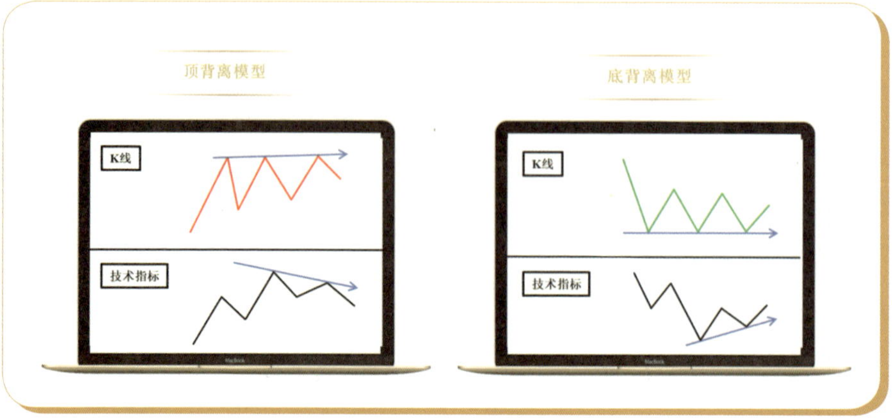

图143　指标的顶背离和底背离

现在我们再仔细看看图144。我们用蓝色的方框标注了MACD指标发生背离的位置，同时也用绿色的方框标注了KDJ指标发生背离的位置。可以看到，在仅仅半年左右的时间内，MACD的背离就发生了两次，而KDJ指标则背离了三次。所以指标背离形态并不是股价走势难得一遇的小插曲，恰恰相反，正是因为指标背离会大概率出现在特定环境中，因此我们尤其要重视这类形态具有的指导性意义。

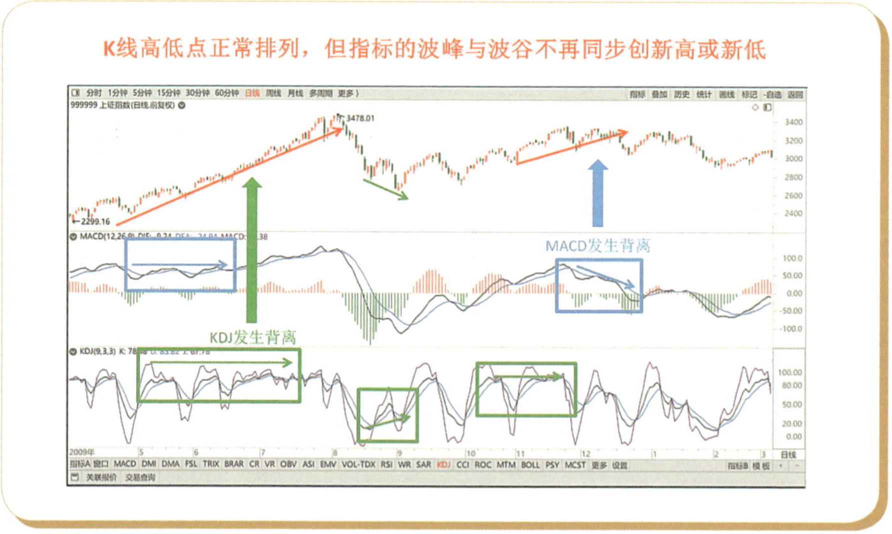

图144　上证指数走势中指标背离的情形

这里所说的“特定环境”指的是股价走势的顶部区域或者底部区域。在股价创出新高而指标发生顶背离时，通常说明上升趋势开始步入尾声，并且你常常会发现在顶背离发生后的新高点或者次高点附近，行情将大概率发生转折。当股价创出新低而指标发生底背离时，通常说明做空力量开始衰竭，尽管如此，也不建议在这个时候立马抄底做多，因为虽然股价刚刚创下新低，但市场热情也随之降到了冰点，如果在这个点位贸然进场，会有很大可能面临股价长期盘整的震荡走势，应该没有人愿意忍受这种煎熬，所以底背离的出现并不代表就是最佳的买入机会。

现在最迫切需要回答的问题是，如果我们在实战交易中遇到了顶背离，应该怎么办？是减仓还是清仓离场？相比之下，更合理的选择是“减仓”。我们来看一个实盘案例，如图145所示，在上证指数2009年下半年的走势里，MACD指标和KDJ指标在情形一的区间，发生了顶背离，此时上证指数位于2700点。虽然指标背离已经发生，但是上证指数马不停蹄一口气又上涨了800点到了3500点的位置，这部分涨幅接近30%！

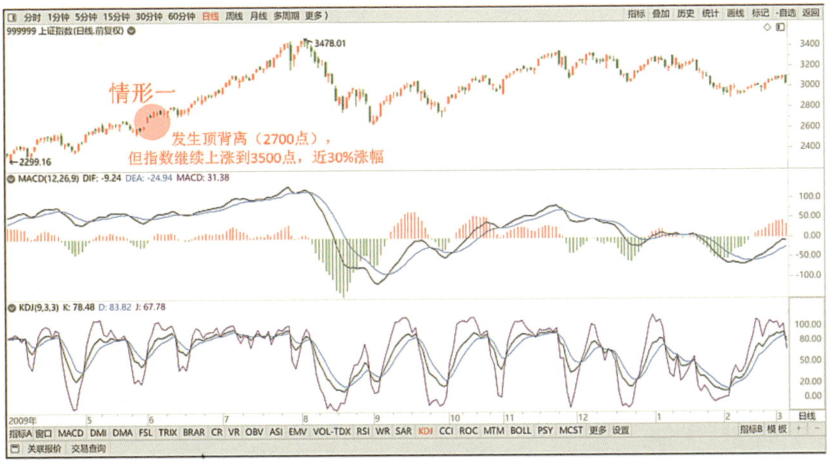

图145　指标顶背离不完全等同于立即见顶

通过这个案例我们可以看到，当指标发生顶背离的时候，上升趋势很有可能已经进入尾声，但这并不代表股价已经见顶。著名数学家和物理学家牛顿说过：“我可以计算出天体的运行轨迹，却无法计算出人性的疯狂。”正因人性如此，一轮涨势或者一轮牛市在末期阶段，股价依然可能走得很远。目前没有任何一种技术分析，能对“牛市何时终结”“在什么点位终结”这两个问题给出确切答案。技术指标始终是价格参数经过各项公式运算后得到的结果，说到底K线才是指标的本源。面对指标背离但股价反而持续走高之类的矛盾情形，与其说K线出错了，倒不如看作是指标在适用范围上存在局限性。

根据上述关于指标背离的介绍，我们现在来看看发生指标背离时的实战操作策略：如果我们在观察到指标顶背离情况的同时，股价已经创出新高，我们的操作思路是保持持仓，同时把前一高点的价位设置成离场点，如果后续行情跌破这个点位就清仓离场。采取这一交易策略的逻辑是，保留后市上涨获利机会的同时，尽可能对现有账面盈利进行保护。

如果股价在指标顶背离的过程中，并没有显著突破前一高点，或者只是短暂地突破前一高点后马上发生回落，我们就可以把这个形态看作双重顶形态的雏形，采取减仓操作，并以跌破上升趋势线作为离场信号。

而在下降趋势中，如果指标发生底背离，不建议马上去抄底，伴随着指标底背离的出现，K线可能会形成箱体结构或者三角形结构，根据这些特定的股价形态结构，我们就可以建立后续的交易策略了。

关于指标背离，还有一些有意思的特殊策略。比如说，当股价上涨到一定的高度后发生回撤，这时候如果出现了指标底背离，就可以进行尝试性建仓。虽然建仓之后股价可能还会再下跌一些，但是这样的操作手法是“逆小势顺大势”，如果建仓成功，就能够用较低的成本价建立底仓了。与此类似的操作思路是，在周K线的图表上找到指标底背离的区域，然后再从日K线图上寻找建仓时机。

关于指标顶背离的应用，还有一个另辟蹊径的操作方法：在发生指标顶背离并且股价同时创出新高的情况下，进行尝试性建仓。这就是利用我们刚刚专门讨论的极端行情的逆向思维方式，这一策略就是为指标顶背离之后股价不跌反涨的强势运动设计的。如果你打算采用这个策略，那么在上升5浪的第3浪走完之前使用效果会更好。

最后，我们来看一看MACD指标背离在2014年到2015年的牛市行情里，能够给出什么样的交易信号（见图146）。可以看到，第一次顶背离发生在大幅上涨行情的早期，在这里有一个尝试性建仓的信号。在第二次顶背离的局部区域，股价出现双重顶结构，在这里我们就要考虑减仓，虽然事后行情表明，这里只是一个平台型调整结构。最后一次顶背离，出现在整轮牛市的末期，每当股价创出新高的时候，我们都应该把前一个高点设置为离场点，如果遵循这一原则，我们就能够在熊市行情的早期及时做到获利了结。整体上看，在这个案例里，指标顶背离带来的交易信号的策略效果还是非常不错的。

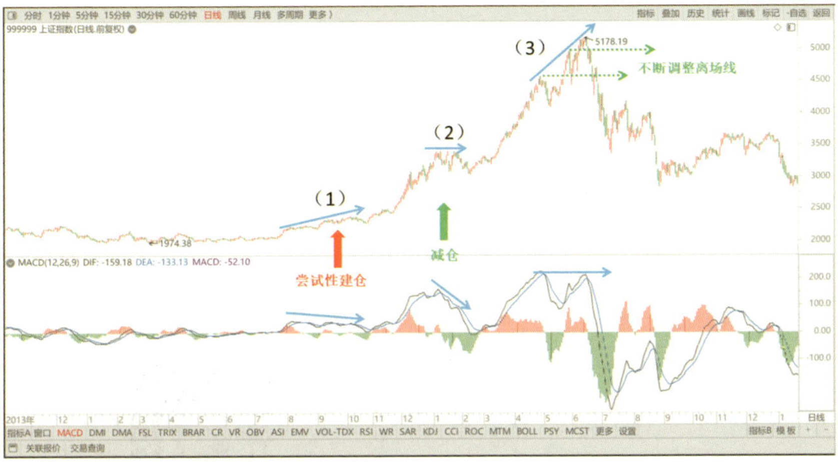

图146　MACD指标背离实战案例

好了，指标背离的相关知识我们今天就说到这里。我把最后这个案例里的MACD指标切换成了KDJ指标（见图147），你能不能找到里面指标顶背离的区间呢？同时根据KDJ顶背离，你又会采取怎样的操作策略呢？欢迎你把答案分享到留言区，和大家一起探讨。我是程大爷，听大爷的话，陪你一起穿越牛熊，我们下期再见。

思考题

请找出图147中KDJ指标的背离区间。

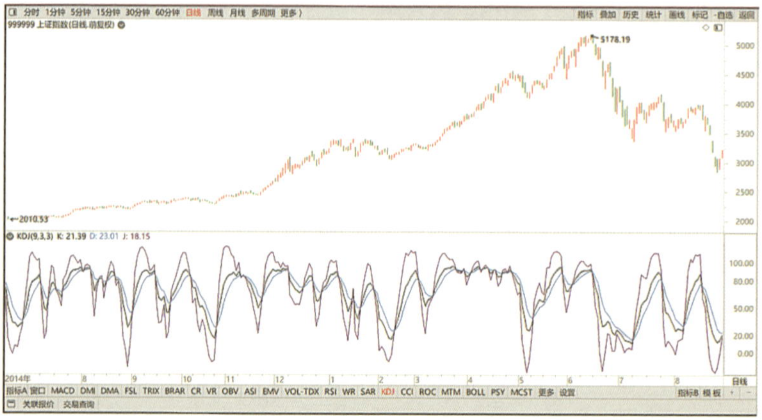

图147　KDJ指标的背离区间

留言区

扫一扫，观看本节
视频课程，参与互动

第五节

布林线股价通道：保守&进攻型交易策略

听大爷的话，做股市明白人。你好，我是程大爷，欢迎来到我的A股必修课，陪你从追涨杀跌到穿越牛熊。

今天我们要学习的是布林线指标，以及基于布林线指标设计的一个多次摘得交易系统收益榜冠军的Aberration交易策略。

我们先来复习一下之前学过的，趋势线和股价通道的相关知识：在上升趋势里，通过连接两个低点，我们就能够得到上升趋势线，如果进一步把高点连接起来，就可以得到股价上涨通道（见图148）。之所以叫作“股价通道”，是因为大部分时候，股价都会在这个区域里运行，就像是一列火车在设计好的通道里稳定运行一样。

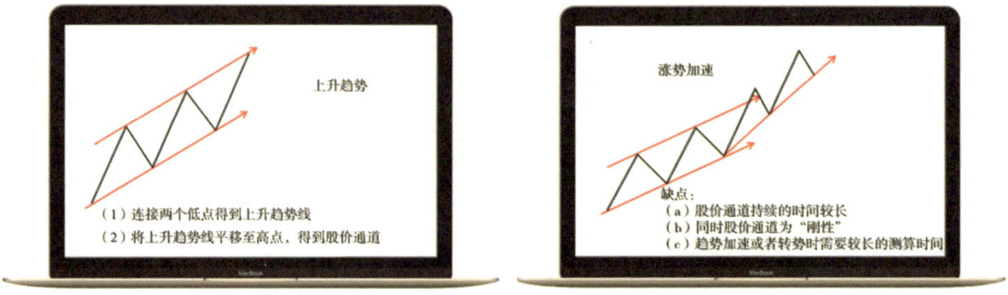

图148　股价通道基础模型

通过上升趋势线判断股价通道的方式，有两个明显的短板。首先是耗时太长，两点才能确定一条直线，所以要画出潜在的趋势线，需要等待两个低点走出来的时间，如果还想要进一步通过第三个或者第四个低点来验证趋势线的有效性，那需要等待的时间就更长了。你只要往K线图上瞟一眼就知道，要通过这样的方法画出K线通道，可能要等待一两个月的时间。

另外，通过这一方法画出来的股价通道的边界线是直线，直线是不会拐弯的，是“刚性”的。可是在牛市行情的持续发展中，通常会出现涨势加速的情况。而涨势加速的明显特征，就是趋势线的向上倾斜度增大（见图148）。

如果涨势开始加速，原有的股价通道就会失效，而重新画出新的股价通道，又需要等待新的低点出现。所以通过趋势线画股价通道的方法，通常会被应用在长线操作的技术分析中。那我们还有没有其他的方法，也能得到股价通道呢？

请看接下来展示的这张图（见图149）。蓝线和紫线同样构成了股价通道，并且这个通道的边界不再是直线，而是富有弹性的曲线，这个股价通道就是布林线指标。我们再仔细看看，这个指标不仅包括蓝线和紫线两条边界线，在它的内部还存在一条黑线。这三条线到底是什么线呢？

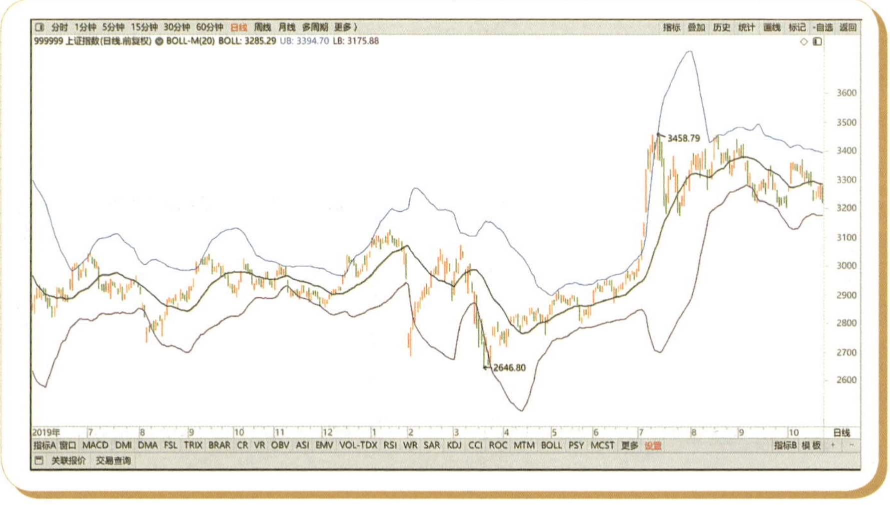

图149　布林线指标

中间这条黑线的含义很简单，它是K线的收盘价均线，通常是20日收盘价均线。如果我们要计算截至今天的20日均线值，只要把今天的收盘价和前面19天的收盘价的总和计算出来，然后除以20就可以了。

那布林线的上下轨道边界线又是什么呢？你别急，听我慢慢道来。在很多年前，你可能在街边玩过这样一个游戏：让玻璃珠从一个钉满钉子的木板上端自由滑落，钉子的分布大致像图150的左半部分，在木板底部的不同区域会标注游戏的奖品，玻璃珠最后落到哪个区域，你就能得到相应区域的奖品。奖品的分布是有规律的，通常越丰厚的奖励，越是分布在底部的两边。这么安排绝对不是偶然。这样的钉板模型叫作高尔顿钉板，如果我们把大量的玻璃珠从顶端自由滑落，玻璃珠的分布会呈现中间高、两头低的对称形态，这一形态就是统计学里常见的正态分布形态（见图150）。

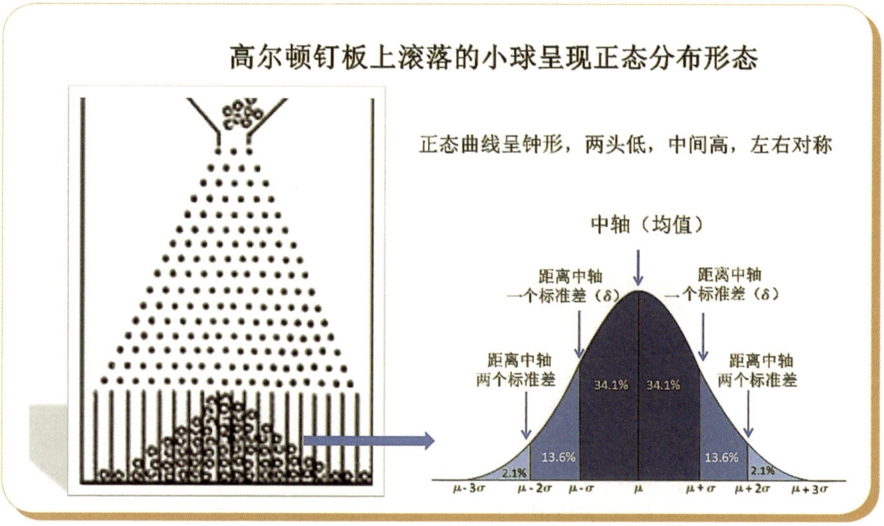

图150　样本的正态分布与标准差

如图150所示，这个形态的中轴是所有样本的均值，而不同颜色区域的数值，则表示偏离均值的样本出现的概率。简单地说，偏离均值一个标准差之内的样本，出现的概率是68.2%（34.1%+34.1%），其中单个样本值大于均值的概率是34.1%，单个样本值低于均值的概率也是34.1%。同样的道理，偏离均值两个标准差之内的样本，出现的概率是95.4%。而偏离均值三个标准差之内的样本，出现的概率是99.6%！换句话说，如果一组数据的分布符合正态分布形态，那么其中95%的样本偏离总体样本均值的幅度，不会超过两个标准差。

布林线指标的上、下轨的设定，正是基于这样的思路。我们首先计算出最近20天的收盘价的均值和标准差，然后把均值画成黑色的中轨，将均值加上两个标准差画成蓝色的上轨，将均值减去两个标准差画成紫色的下轨，这样就得到了完整的布林线指标（见图151）。

我们可以看到，布林线指标轨道呈现开口扩大和缩小的交替形态。在窄幅通道运行的过程里，K线的收盘价波动是相对稳定的，样本接近正态分布，所以它们都乖乖地待在两个标准差的轨道之内。K线在开口扩大过程里的整体垂直波动幅度，明显大于窄幅运行区间里的波动幅度，K线收盘价的大幅上涨或下跌，将会导致收盘价样本的标准差迅速增大，因而上、下轨道会更加偏离均线，就形成了布林线开口扩大形态。

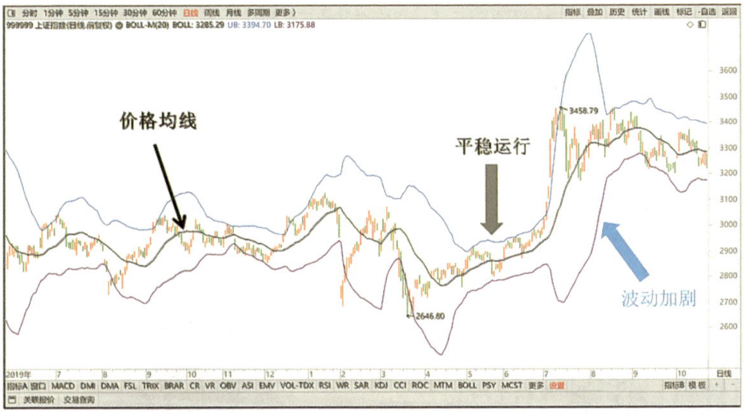

布林线上轨道 = 价格均值 + 价格标准差×2

布林线下轨道 = 价格均值 – 价格标准差×2

图151　布林线上、下轨道与开口交替变化形态

牢牢抓住中轨的运动方向，是用好布林线这个指标的核心，它通常起到划分市场方向的作用，当中轨朝上运动时，我们可以认为是多头市场，反之则应当认为是空头市场。在多头市场里中轨是支撑线，K线回落到中轨附近，往往会止跌回升。在空头市场里，中轨是阻力线，K线的反弹走势也通常在中轨附近终结。

布林线的上轨是整体通道的阻力线，而布林线的下轨是整体通道的支撑线。但这一特点在布林线开口扩大的过程中显然是不适用的。以涨势为例，在布林线开口扩大的阶段里，K线可能会强势突破布林线上轨，甚至持续在布林线上轨运行相当可观的距离！

我们利用布林线上轨作为阻力线和下轨作为支撑线的特点，可以设计出回归型交易策略（见图152）。作为股票多头，我们选择在中轨向上运行的阶段操作。当股价向上穿越中轨时，多头建仓或者加仓。如果股价持续上涨，并触及布林线上轨，逢高减仓。选择高位减仓而不是高位离场，这是一个基于整体策略折中的考量。因为布林线的运动总是呈现出开口扩张和缩小的交替循环，而开口扩张的起点是K线突破布林线上轨。我们虽然不能指望K线每次向上穿越布林线都能启动一段爆发性行情，毕竟这是低概率事件，但是如果不为这样的极端行情留一手，那就难免会出现“捡了芝麻丢了西瓜”的懊恼局面。回归型交易策略里，如果股价下穿了布林线中轨，并且之后股价继续下跌且跌幅大于5%，我们就可以认为布林线中轨被成功击穿，多头应该马上清仓离场。假如中轨未被成功击穿，那么当股价重新上穿中轨的时候，也是一个回补仓位的好时机。在温和的上升趋势里，回归型交易策略是一个非常有效的策略，我们通常能够获得多个加仓信号，并由此累积起足够的仓位，获得丰厚的收益。

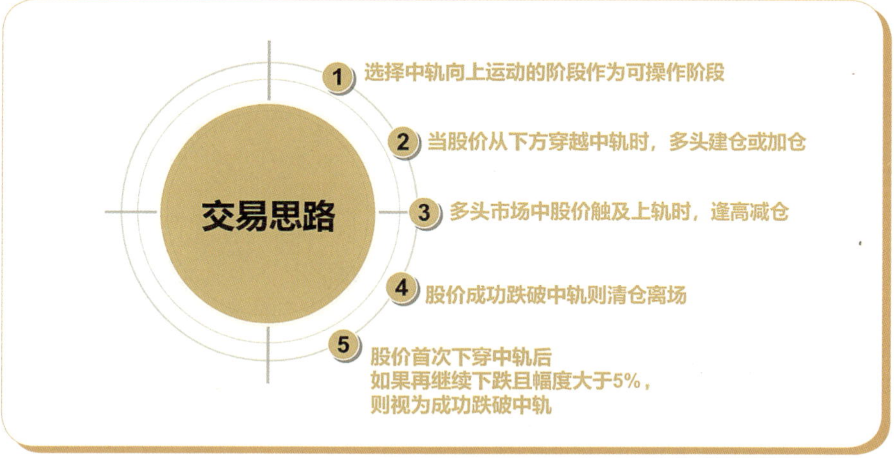

图152 布林线指标的回归交易思路

你有没有想过，如果把回归型交易策略的设计思路反其道而行之，会有什么结果？这就是Aberration交易策略，这个策略交易系统的收益率，在1997年、2001年和2005年所有公开发表的交易系统中排名位列榜首。和回归型交易策略里股价在触及布林线上轨时选择逢高减仓的操作相反，Aberration交易策略恰恰选择在这一时间点进行交易开仓。它之所以如此操作，是因为如果在股价突破上轨时能够发生极端上涨行情，那么它所带来的收益将远远大于策略失败带来的损失。而Aberration交易策略的离场点位是股价下穿布林线中轨之时，因为在爆发式的行情中，股价基本是不会跌破布林线中轨的。Aberration交易策略听上去就是这么简单，它的核心思想和海龟交易法有异曲同工之妙，那就是95%的利润源于5%的交易。

我们来简单比较一下回归型交易策略和Aberration交易策略的实战效果。图153是上证指数2017年末到2020年下半年的走势图。

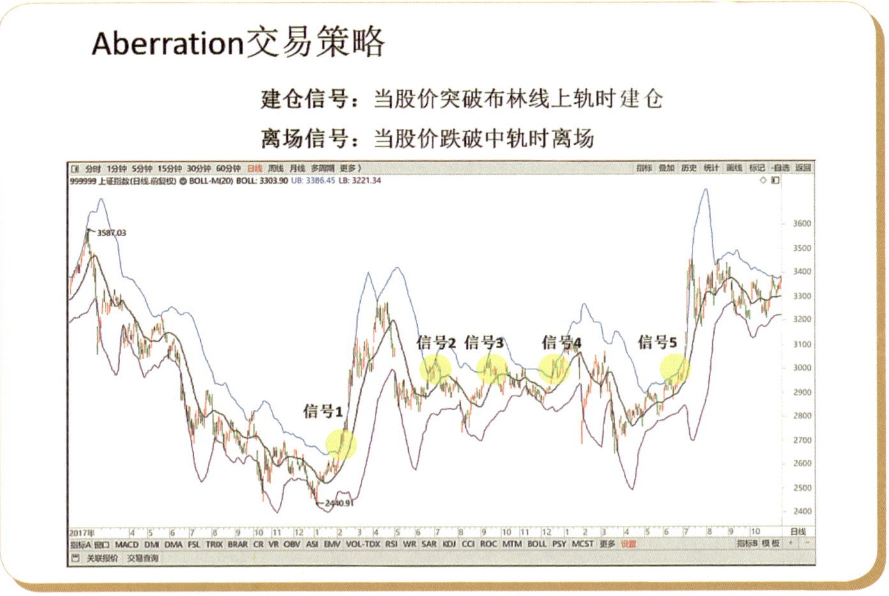

图153　回归型交易策略与Aberration交易策略的实战应用

信号1到信号5是K线上穿布林线上轨的关键时间窗口。在信号1和信号5上，利用Aberration交易策略能够获取非常满意的收益，而在信号2、信号3和信号4中则收益甚微。同样在这张K线图上，如果采用回归型交易策略进行交易操作，在信号1和信号5处进行减仓，收益会不及Aberration交易策略，但在信号2到信号4这个震荡区间，回归型交易策略的收益就要稳健得多。

好了，这就是今天课程要讲的全部内容。最后，给你留一道思考题，欢迎你把答案分享到留言区，和大家一起探讨。我是程大爷，听大爷的话，陪你一起穿越牛熊，我们下期再见。

思考题

请你仔细标出图154中内回归型交易策略的买卖信号，同时思考一下，回归型交易策略和Aberration交易策略相比，哪种更符合你的个人交易风格。

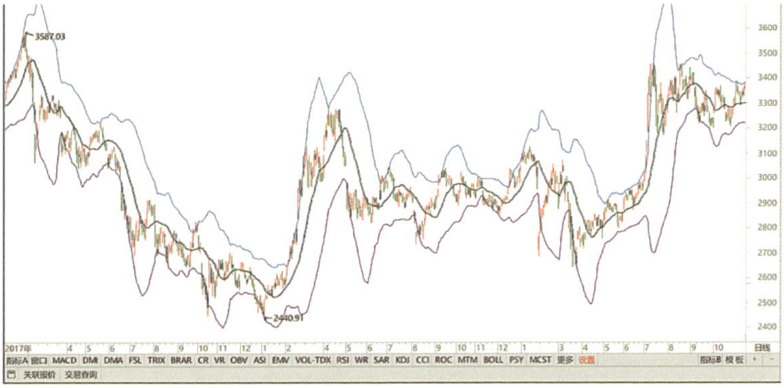

图154　标出回归型交易策略的交易信号

留言区

扫一扫，观看本节视频课程，参与互动

第四课

交易策略

第一节

挖掘大周期下的小机遇：MACD跨周期交易策略

听大爷的话，做股市明白人。你好，我是程大爷，欢迎来到我的A股必修课，陪你从追涨杀跌到穿越牛熊。

在之前章节的课程里，我们对K线图的形态结构和基础量化交易指标已经有了初步的了解。技术分析经过长久的发展演变，衍生出来的指标可以说是五花八门。看上去它们大多数都简单轻巧，但是它们构建出来的交易策略的实战效果却是极大的，我们前面学过的海龟交易法和Aberration交易系统就是经典的案例。除此之外，实际上还有很多经久不衰的交易策略也同样创造过惊人的收益。在这一课里，我们会对这些交易策略进行精要的介绍和学习。

我们先来回顾一下MACD指标的基础交易策略：当MACD的慢线上穿零轴，或者MACD的快慢线形成黄金交叉时，是建仓时机，应该买入；当快、慢线形成死亡交叉时，应该减仓；当MACD快线下穿零轴时，应该全部清仓离场。

这个交易策略看上去很简单，但是在实盘操作中，你可能会遇到下面两种困惑：第一种是MACD的金叉信号在盘中出现，立即建仓入场之后，等到收盘时一看，发现盘中出现的金叉消失了；第二种是使用不同周期的K线图进行观察，可能在日线图中MACD已经形成金叉建仓信号，但是在周线图中MACD仍处于死叉状态。

对于第一个“信号消失”问题，产生的原因大概率是“当日行情波动幅度巨大”，如果从分时图上看，常常会呈现出冲高回落或者下探回升的走势。在上涨或者反弹的末期，行情一旦突破失败，就容易出现这类情况。

而采用“两日原则”就能有效避免被这类假信号欺骗。顾名思义，“两日原则”就是要在金叉形成之后，再等待两天。采用这一原则之后，当我们在盘中看到MACD金叉时，不要马上采取行动，不仅如此，就算收盘后我们看到MACD金叉产生，也不用着急在下一个交易日买入，我们需要保持耐心，继续等待两个交易日，如果两日之后股价再次创出局部新高，则视为建仓信号成立，可以在盘中建仓买入，同时把最近五日的股价最低点作为止损点位。

我们来看看在实盘下，采用“两日原则”的实战效果（见图155）。

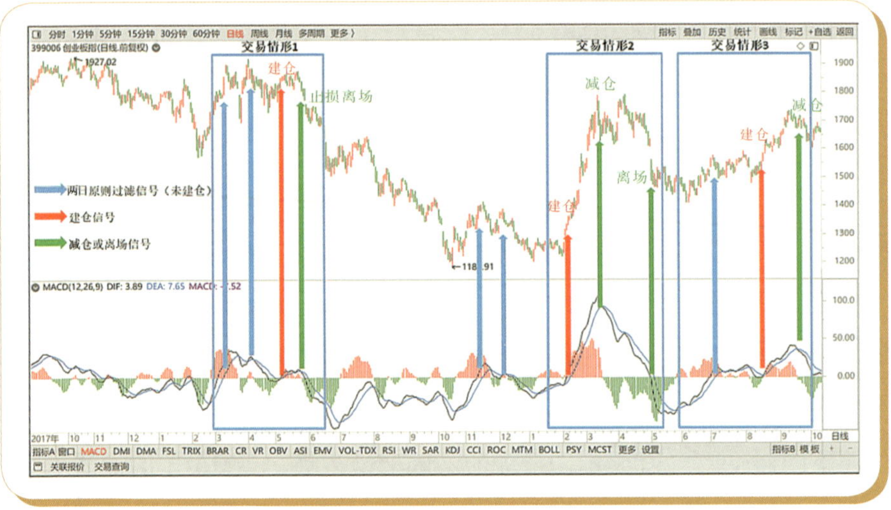

图155　“两日原则”实战案例

在交易情形1中，因为慢线上穿零轴，指标金叉信号产生两天之后，股价并没有继续创出新高，所以这两个信号不构成建仓信号。当股价发生反弹，MACD再次发出第三次信号，并且股价随后也继续维持强势，遵循“两日原则”，我们在股价盘中再次创新高时马上建仓，同时把近五日股价最低点设置为止损点，你会看到这次上涨只是一小段反弹走势，股价后续持续下跌，我们将在跌破止损价位时清仓离场，也成功避开了下跌行情。而交易情形2和交易情形3则是成功的交易体验，即使采用“两日原则”推迟了入场时间，也并没有错过上升趋势的主升阶段。

在长短不同的周期里，指标给出的交易信号不一致是MACD实战交易中经常遇到的第二个困惑。这个问题产生的原因，是短周期内单根K线或组合只能预测短期波动，无法高效预测长周期走势。如果你真的遇到这样的情况，建议“以长周期指标信号为准”，也就是说，如果我们看到周K线里MACD指标柱是绿色的，那么就算日周期MACD给出了入场信号，也应该放弃。

从整体上来说，遵循MACD基础交易策略是能够抓住股市里的中长线波段行情的。但在单一K线周期里使用该策略依然存在两个短板：一个是基础策略本身设计的短板，如果我们总是等到慢线上穿零轴后再建仓，就不能及时捕捉价值超跌区域的反弹机会；另外一个短板，是在盘整走势里MACD会出现快、慢线粘连的情况，导致无法正常指导交易，这个短板在短周期K线图上更加明显。

为了弥补这两个短板和解决之前提到的第二个困惑，我们需要对MACD基础交易策略进行简单的改良，改良的手段是采用“跨周期”理念。在进行交易时，我们不再采用单一的K线周期，而是同时观察日K线和周K线。首先我们观察周K线，当周K线中MACD出现红柱时，我们就把市场环境视为“多头策略环境”，也就是可交易环境，接下来我们再进一步根据日K线的MACD进行交易。在“多头策略环境”里，如果日K线MACD出现红柱，我们就买入建仓，如果日K线MACD出现绿柱，就清仓离场。当周K线MACD出现绿柱时，我们就把市场环境视为“空头策略环境”，这时无论日K线MACD是否出现基础交易规则中的买入信号，我们都不再进行买入交易。

接下来，我们来看看跨周期交易策略的实战效果。图156是上证指数2015年到2018年的周K线图。

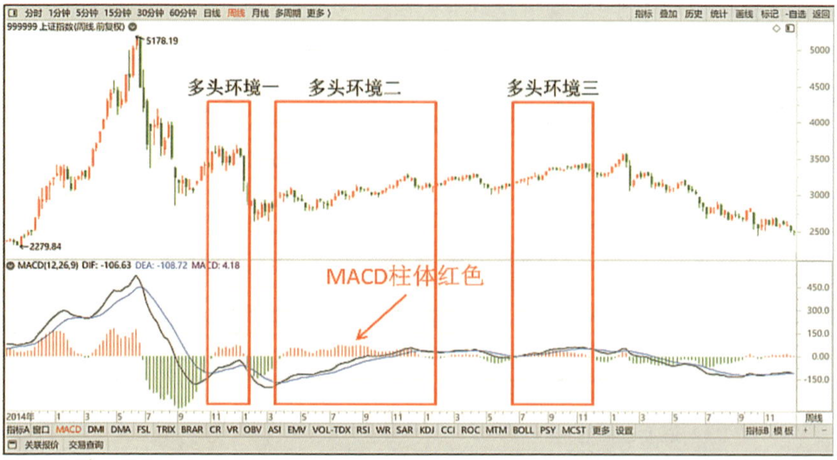

图156　MACD指标跨周期交易案例

在2015年市场牛熊转换之后，周K线图上一共出现过三段多头交易环境。第一段多头交易环境，是2015年11月到2016年1月之间，在日K线图上找到这个区间后，按照跨周期交易策略可以执行两笔交易（见图157）。

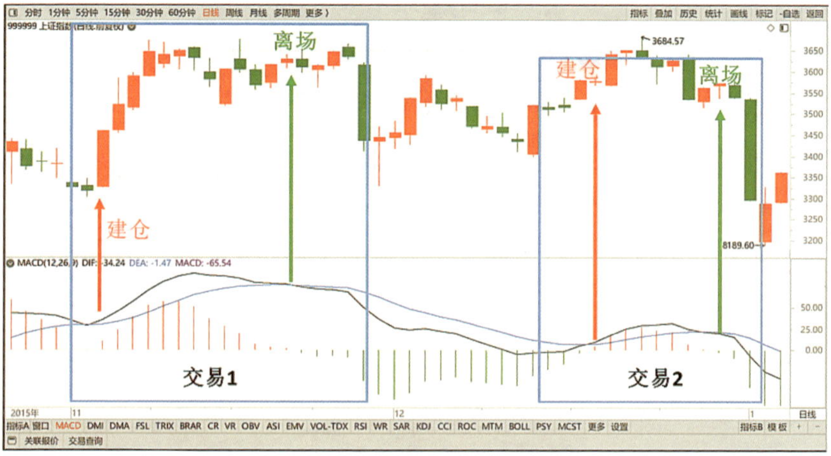

图157　多头环境一中的交易情形

因为行情持续时间较短，这两次交易产生的收益看上去并不明显，但是仔细想想，MACD跨周期交易策略是不是也让我们及时躲开了2016年初的暴跌行情呢？

第二段多头交易环境持续时间比较长，从2016年4月持续到2017年1月，这段行情里的可操作交易次数就相对充足了，一共有四次（见图158）。

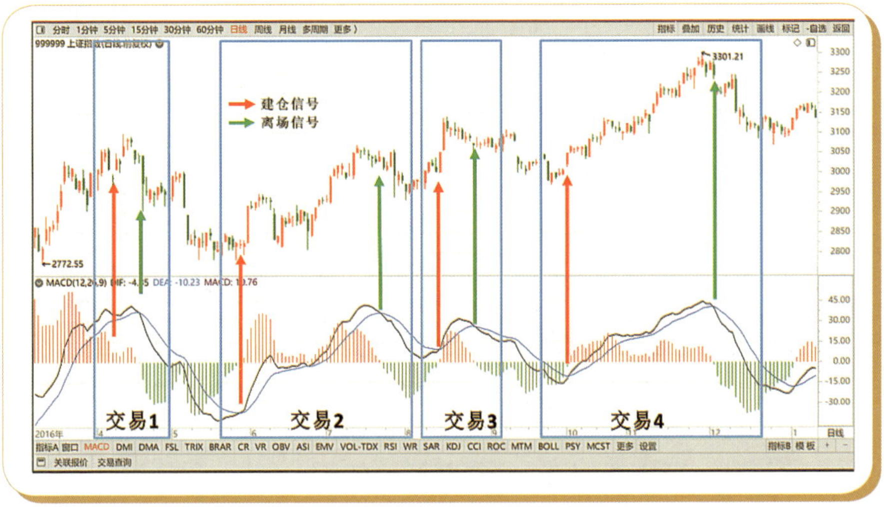

图158　多头环境二中的交易情形

当周K线MACD出现多头交易环境时，日K线已经错过了基础交易策略的入场信号。根据跨周期交易策略，建仓入场执行交易1，但随后很快就触发了日K线的离场信号。像交易1这样的情况，在跨周期交易策略的首次交易里是非常常见的，因为一般情况下，周K线级别的行情是要远远长于日K线级别的，并且每一个周K线级别的多头策略环境里，会出现多次日K线级别交易信号。交易1仅仅只是错过一小部分行情机会而已。如果经过实战测试，你并不喜欢交易1的这种体验，那就可以针对性地回避类似交易，也就是说遇见像交易1这样不完整的交易信号，你可以选择不建仓，而是从交易2开始入手。

第二段多头交易环境下的交易2和交易4，产生的收益非常可观。交易2刚好在行情底部建仓，抓住了一段非常不错的涨幅。而在交易4涨势的早期我们也及时建仓。可以看出，相比MACD基础交易策略来说，跨周期交易策略的建仓时机出现会更提前，也更加积极。

最后我们来看看多头策略环境三中的交易执行情况（见图159）。

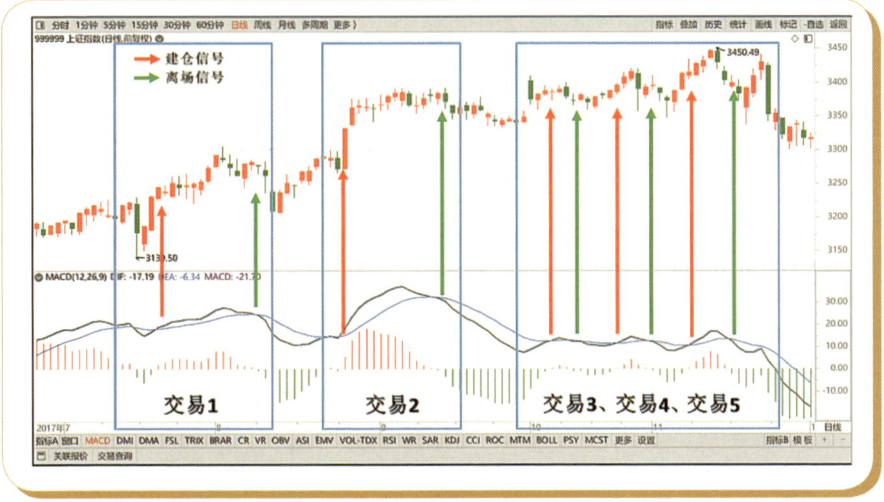

图159　多头环境三中的交易情形

在这一阶段里，日K线的快、慢线都运行在零轴上方，尽管我们采用的是跨周期交易策略，但在实际的操作中，会和MACD基础交易策略基本一致。在这一阶段的交易1和交易2里，我们会收获本轮涨幅的主要收益。而在交易3、交易4和交易5里，则会遭遇快、慢线粘连在一起的情形，这种情况一般出现在窄幅盘整的牛皮市里，这种情况下MACD指标的交易策略看上去失效了，不仅如此，实际上就算你采用其他的指标，也很可能面临同样的状况。那该怎么办呢？

我们试着转变一下思考问题的角度，你认为在这样的行情里，即使操作完全正确就能够获得收益吗？其实就算有，也大概率不会令你满意。至少在周K线处于多头策略环境下，我们进行交易操作不会损失惨重吧？所以要学会接受这样的“鸡肋”行情，不要纠结去追求百战百胜，这一点很重要。

这就是MACD跨周期交易策略的内容。虽然这节课讲到的交易策略是基于MACD指标建立的，但其实最重要的是“跨周期”的思维模式。如果你能举一反三，把这一理念运用到其他的交易技术或者指标策略里就再好不过了！

好了，今天的课程就讲到这里。最后给你留一道作业题，欢迎你把答案分享到留言区，和大家一起探讨。我是程大爷，听大爷的话，陪你一起穿越牛熊，我们下期再见。

作业题

图160中方框里的走势行情是上证指数2017年到2020年的周K线走势图，请你标出其中的多头策略区间，并在日K线上找到相应的买卖点。

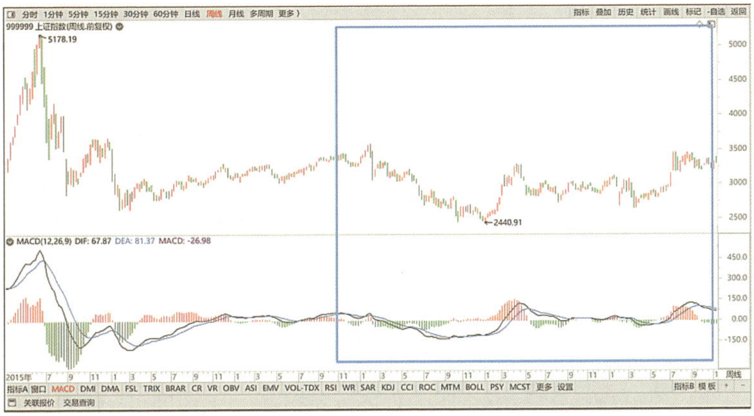

图160 上证指数2017年到2020年的周K线走势图

留言区

扫一扫，观看本节
视频课程，参与互动

第二节

做趋势的朋友：均线交易策略下的顺势而为

听大爷的话，做股市明白人。你好，我是程大爷，欢迎来到我的A股必修课，陪你从追涨杀跌到穿越牛熊。

在股市里面，如果要选出一种放之四海而皆准的交易理念，“顺势而为”肯定当之无愧。到底什么是趋势呢？关于这个问题，如果要往复杂研究，怕是三天两夜也说不完，但是往简单里说，答案也出乎意料地简单，那就是均线的走势。

均线估计是所有指标里最容易理解和掌握的指标了。只要求有最近N日的收盘价，就能得到N日均线的值，比如我们把K线图最后5日的收盘价相加求和，然后再除以5，就能得到最新的5日均线的值，其他周期均线值计算方式也是如此（见图161）。通常我们可以把5日到20日的均线视为短期均线，把20日到120日均线视为中期均线，而把120日到250日均线视为长期均线。

$$N\text{日均线值}=\frac{\overbrace{\text{今日收盘价}+\text{昨日收盘价}+\text{前日收盘价}+\cdots+\text{前}N-1\text{日收盘价}}^{N\text{日收盘价之和}}}{N}$$

短期均线：5日均线（周均线）、10日均线、20日均线（月均线）

中期均线：20日均线、60日均线（季均线）、120日均线（半年线）

长期均线：120日均线、250日均线（年线）

图161　均线的计算方法

为什么均线会是趋势的经典表现形式呢？根据均线的计算方式，如果价格不断上涨，我们得到的均线值就会越来越大，这样画出来的均线就是向上延伸的，所以只要股价持续在均线上方运行，均线就会向上发展；而当股价持续在均线下方运动时，均线就会向下延伸。正是因为这样的正相关性，在上升趋势里，K线的主体会运行在均线的上方，而在下降趋势里，K线的主体将运行在均线的下方。

基于这一形态分析，我们可以初步建立一个均线基础交易策略，在股价上穿均线时买入做多，而在股价跌破均线时卖出离场。但是只要稍微复盘，你就会发现这一基础交易策略存在明显的缺陷：在很多行情中，股价穿越均线如同家常便饭，由基础交易策略给出的交易信号会相当频繁，可能今天刚刚买进，过两天就要卖出，可操作性会大大降低（见图162）。

图162　单均线基础交易策略

我们来看一个实盘案例。图163是上证指数2020年4月到10月的走势图。

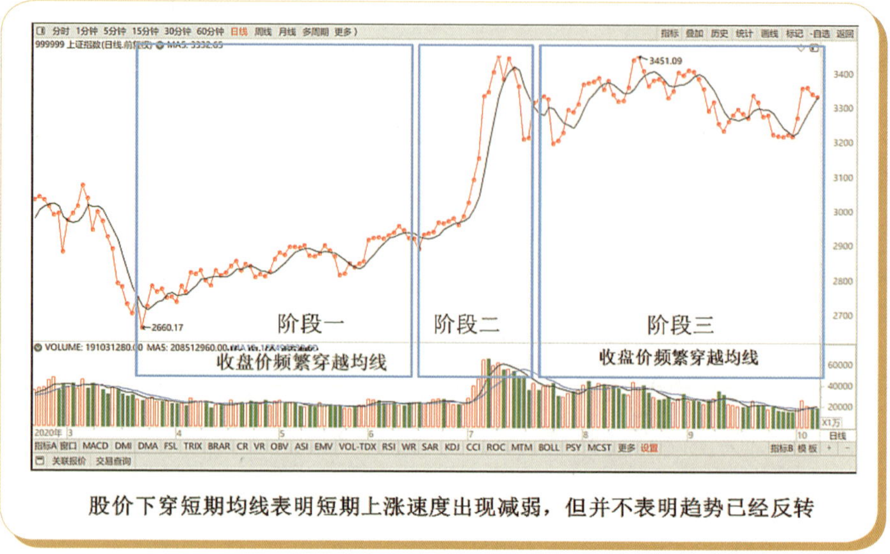

图163　单均线交易策略实战中股价反复穿越5日均线

图中每一个小红点代表的都是当天指数的收盘价，而黑色曲线则是收盘价的5日均线。这段时间的走势可以划分成三个阶段，阶段一是行情初期温和的发展阶段，在这一阶段里，虽然股价反复地来回穿越均线，但整体形态是稳步抬升的，均线也是向上发展的；阶段二里，股价波动开始加大，市场热情剧烈升温，股价持续运动在均线上方并加速上涨，指数和均线都到达了全新的高度；大涨过后的阶段三是横盘整理的过程，这一过程和阶段一类似，伴随着股价的宽幅震荡，收盘价频繁穿越均线。在阶段一和阶段三的行情里，如果参照基础交易策略执行交易，就会反复地进行买入和卖出操作，这对提高收益率来说不但收效甚微，产生的交易手续费更是多得惊人！

假如我们把向上发展的均线比作正在向前行驶的汽车，那么股价上穿均线就相当于是司机踩踩油门，股价下穿均线就好比是司机踩踩刹车。稍微踩下刹车是正常的减速动作，并不等同于车子会倒退行驶。同样的道理，上升趋势里股价偶尔跌破均线并不等同于趋势逆转。因此，我们必须对均线基础交易策略进行改良，对其信号进行筛选。

用“两日原则”对短期均线基础策略进行改良，就是一个不错的信号筛选方式。以 5 日均线为例，我们来看一看具体怎么做。当股价向上穿越均线后，我们继续等待两日，如果股价再次创出局部新高，我们可以判定均线已经被有效突破，市场已经进入了多头交易环境。但现在不宜马上大手笔建仓，仅可以考虑尝试性地建仓，因为这个时候股价往往已经偏离均线有一段距离了，我们需要等待股价的回归。

在多头交易环境里，如果股价跌穿均线，就是可以动手的好时机。股价跌破均线后，我们继续等待两日，这时候我们把局部的最低点作为参考点，只要价格没有继续创出新低，我们都可以逢低买入。当我们成功建仓并且持有的股票已经获得盈利时，如果股价跌破 5 日均线，就先进行相应的减仓操作，如果之后的行情符合“两日原则”的建仓条件，我们又可以再次回补仓位。但如果价格在跌破 5 日均线两天后，不仅没有反弹，反而继续创下新低，我们就应该马上止损离场。“两日原则”适用于中短线均线策略，如果你采用的是中长期均线，可以适当提高延迟的天数，比如说将两天提高到五天。

现在我们再来看一看改良策略的效果（见图164）。

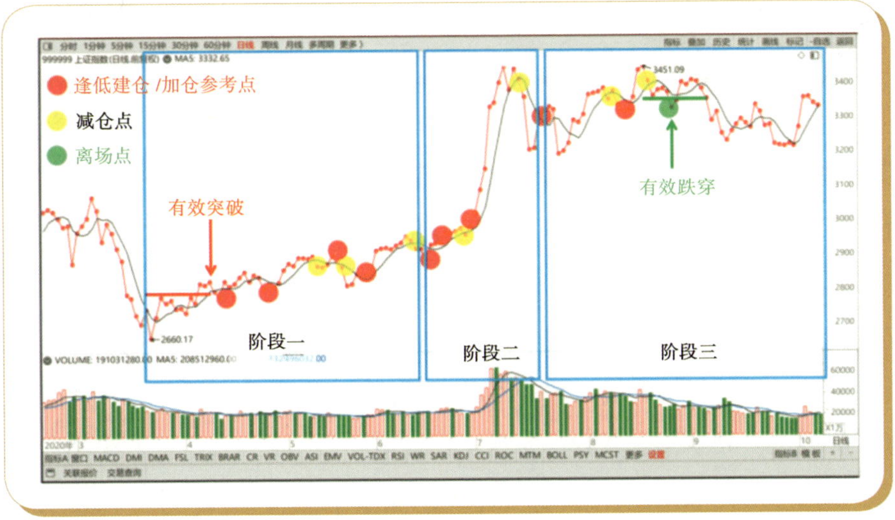

图164　单均线改良交易策略的操作案例

在阶段一的早期，5 日均线出现了有效突破，紧接着股价就发生回调，这次回调带来了一次非常好的建仓机会，当股价跌破均线时，我们进行减仓。等待股价企稳两天后，我们在局部低点附近重新回补仓位。在阶段一和阶段二期间，我们可多进行这样的加减仓操作。这一次交易的离场点出现在阶段三，也就是整体涨势的高点位，这笔交易的结果可以说是非常理想。

在宽幅震荡的行情里，改良策略同样能够发挥出不错的信号筛选作用。再来看一个案例，如图165所示，在上证指数2019年8月到2020年4月的震荡走势中，采用改良均线交易策略大致会执行以下四次交易。

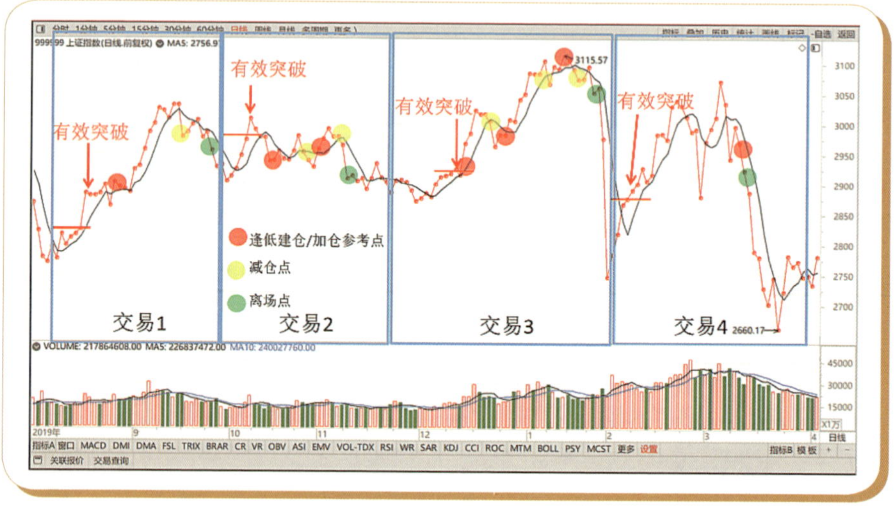

图165　宽幅震荡行情中单均线改良交易策略的效果

在交易1和交易3中，在有效突破发生后，我们都能按部就班地进行买卖操作。而交易2和交易4是震荡密集区，采用改良后的均线交易策略能够过滤一半的无效信号，而在交易4里仅会触发一次短期的止损交易。

从这两个案例里我们可以看出，改良后的单均线策略偏向于中期策略，通过对基础交易信号进行有效的过滤后，不仅交易信号的可执行性大幅提高了，而且也有助于降低交易成本，提高策略的整体收益率。

除了采用“两日原则”对均线基础交易策略进行信号筛选外，采用双均线策略也是一个强有力的改良方法。所谓双均线策略，就是采用一快一慢两根均线，根据这两根均线的交叉信号来进行交易。

当短周期的均线上穿长周期均线时，形成均线黄金交叉，这是买入信号；当短周期的均线下穿长周期均线时，形成死亡交叉，这就是卖出信号。由于均线交叉的频率会低于K线和单均线交叉的频率，如果观察的是中长周期的双均线，那么均线交叉的频率就进一步降低了，所以双均线交易策略偏向于长期操作策略。

以10日均线和20日均线指标为例，当均线发生黄金交叉之后，我们再耐心等待两天，之后如果股价再创新高，就把这次突破视为有效突破，立即买入建仓。在此之后，如果股价只是跌破10日均线，没有跌破20日均线，并且均线没有出现死叉，就可以逢低加仓了。如果股价跌破20日均线，我们就进行减仓操作。

在双均线交易策略里，我们没有等待股价回撤，而是立即建仓。这是因为双均线策略，节奏更慢，当双均线交易系统给出交易信号时，市场已经又向前发展了一大步，所以相比之下，马上建仓宜早不宜迟。当双均线发生死亡交叉后，也应该耐心等待两天，如果股价继续创下新低，就清仓离场。

为了和单均线交易策略进行比对，我们来看看在同样的行情里，采用双均线交易策略会是什么效果（见图166）。

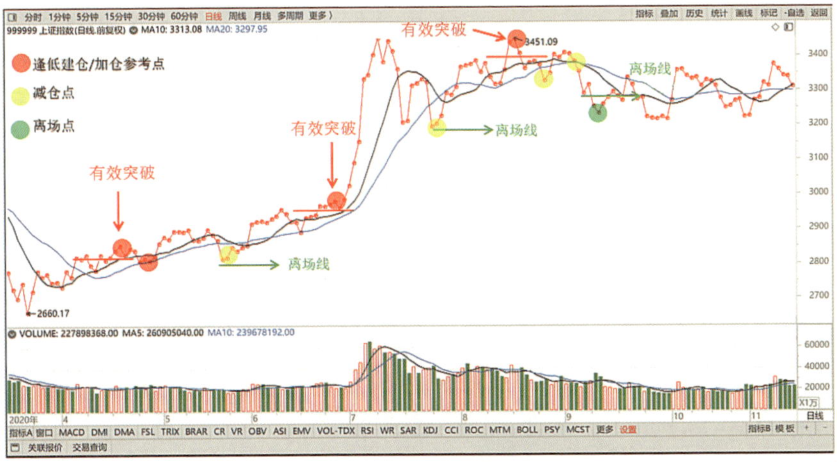

图166 双均线交易策略实战案例

现在可以执行的交易信号已经屈指可数了，在大半年的行情里，双均线策略给出的信号一共9个，其中建仓信号4个，减仓信号4个，离场信号1个。虽然信号少，但是同样成功捕捉到了本次行情的主升波段。

最后，我们再检验下双均线交易策略在震荡行情中的效果（见图167）。

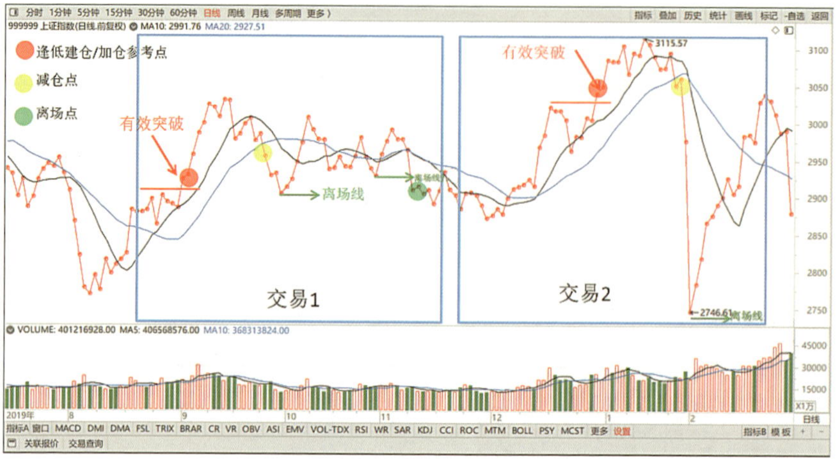

图167　宽幅震荡行情中双均线交易策略实战案例

在上证指数2019年8月到2020年2月的震荡走势里，双均线交易策略一共只给出了两次交易机会，并且这两次交易机会都会发生微幅亏损。由此也更加说明，和单均线交易策略相比，双均线交易策略更加适用于中长期里那些涨跌结构一目了然的趋势性行情。

好了，关于均线交易系统的知识我们就讲到这。最后，给你留一道思考题，欢迎把你的心得分享在留言区，和大家一起探讨。

我是程大爷，听大爷的话，陪你一起穿越牛熊，我们下期再见。

思考题

请你采用均线交易策略和双均线交易策略进行复盘，看看哪一种策略更适合你的交易风格。

留言区

扫一扫，观看本节视频课程，参与互动

第三节

猴市行情如何积累仓位：箱体交易策略

听大爷的话，做股市明白人。你好，我是程大爷，欢迎来到我的A股必修课，陪你从追涨杀跌到穿越牛熊。

今天我们要学习的是“箱体理论”。这个理论最早是由尼古拉斯·达瓦斯提出的。你可能想不到，达瓦斯的职业是舞蹈演员，换句话说，他完全就是一个股市业余玩家，用自己的薪水来股市凑凑热闹的小散户。在摸索投资方法的初期，达瓦斯是价值投资的忠实粉丝，他坚信基本面分析是理论科学的，但是这类分析方法却让他不断亏钱。

在作为舞蹈演员全球巡回演出的日子里，达瓦斯突然发现股价在运动中经常会出现箱体技术形态，利用这些箱体，他反而总是可以成功地做到低位买入和高位卖出，因此他也开始逐渐走上稳健盈利的道路。这一发现最终促使他放弃基本面，并开始精心研究股价技术形态，开创了箱体理论。

当达瓦斯在股市获得巨额利润的消息和方法流传出来以后，《时代》杂志对他做了特别报道。随后他把自己的经历写成《我如何在股市赚了200万》一书。在这本书里“箱体理论”首次公开，这本书一经出版就获得火爆追捧，在短短8周的时间里销量就达到了20万册。因为投资者纷纷采用该理论进行交易决策，影响巨大，以至于美国股票交易所不得不修改与其交易策略相关的止损委托的下单规则，其疯狂热度可见一斑。

故事讲完了，那到底什么是箱体？股价的走势经常会出现在某个价格区间范围里上下震荡横向运行的形态，看上去K线就像在箱子里运行一样，这就是所谓的箱体。

我们可以把箱体形态分成小型箱体和大型箱体。小型箱体通常由几天或者几周时间的股价走势所组成，如果你把K线周期调整成小时周期或者更小的周期，就很容易发现这样的箱体；相比之下，大型箱体的形成需要几个月甚至更长时间，通常在日线周期或者周线周期里，我们才能够看到大型箱体。

无论是小型箱体还是大型箱体，都只是阶段性的价格走势。当某些市场环境发生变化时，股价原有的运行箱体就会被趋势性运动打破，股价会重新达到新的高位或低位，然后形成新的阶段性箱体。

小型箱体的突破所需要的市场能量并不会太大，只需要积累几天到几周的能量就能够冲破箱体的约束。相比于小型箱体，要打破大型箱体就更难了，我们在K线图上看到的长期整理走势往往就是大型箱体的表现形态。

拿上证指数的30分钟K线图举个例子（见图168），在图中用蓝色长方形框大致画出了多个箱体形态。

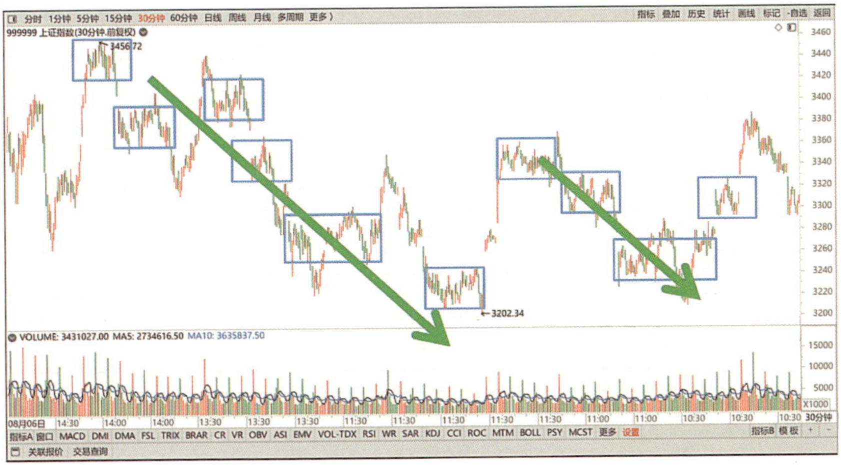

图168　小型箱体示例（上证指数30分钟K线图）

你可以看到，K线的局部走势是在每一个长方形的内部横向震荡运行，它们就好像被装在这些长方形的箱子里。这些箱体的持续时间是一到两天不等。随着时间的推移，观察这些箱体的分布，会发现它们的水平高度逐渐降低，呈现向下运动的趋势，这就是这段时间里上证指数的下跌运动趋势。

再来看一个大型箱体的案例。图169是上证指数2018年底到2020年底的日K线图。

图169 大型箱体示例（上证指数日K线图）

同样，用长方形圈出了走势中的箱体，虽然这些箱体看上去和小型箱体差不多，但实际上这些箱体持续的时间有一到两个月。随着时间推移，你会发现箱体的位置是逐渐升高的，这是上升趋势里典型的箱体排列方式。

如果你再仔细去研究K线图，就会发现箱体形态简直随处可见。不仅仅是在30分钟K线图和日K线图里，在周K线图、月K线图甚至年K线图上，你都能轻而易举地找到箱体。实际上，大周期里的某些箱体结构本身就是多个小型箱体共同组成的。比如说图170中，上证指数日K线里的4个箱体共同构成了月K线的单个箱体。

在具体介绍如何运用箱体之前，先要给你强调一个非常重要的“固定周期原则”。简单来说，就是要根据你自己的交易风格选择某一固定周期的K线图，来研究股价箱体结构，避免同时根据多个周期的箱体运动来做交易。

无处不在的箱体看上去能够提供相当充足的交易机会，但实际操作时，可能

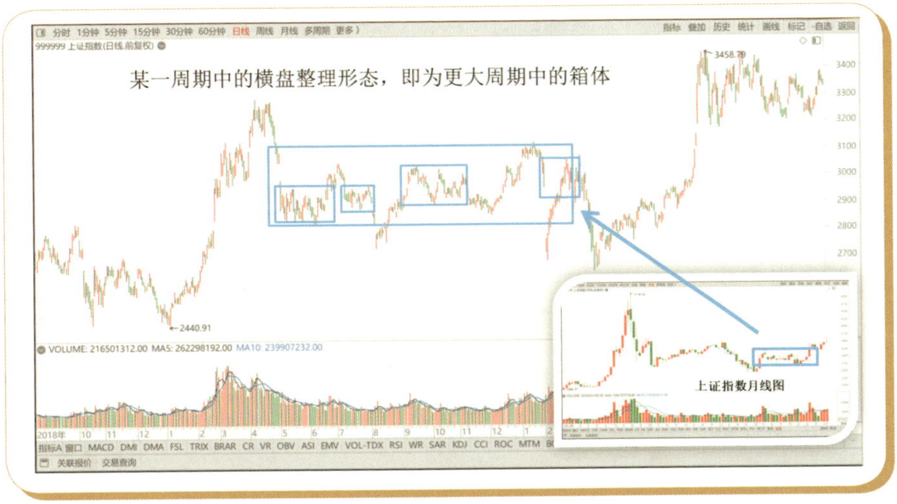

图170　小型箱体可以构成大型箱体

会让你无所适从。因为某个周期里的突破性趋势行情，完全可能是其他周期里的震荡行情，可是处理震荡局面的策略和处理趋势性行情的策略是不相同的。如果同时参考多个周期的箱体来进行交易，就很容易让你的思维陷入混乱，一会儿看这个周期是要买入，转头换一个周期又觉得要卖出了。

而采用“固定周期原则”，就是为了避免让思维陷入这样糟糕的局面。如果你的交易风格偏向短线，可以选择30分钟K线或者日K线来研究箱体；要是偏向中长线，就需要考虑采用日K线或者周K线。

理解了这个原则之后，我们就可以来学习如何运用箱体理论进行股票交易了。我们以上升趋势运动为例，达瓦斯的交易思路是：股票在低位出现巨幅放量上涨，就是行情启动的信号标志，当这一行情启动信号出现后，我们先等待第一个箱体的形成，然后根据上升趋势里箱体的排列逐渐抬高这一特性，只要有更高的箱体将要形成，就在潜在箱体的底部进行尝试性建仓买入，如果后续走势表明更高的箱体不能形成，就马上卖出止损。

如何判定潜在的箱体区域呢？如果股价向上突破了第一个箱体，并且在这个箱体的上方走出了一个高点和一个低点，那么我们就可以开始尝试建仓交易了。等待一个高点和一个低点的出现，是策略的关键，只要等到这两个点位出现，就在低点附近买入建仓，在高点附近卖出减仓，这样就可以高抛低吸累积仓位了（见图171）。

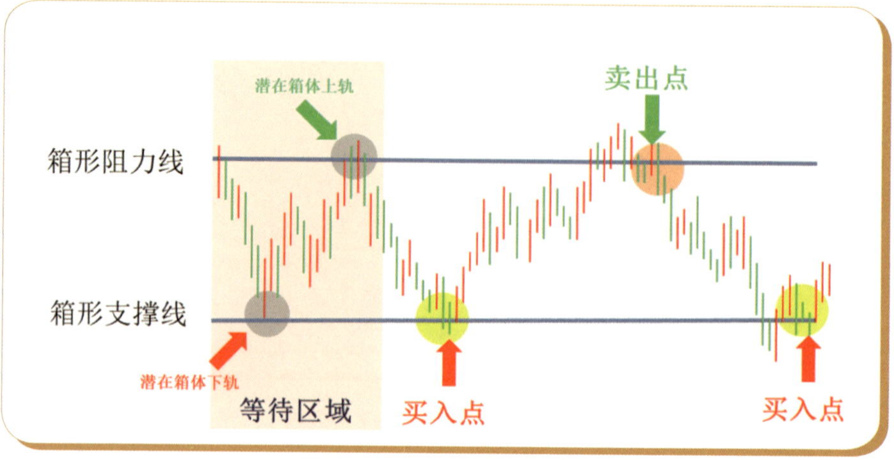

图171　箱体交易策略

实战中，要做好这样的高抛低吸，其实并不容易。为了让你更快地掌握其中的诀窍，我再给你分享一个独门秘籍，请看图172。

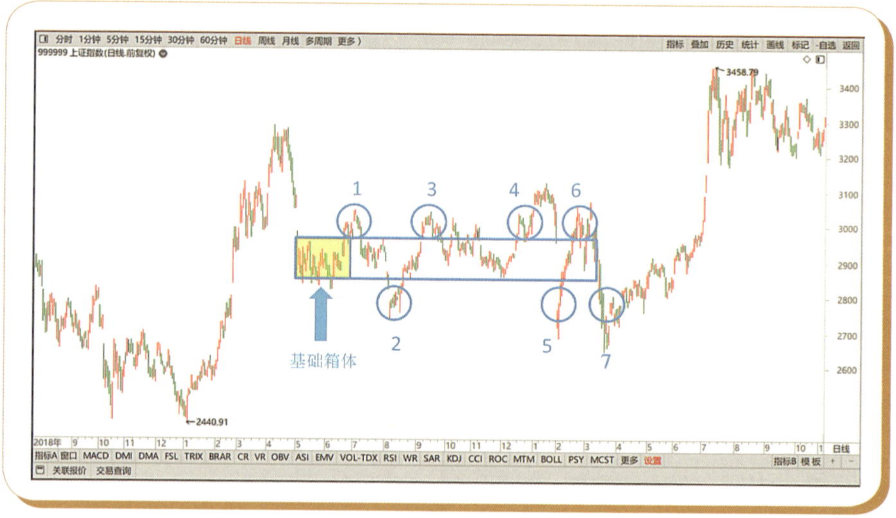

图172　利用箱体边界“突破失败”形态高抛低吸

基础箱体形成阶段依然是需要我们耐心等待的阶段，等到基础箱体形成之后，我们就可以利用箱体边界的“突破失败”形态来做好高抛低吸了。只要股价向下跌破了基础箱体的下轨，且短期内又重新涨回下轨的点位，我们就尝试性建仓买入。与此类似，只要股价向上突破了基础箱体的上轨，且短期内再次回落到上轨的高度，我们就进行相应的减仓。按照这样的操作思路，我们可以比较轻松地捕捉到图172中所示的7次高抛低吸机会。这一技巧能够成立，正是因为箱体的持续性，在局部范围内，箱体的上下轨扮演着阻力线和支撑线的作用，很大可能是不会一次就成功突破的。

那么，当我们得到基础箱体的波动区域之后，股价再次达到箱体的高位区域，是要在股价突破新高时减仓，还是重新回落到高位时减仓呢（见图173）？

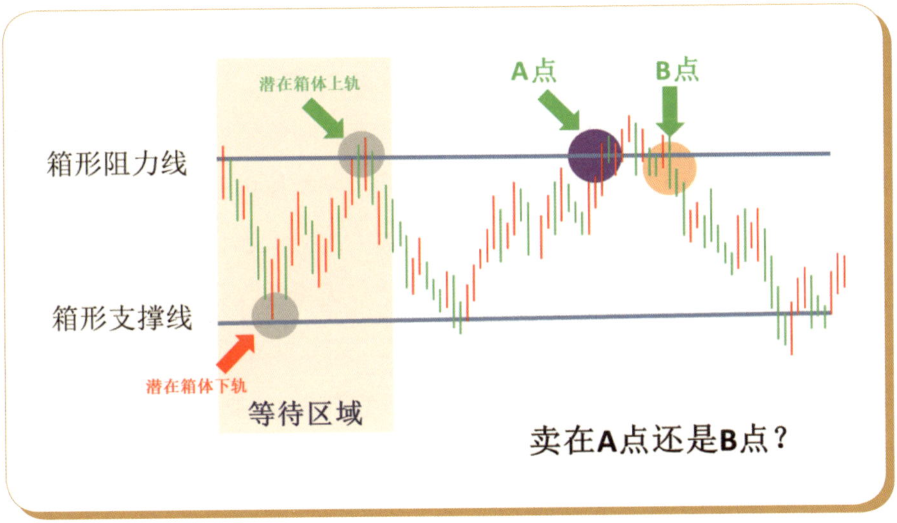

图173 箱体突破失败时的减仓点

你可能知道正确答案应该是“卖在B点”。但你知道其中的原因吗？

单一箱体的形态是不可能一直持续下去的，迟早有一天这一结构会被股价的趋势性运动打破。在涨势里，箱体被打破后，股价会先强势上涨相当可观的高度，然后重新形成新的箱体（见图174）。趋势性运动能够带来非常丰厚的利润。我们在单一箱体里反复高抛低吸积累仓位，就是为了迎接这个必然到来的趋势性运动。

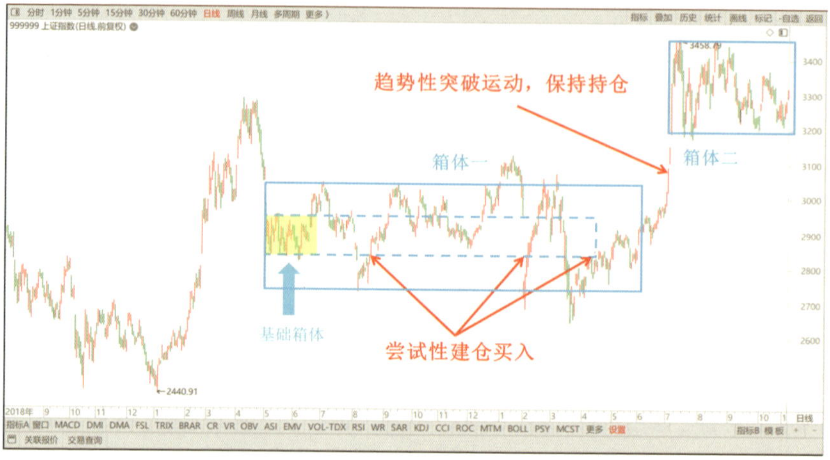

图174　箱体交易策略发展预期

而突破性趋势性运动的发生，往往是风驰电掣般迅速，临时仓促建仓是来不及的。我们选择在回落走势的B点卖出，就能尽可能避免错失趋势性突破运动行情。事实上，真正让达瓦斯赚取巨额利润的，并不是箱体内部的震荡走势，反而是这样趋势性突破的行情。如果说利用低位箱体的高抛低吸积累仓位像是春天里的播种和耕耘，那么抓住趋势性突破行情，就是秋天里的收获。想要成功，就要有一定的远见。

最后，我们来看看采用箱体交易策略应该如何离场：当股价向上突破当前箱体上轨，但短期却发生回落时，我们会进行减仓操作；当股价向下突破当前箱体下轨，却无法发生反弹时，我们就要小心了！因为这样的形态表明，不仅更高位置的箱体无法形成，甚至要在低位形成箱体，这是上升趋势可能正在发生逆转的危险信号。一旦出现这样的危险信号，就要进一步减仓或者离场！

好了，关于箱体交易策略我们就讲到这里。最后，给你留一道思考题，欢迎你把答案分享到留言区，和大家一起探讨。我是程大爷，听大爷的话，陪你一起穿越牛熊，我们下期再见。

思考题

请你标注出图175中潜在的箱体，也请你在课后通过实操和复盘，找到适合你交易风格的箱体交易周期。

图175 标出走势图的箱体

留言区

扫一扫，观看本节
视频课程，参与互动

第四节

“百年美股第一人”投资策略：利弗莫尔操盘法

听大爷的话，做股市明白人。你好，我是程大爷，欢迎来到我的A股必修课，陪你从追涨杀跌到穿越牛熊。

要问谁是股神，大家首先想到的，可能是价值投资大师巴菲特，金融大鳄索罗斯，又或者是传奇基金经理彼得·林奇等。不过，你知不知道在1999年，美国《纽约时报》曾经发起了一个叫作“百年美股第一人”的公开投票，最终结果却是杰西·利弗莫尔摘得桂冠，而当时距离利弗莫尔辞世已经有半个多世纪了。

利弗莫尔的传奇经历，在7天训练营的第三天《精选行业&股票的秘密：如何构建自己的股票池》里，我们已经做过相关介绍，此处不再赘述，感兴趣的同学可以回头复习一下。虽然利弗莫尔的名气很大，但是关于他的股票买卖，几乎没有任何公开的操盘记录。人们对他的印象，大多来源于两本书，第一本是由著名财经作家埃德温·勒菲弗所作，以利弗莫尔为原型的小说《股票大作手回忆录》；另外一本则是出自利弗莫尔本人之手的《股票大作手操盘术：融合时间和价格的利弗莫尔准则》，这本书也成了后人研究利弗莫尔投资策略的必读之作。今天，我们就来看看百年美股第一人留下的独家操盘术有什么秘密。

在利弗莫尔看来，上涨走势大致可以分为“上升趋势—自然回撤—自然回升—上升趋势”四个阶段性运动；与此类似，下跌走势也可以分为“下降趋势—自然回升—自然回撤—下降趋势”四个阶段性运动（见图176）。

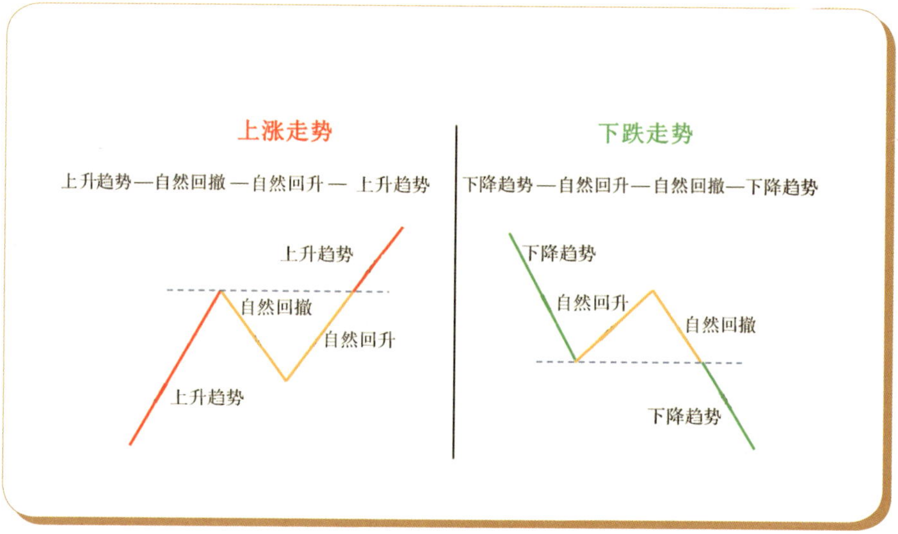

图176 利弗莫尔操盘术中股价运动的主要组成

因为目前散户朋友在A股市场主要还是以股票多头交易为主，所以我们以上升趋势为例，来学习利弗莫尔的交易规则。

那到底这四个阶段的运动是如何划分的呢？是不是昨天大涨就算是涨势，今天回调了就算是自然回撤阶段了呢？当然没有这么简单。股价波动上上下下，其中有不少走势是杂乱无章的，如果我们对每一个微小波动都全神贯注，就难免会陷入混乱。把行情里噪音般的走势过滤掉，从而简单明了地勾勒出市场运动的大趋势，这才是利弗莫尔操盘法则的高明之处。

为了有效地过滤这些走势噪音，对于股价在30元左右的股票，利弗莫尔采用“6点折返”的核心原则。如果当前行情在上升趋势阶段中运行，只要股票的收盘价仍在不断创出新高，就表明运动持续在上升趋势阶段。如果某一日的收盘价发生回落，但是只要回落幅度距离最高收盘价不超过6元，依然可以认为走势处于上升趋势的阶段。像这样的小幅回撤波动就被“6点折返”原则过滤掉了。如果股价回落的幅度超过了6元，那么价格运动才会从“上升趋势”阶段转入“自然回撤”阶段。当这一转变发生时，上升趋势里的最高收盘价就成为第一个价格关键点，也就是高位关键点（见图177）。

上升趋势—自然回撤—自然回升

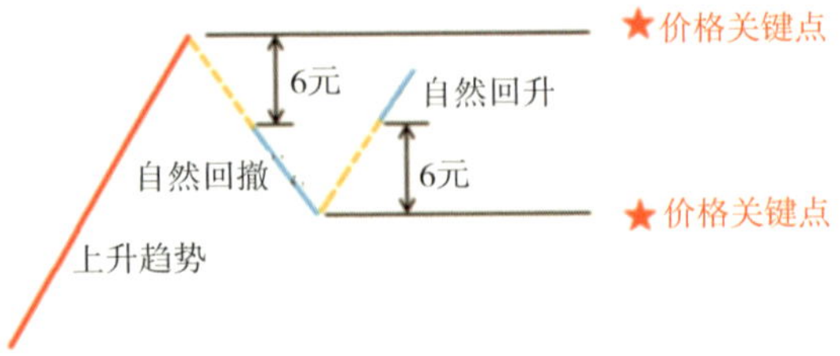

对于股价在30元左右的股票：

1.当股价从最高点回落超过6元时，进入“自然回撤”阶段

2.当股价进入自然回撤走势后，从局部低点回升超过6元则进入“自然回升”阶段

3.股价前期高点与自然回撤最低点均为股价上升趋势关键点

图177　上升趋势的关键点

当股价进入自然回撤阶段后，如果持续下跌，回撤趋势就是在持续。只有当股价开始发生反弹，并且和自然回撤阶段的最低收盘价相比，反弹超过了6元的幅度，才会转入“自然回升”阶段。当股价运动从“自然回撤”阶段进入“自然回升”阶段，我们就会得到另外一个价格关键点：自然回撤阶段的最低收盘价，即低位关键点。

这就是“6点折返”原则，非常容易掌握。当我们在上涨的走势里得到了两个关键点之后，就能够利用它们对后市行情做出大致合理的预判。当上涨的股价经历了“自然回撤—自然回升”两个阶段并再次回到前期高点附近时，我们就要特别关注，假如涨势能够延续，那么股价就必须创出新高，并且会超过前期高点3元以上，要是股价创出新高之后，继续上涨的幅度没有达到“超过3元”这个要求，反而再次回落超过6元的幅度，那说明涨势很可能已经逆转，你就要清仓离场了。另外，如果股价到了和前期高位关键点相差3元的幅度范围内，没有创出新高，反而下跌了6元，这也是涨势逆转的危险信号，同样需要清仓离场（见图178）。

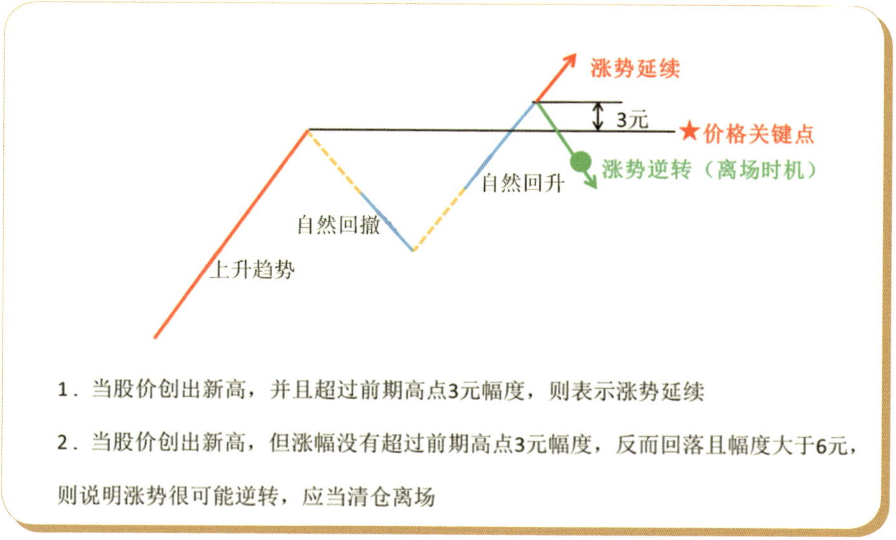

图178　上升趋势的延续或逆转的判断方法

运用同样的分析方法，我们在上升趋势的低位关键点附近，就可以识别建仓或者加仓时机了（见图179）。在上涨走势里，如果股价经过“自然回撤—自然回升”阶段后，再次回落到低位关键点附近，我们同样要特别关注，如果股价跌破低位关键点，但是跌穿幅度不超过3元，那么当股价反弹且反弹幅度超过6元时，我们就可以马上建仓了。如果股价到了和前期低位关键点相差3元的幅度范围内，即使没有创出新低，但是反弹幅度超过了6元，我们也可以尝试性建仓。

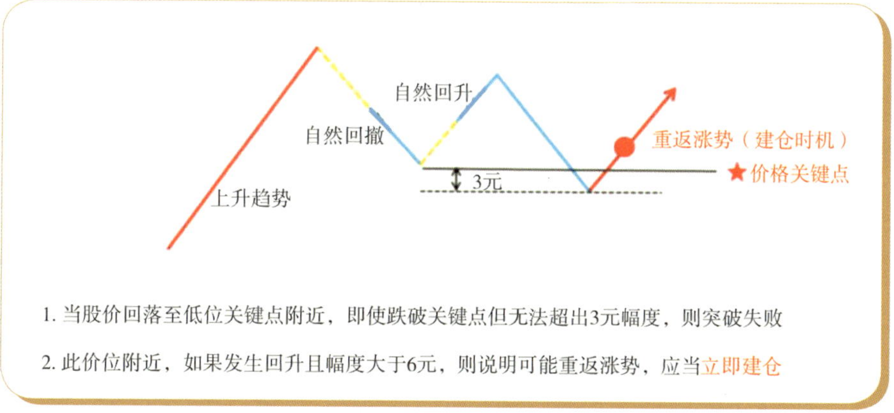

图179　利用上升趋势中的低位关键点建仓

除了这两种在上涨走势里的建仓方式以外，还有第三种建仓方法，那就是通过捕捉下跌走势的逆转时机来建仓，要预判下跌走势逆转时机的到来，需要借助下跌走势关键点来实现。

假如股价处于下降趋势，只要价格不断创下新低，就会持续在“下降趋势”阶段中运行。只有反弹幅度超过6元时，才会转入“自然回升”阶段。当这一转变发生时，我们就得到了下跌走势中的低位关键点，也就是下降趋势里的最低收盘价。当股价在“自然回升”阶段再次跌落并且幅度超过6元时，“自然回升”阶段里的最高收盘价就成为下跌走势里的第二个关键点：下跌走势中的高位关键点（见图180）。

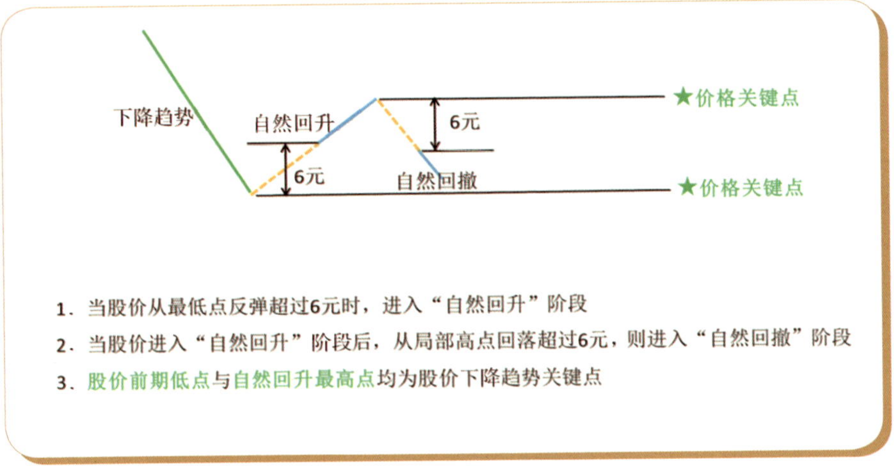

图180　下跌趋势的关键点

当经过“自然回升”阶段后，如果股价重新跌到和低位关键点相差不超过3元的范围后，再次反弹并且幅度大于6元，就是不错的建仓机会。如果这是一次成功的走势逆转，那么股价会继续走高，它会超越下跌走势的高位关键点，并且跨越幅度会大于3元。只要反弹行情达到这一涨幅要求，就可以基本确定上升趋势已经发生，在这个时候，我们可以择机加仓了（见图181）。

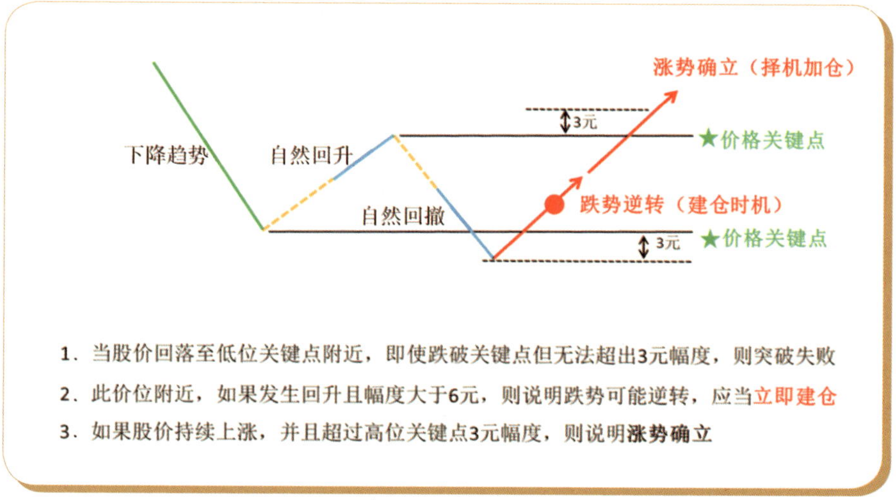

图181 下降趋势的逆转

这就是利弗莫尔操盘的基本原则。现在我们可以把下跌走势和上涨走势里的操作方法连贯起来，看看一整套组合拳的效果。首先在下跌走势中耐心地等待两个关键点的出现，然后利用低位关键点附近的反弹进行尝试性建仓。如果预判正确，我们可以在上升趋势确立时进行加仓。当进入上升趋势后，我们不仅能够在上涨走势低位关键点处逢低加仓，并且还能够在创出新高且延续涨势时顺势加仓。当全部仓位建立完毕后，我们更需要足够的耐心和勇气来持稳仓位，千万不能因为行情中的小小震荡就急切抛出。如果这样预想的计划能够如期实现，你的账面利润肯定会很丰厚。最后的任务就是等待涨势逆转的危险信号，只有当观察到危险信号时，才是兑现利润最佳的时刻。换句话说，在上涨走势的任何一个阶段，我们都应该尽量拿稳仓位，只有当你发现上涨行情将要终结时，才应该兑现利润。要知道，越是涨势的后期，上涨越疯狂！

你应该还记得股价趋势的基本特征吧？在上升趋势里，高点和低点依次抬高。其实利弗莫尔操盘法则和股价的这一基本特征不谋而合（见图182）。不仅如此，在低位关键点处建仓和在高位关键点警惕危险信号的做法，更是驾驭人性中贪婪和恐惧的巧妙手段（见图183）。利弗莫尔用他获取的财富证明，即使法则简单，但是只要运用得炉火纯青，同样能够登峰造极。

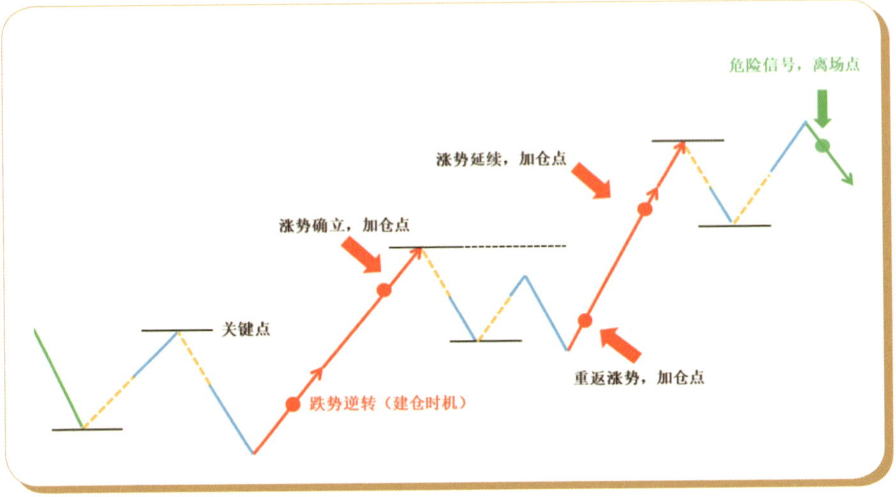

图182　大作手操盘术的连续操作手法

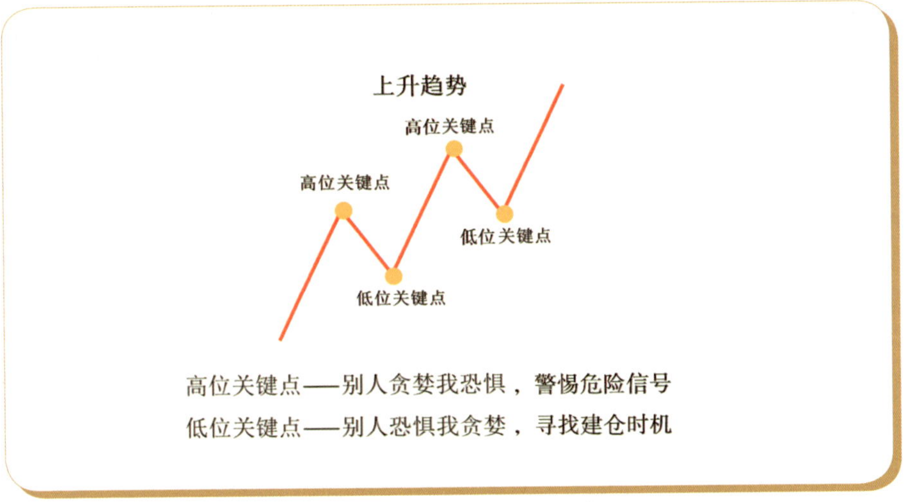

图183　上升趋势中的操作要点

在你尝试使用利弗莫尔操盘法进行实战的过程中，可能会遇到下面两个问题。

首先，在行情分析时，你可能会纠结行情阶段的划分应当从哪一个阶段开始起步。从严格意义上说，完全合理的做法是，从某一阶段行情创新高时开始分析，这样就可以把起步阶段定性为“上升趋势”，你也可以从某一阶段行情创新低时开始分析，这样起步阶段就能被定性为“下降趋势”。但实际上，你可以随意定义行情的起步分析阶段，纵使最初的定义不一定正确，但经过数次阶段转换之后，你还是会回到正确的轨道上来。

另外一个令人苦恼的问题是：假如上涨行情突然崩塌，发生了断崖式下跌，就很可能会在“自然回撤”阶段一条道走到黑了。可是跌成这副熊样，难道还不能算是下降趋势吗？！时代在变，环境在变，因此这里我们也可以做些适当的改变。比如，当股价从最高收盘价下跌了12元，我们就可以直接跳过“自然回升”阶段，行情从上涨走势的“自然回撤”阶段马上转入下跌走势的“下降趋势”阶段。

最后，我们可以用《股票大作手操盘术：融合时间和价格的利弗莫尔准则》开篇的名言作为这节课的结语：“投机，是天底下彻头彻尾最富魔力的行当。但是，这行当愚蠢的人不能干，懒得动脑子的人不能干，心理不健全的人不能干，企图一夜暴富的冒险家不能干。这些人如果贸然卷入，到头来终将会一贫如洗。”这句话告诉我们，操盘的方法看上去简单，但要做到为你所用也需要不断磨炼。

好了，今天的课程就讲到这里。我是程大爷，听大爷的话，陪你一起穿越牛熊，我们下期再见。

留言区

扫一扫，观看本节
视频课程，参与互动

第五节

假突破还是真拉升：回归&突破型交易策略

听大爷的话，做股市明白人。你好，我是程大爷，欢迎来到我的A股必修课，陪你从追涨杀跌到穿越牛熊。

从训练营一路到现在，我们已经学习了Aberration、MACD跨周期、均线、箱体等多种交易策略。这些策略看上去并不会太复杂，但是如果你已经着手交易实战，就一定会感觉到，实盘操作中就算要简单地做到照葫芦画瓢也是相当不容易的。要想提高策略执行的成功率，一方面，克制人性的冲动是必不可少的修炼，另一方面，掌握一点小窍门也是大有帮助的。

通常而言，交易策略的设计分为两类，如图184所示，第一类是回归型交易策略，通俗点说就是“涨多了就要调整，跌多了就会反弹”，在股价的各种形态结构里，常常存在着阻力区域或是支撑区域，当股价上涨到阻力区域时，卖方的力量会大于买方的力量，虽然有的时候盘面看上去非常强劲，但最终上涨力量衰竭，上攻失败，行情便开始回撤；当股价下跌到支撑区域时，看上去脆弱不堪的股价似乎随时都会崩塌，但实际上在支撑区域，买方的力量是大于卖方的力量的，当卖方力量在这一区域消化殆尽之后，行情就会逐步反弹。

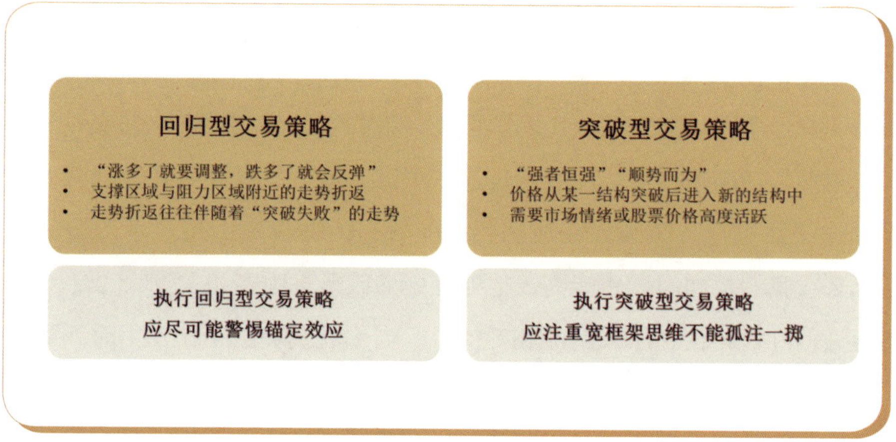

图184 回归型交易策略与突破型交易策略

采用回归型交易策略时，我们要捕捉的正是来自阻力区域或支撑区域的突破失败的折返走势。当股价在支撑位置发生反弹时，我们勇敢建仓，同时要把局部的最低点设置为止损点位，虽然在支撑位发生反弹是大概率事件，但也很可能不会像你预料的一样进行，所以你要做好"多试几次"的心理准备。尝试建仓的过程中，只要股价再次跌破止损点位，一定要坚决离场，千万不能心存幻想，希望反弹明天就会发生。需要特别强调的一点是，如果你在执行回归型交易策略时，满脑子想的是"跌了这么多总该反弹了吧"，那就说明你已经受到了锚定效应的干扰。如果不能及时克服这一干扰，就很容易在某一次失败的建仓中越陷越深，损失惨重。

突破型交易策略则非常适合用于市场龙头股或者活跃股。股价一旦突破关键的阻力区域，就像脱缰的野马，一骑绝尘，这个时候正是突破型交易策略的风光时刻。强者恒强，之后只要牢牢拿稳股票就能成功"躺赢"。突破型交易策略的收益往往是不鸣则已，一鸣惊人。要抓住成功的突破并不容易，多数阻力位区域的突破尝试都会以失败告终，如果你看到股价创下新高就迫不及待地进场豪赌，肯定会吃不少苦头。正是因为错多对少，采用突破型交易策略更要注重宽框架思维方式，不能孤注一掷。

通过上面的分析和比较，你会发现无论是回归型交易策略还是突破型交易策略，其关键核心都是围绕"突破"这一动作展开的。在关键的阻力或是支撑区域，回归型交易策略的预判是突破失败，而突破型交易策略期待的是突破成功。

所谓关键的阻力区域和支撑区域的表现形式非常多，例如股价前期的高低点，此前课程里学习过的多重顶底的高低点、趋势线的通道边界，又或者是箱体形态、三角形形态的边界等。当股价在这些关键区域创下新高或者新低时，就表明突破动作正在进行。突破要么成功要么失败，但你肯定不想“不成功，便成仁”。那么，我们要如何做才能高效地处理好突破形态呢?

想要做得好，秘诀在于“耐心和等待”。当你看到突破正在发生时，要保持冷静，不要立刻入场交易。要耐心，再等等。大概三到五个交易日之后，再来做决定。我们之前反复提到的“两日原则”也正是遵循了这一操作思路。

如果股价一开始是向下跌破支撑位，但是三到五个交易日后，价格企稳，并且在较短的时间内又重新反弹到前期低点的位置，就可以采用回归型交易策略（见图185），前期低点位置附近都是逢低买入的好价位，并没有所谓的建仓精准时刻，只要股价在这个区域附近就可以大胆建仓。同样的道理，当股价上冲，看上去正在突破阻力位时，你也要保持冷静，耐心等待，如果股价跌回前期高点你就应该减仓甚至离场。

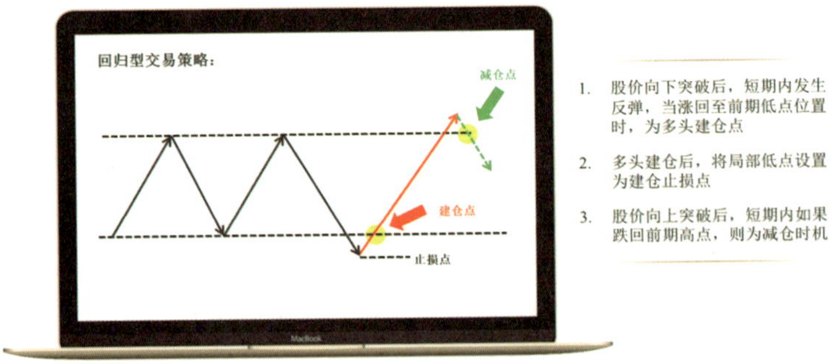

图185　突破形态的基本处理原则——回归型交易策略

大多数情况下，这样的操作会成功。但即使在连连得手之后，也千万不要得意忘形。因为股价在创下新高并且发生短期回撤之后，如果再次爆发式地创出新高，那就是突破型交易策略的最佳入场时机（见图186）。

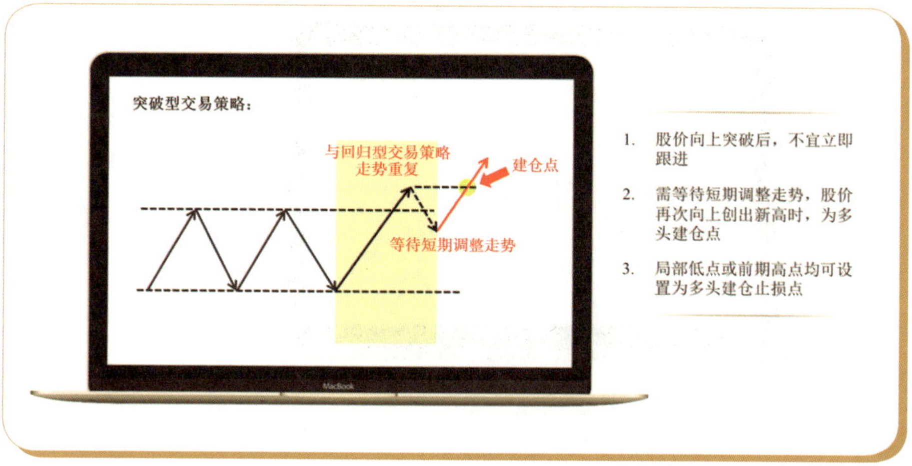

图186 突破形态的基本处理原则——突破型交易策略

你可以看到，“突破后发生回调”这个结构无论在回归型交易策略还是突破型交易策略中都是存在的。认为“股价创新高就是突破成功”，或者“突破后稍有回调就要见顶”，都是不恰当的。只有保持冷静的心态，耐心等待三到五个交易日，等待这一重要的结构明显呈现出来再做决定才是明智之举。换句话说，只有你看到了这样的“突破后发生回调”的结构，才是真正的入场交易时机。散户朋友可以先从回归型交易策略着手尝试，但也要保持随时转换为突破型交易策略的灵活性。

在某些情况下，“突破后发生回调”的结构会呈现出一些操作成功率非常高的特殊形态（见图187）。通过前期课程的学习，相信你应该已经知道或者掌握跨周期这个思维方式了。当我们发现突破动作已经发生后，可以把K线周期切换到30分钟周期或者15分钟周期，以此来观察突破后三到五个交易日的行情走势。如果你发现接下来走势的精细结构呈现出上升三角形形态或者箱体形态，那就要恭喜你发现了一次驾驭突破形态的高胜算的交易机会。

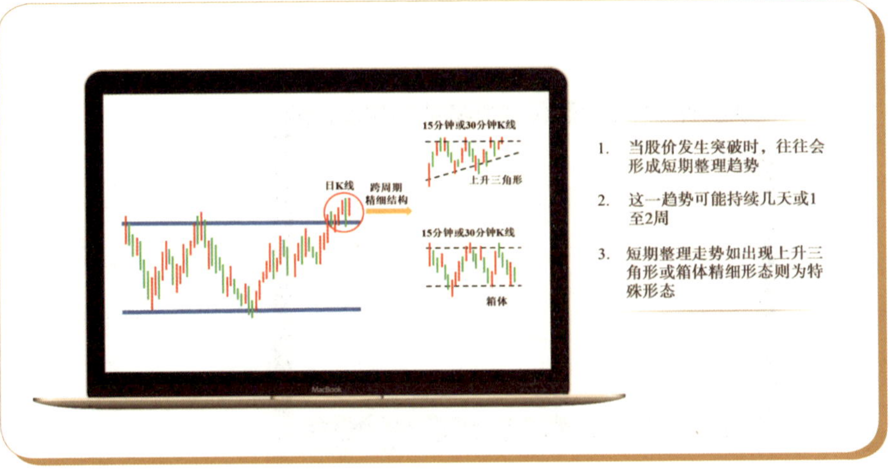

图187　突破形态的高胜率特殊情形

如果出现的精细结构是上升三角形，应该怎么做呢？当三角形雏形形成，你就可以在三角形的下沿买入了。当三角形形态终结，如果突破成功，股价将会快速突破上升三角形的上边界，并且会迅速脱离你的持仓成本区域，这样就完成了一次成功的建仓操作。如果价格跌破了三角形的最低点，你就应该立即清仓离场。因为如果多头力量充足，上升三角形从形成到向上突破的发展应该是一气呵成的，反之就是突破失败的危险信号！

如果你看到的精细结构是箱体形态，就可以在箱体里逢低买入。逢低买入时，是不是也要等待“跌破后回升”这个走势呢？因为观察精细结构采用的已经是短周期，“再等待箱体突破下边界后折返建仓”就有点画蛇添足了。所以在精细箱体结构下边界附近逢低买入时，不用再增加额外的择时条件，只要简单买进即可。如果建仓之后股价跌破下边界，并且跌穿幅度大于箱体本身的高度，就应该马上止损。

无论精细结构是上升三角形还是箱体形态，从日K线上看，它们的波动幅度其实并不大，因此即使行情不利，触发了止损条件，我们的损失也是有限可控的。只要你一直遵照这样的操作规则去尝试建仓，是可以做到赢多输少的。

我们来看一个高胜算形态的实战案例。图188是上证指数日K线图，图中用长方形方框标出了这段走势中的箱体形态。在这个箱体的末期，发生了一次突破动作（图188中的小的蓝色长方形）。

图188　高胜率突破的特殊形态实例

进一步观察30分钟精细周期K线（见图189），接下来三天行情走势的精细结构出现了黄色标注的箱体。现在我们可以着手建仓了。在红色方框标注的箱体区域内，只要股价接近红色箱体的底部，就都是我们的参考建仓时机。最后，图中用绿色的线条标注出了参考的止损点位，也就是黄色箱体下方降低一个箱体高度的距离。你可以看到，这是一次突破失败的情形。如果我们按照计划及时止损离场，将可以避免一次暴跌行情。

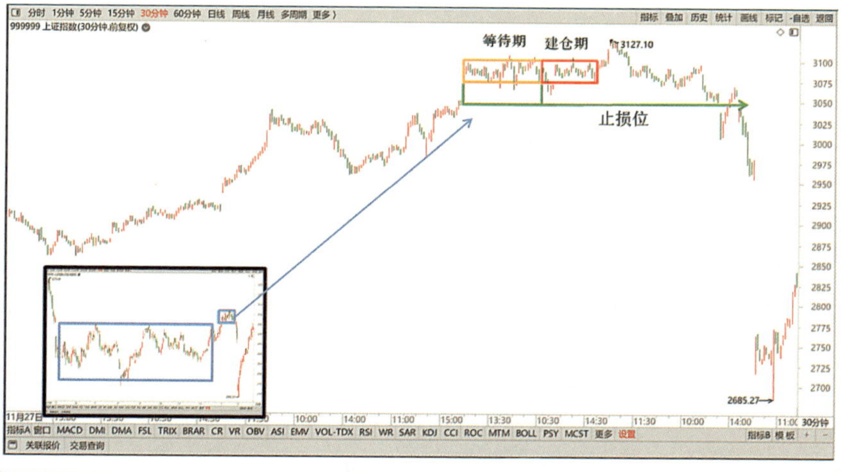

图189　突破特殊形态中的精细结构（箱体）

突破在任何策略的执行中都具有举足轻重的地位。可以说，如果能正确地驾驭突破，就能够在股市操盘中游刃有余。虽然这节课我们主要是以箱体形态来举例，但是这样的方法也是可以运用到其他的技术指标上的。

好了，今天的课程就讲到这里。最后的作业题，就是希望同学们在学习了这节课的内容之后，能够自己再重温复习一下我们之前教授过的各种策略，并在复盘中练习提高执行策略的交易能力。我是程大爷，听大爷的话，陪你一起穿越牛熊，我们下期再见。

留言区

扫一扫，观看本节
视频课程，参与互动

第五课

交易原则

第一节

用不变的规则去交易变化的市场：交易策略中的“少即是多”原则

听大爷的话，做股市明白人。你好，我是程大爷，欢迎来到我的A股必修课，陪你从追涨杀跌到穿越牛熊。

在上一个课程里，我们学习了多种交易策略，这些交易策略都是相对来说比较完备和成熟的交易策略。希望各位同学能够通过对自己的历史持仓数据进行复盘的方式，去检测这些交易策略的效果，同时也对自己的交易风格进行相应的评估。

在这一课里，我们首先要聊一聊，在复盘的过程里，你通常会遇到的困惑。另外，当你对这些策略的优势与劣势都有所了解之后，估计也会有所启发，并开始尝试制订属于自己的独特的交易策略。在制订交易策略的过程里，遵循哪些原则能够让你制订更有效的交易策略呢？在这一课中，我们将围绕这个话题展开讨论学习。

无论是刚刚进入股市的新手，还是久经沙场的老手，在股票交易的时候，多多少少都会遇到这样一种“指标选择困难”的情况。比如说，按照原计划决定采用以10日均线为指标的单均线交易策略进行股票交易：当股价回撤到10日均线附近，我们逢低买入建仓后，股价继续下跌并且触发了止损条件，然后股价继续回撤到20日均线附近，随后股价开始企稳，并且逐步触底反弹。在采用同样的建仓原则的情况下，如果我们最初选择的是20日均线作为指标参考，不但能避免一次不愉快的失败建仓，而且还能够完美抄底。现在你可能会纠结，到底是选择10日均线还是20日均线会对股票交易更有利呢？又或者干脆两根均线都使用，采用双均线策略是不是更好呢？

除了在单一类型指标的参数选择方面会出现选择困难症之外，在多种指标交易系统的使用方面，你可能也会陷入类似困境。例如在上升趋势中，采用MACD黄金交叉或者死亡交叉作为交易的买卖信号。在MACD发生金叉后，你建仓买入，但随后股价下跌触发了止损条件。事后你通过查看多种指标，发现在建仓之时，KDJ指标就已经出现了死叉，如果能及时看到KDJ指标的信息，就有可能避开这次“MACD金叉陷阱”了。为了提高交易的准确度，也许你再三思考后，决定把KDJ指标放入手机或者电脑的指标栏，并从单指标交易策略转变为双指标交易策略。

如此这般，接下来就可能发生这样的情景：你学习到的指标名词越来越多，你想采用的指标参数也越来越多。可是最终你会发现，不但交易的结果并没有显著改善，甚至你已经不知道该相信哪个指标了！

我们常说，人多力量大，团队协作能够达到“1 + 1 > 2”的效果。大多数情况下，这是没有错的。但是在股票技术指标的使用中恰恰相反，“1 + 1 < 2 ”的情况数不胜数。我们来看一道思考题。假如某个技术指标的建仓胜率是50%，你认为下面选项中最可能出现的建仓结果是哪个（见图190）？

假如某技术指标的建仓胜率为50%，最可能出现哪种情形？

（A）胜—胜—胜—胜—胜—胜—胜—胜

（B）败—败—败—败—败—败—败—败

（C）胜—胜—胜—胜—败—胜—败—败

（D）胜—胜—胜—胜—败

（E）胜—胜—胜—胜

图190　哪种情形在交易中最可能出现？

你选择的答案是不是C？而且分析思路可能是这样的：首先，建仓胜率是50%的情况下，出现8连胜和8连败的结果都显得过于极端，因此不费吹灰之力你就能把A选项和B选项排除掉。然后，再比较剩下的C、D、E三个选项。你会想，E选项是4连胜，虽然已经没有A选项或者B选项那么极端了，但在“建仓胜率是50%”的前提下，发生的可能性感觉还是不会太大。而C、D两个选项与E选项相比，就让人感觉平衡很多。因为在这两个选项中“胜”和“败”都有出现，不再是一边倒的局面。而且C选项里胜负的比例更加接近已知条件的50%的胜率。由此，你得到的结论是：C选项是最可能出现的情形。

如果你真是这样想的，那不妨从下面这个角度重新思考一次：当E选项的4连胜出现之后，我们再建一次仓，但最后这次建仓失败了，那就会发生D选项描述的情形。按照同样的演绎方式，在D选项的基础上，再继续进行3次建仓，就有可能出现C选项的情形。换句话说，只有在E选项出现后才可能出现C选项。那你想想，是E选项出现的次数多还是C选项出现的次数多呢？显而易见，E选项出现的次数应该是最多的，所以E选项出现的概率也是最大的。正是因为满足E选项所需要的条件数量最少，所以E选项出现的概率最大。这就是“少即是多”的原则，预先设定的事件所需的条件越少，事件出现的概率越大。同样的道理，在使用技术指标来指导交易时，如果采用的指标种类过多，就肯定会显著降低交易信号出现的概率。

另外一个需要我们接受的事实是，综合采用多项技术指标的组合后，交易策略的胜率计算，并不是简单地把各种指标的胜率相加。既然不是多多益善，那到底采用多少个指标比较合适呢？

我们来看一个简单的概率推算（见图191）。假如A指标和B指标的交易胜率都是60%，而且A指标和B指标的相关性很低。在这样的条件下，同时采用A、B两个指标进行交易的胜率有多大呢？因为当A指标和B指标同时失败的概率是40%×40%，也就是16%。而只要A指标或B指标其中之一成功，就能够实现一次成功的交易，所以同时采用A指标和B指标的交易胜率大概为84%。你看，单单只需同时采用两个交易指标，交易的胜率就已经大幅提升了。

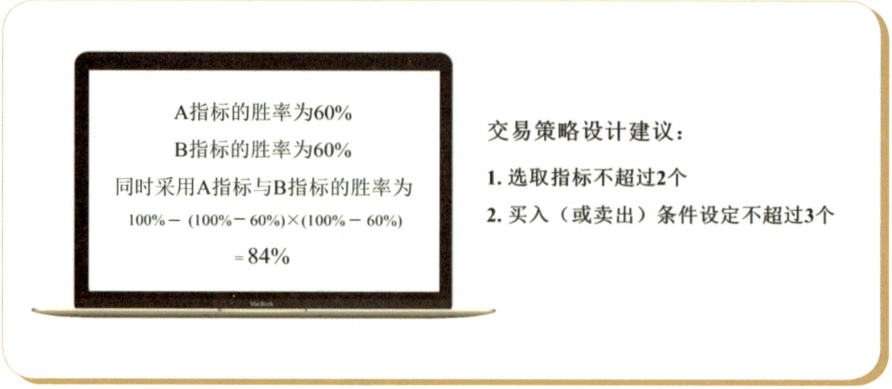

图191　交易中采用的指标建议

当然，这只是一个简单的推算。通过这个推算我想要说明的问题是，如果你真的想要提高交易效率，就不应该把各种指标一股脑地用上。同时，采用过多的指标，会导致有效交易机会出现的频率大幅降低，反而会事与愿违。

建议同学们在建立自己的交易策略时，选取的指标数量不要超过两个，同时设置执行买入卖出的条件不要超过三个。我们可以再简单回顾一下，此前我们学习过的单均线交易策略的构成。在这个交易策略里，指标只有单条均线一个，而买卖条件有两个：第一个条件是股价上穿均线买入，跌破均线卖出；第二个条件则是“两日原则”。看上去如此简单的交易策略，蕴含的正是“少即是多”的原理。

其实，“少即是多”原则的应用范围，并不局限于交易策略的设计方面。当你运用这一原则，审视很多和交易相关的日常行为习惯时，就会发现很多散户的做法和这一原则背道而驰。比如，为了捕捉不同的趋势而轮动采用多种交易策略；为了及时发现市场异动而采用6屏电脑显示监控行情；可能有些朋友白天看A股，晚上看美股，时刻盯着全球主要股市行情；可能还有些朋友会格外关注大宗商品、金银贵金属行情和美元指数行情；甚至时刻关心国内外宏观经济数据的发布情况；诸如此类（见图192）。

1. 采用多交易策略捕捉多类行情
2. 采用6屏电脑显示行情，监控行情异动
3. 随时关注全球主要股市行情及其联动效应
4. 随时关注大宗商品、金银贵金属行情与美元指数行情
5. 随时关注国内外宏观经济数据的发布情况

图192 违反“少即是多”原则的案例

我想说的是，及时掌握这些信息固然很重要，但除非你是一个十分资深的投资者，否则还是不要超负荷处理这些交易信息，过量的信息可能会让你陷入情绪或者决策上的混乱，以至于分不清主要或者次要的市场运动趋势。根据“少即是多”原则，无论你遵循的是价值投资理念还是技术投资理念，采用相对简单、清晰明了的交易策略来指导股票投资都是明智之举。

最后，你可能还会遇到这样一个问题：我们此前学习过的交易指标或者策略，应该不止五六个了吧，既然自己要制订一个交易策略，需要采用的指标只用一两个，那到底哪个更好呢？在回答这个问题前，我想先问问你，你认为一个技术指标的胜率该有多少才能够令人满意呢（见图193）？

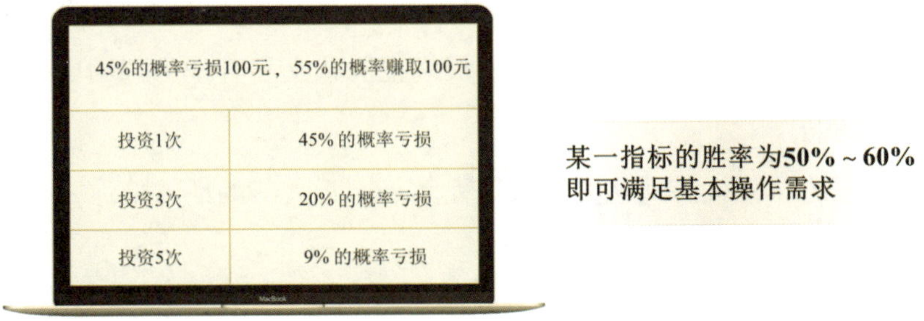

图193 对技术指标的胜率的要求

在之前的课程里，我们就举过例子，假如你和庄家对赌，有45%的概率亏损100元，55%的概率赚取100元。那么下注三次时，我们亏损的概率大概是20%，而下注五次时，我们亏损的概率就降低到9%左右了。

因此，如果某一指标的胜率是50%～60%，就能够满足基本的股票操作需求了。看上去这一胜率也不比抛硬币高多少，但还是有本质区别的（见图194）。首先，技术形态是由市场客观行情提供的，没有抛硬币决策的随意性；其次，技术形态存在特定的边界，根据这些特定的边界设定离场点位，能够避免在交易失利时，陷入情绪或心理上的不利状态，这也为股票交易的风险控制提供了“绝对标准”。

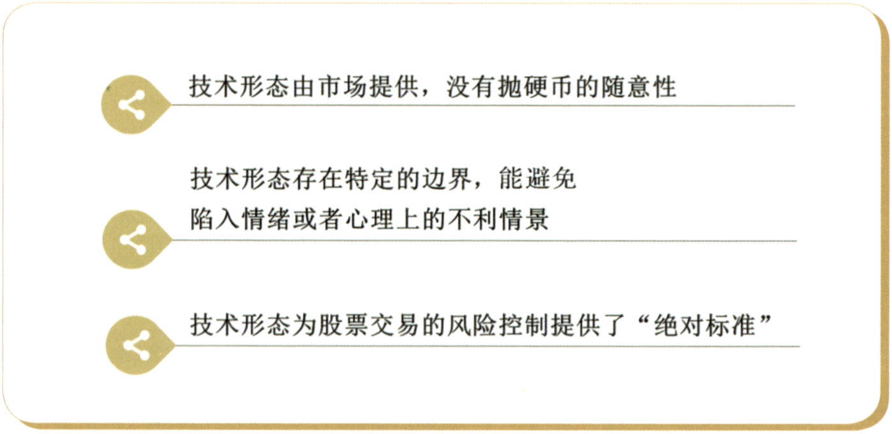

图194　技术指标与抛硬币的区别

通过对“少即是多”原则的学习与运用，希望你能够逐渐领悟到，技术交易的本质，其实是“用不变的规则去适应变化的市场”。利用“少即是多”原则让交易变得更简单，让思路变得更清晰，并最终把股票交易升华为“用可控的成本去交换丰厚的利润”。

好了，今天的课程就讲到这里。我是程大爷，听大爷的话，陪你一起穿越牛熊，我们下期再见。

留言区

扫一扫，观看本节
视频课程，参与互动

第二节

想要赚钱为什么要“站着玩股票”：止损和止盈原则

听大爷的话，做股市明白人。你好，我是程大爷，欢迎来到我的A股必修课，陪你从追涨杀跌到穿越牛熊。

今天课程的开始，我给你准备了一个趣味小段子。一位朋友对孩子的父亲说：“天呐！你儿子正在赌场里面下注！”孩子的父亲淡淡地问道：“哦？那他是站着玩还是坐着玩？”朋友虽然感觉很奇怪，但还是回答说：“他是站着玩的，可这有什么关系呢？”孩子的父亲解释道：“如果他是站着玩，运气不赖的话，赚点钱可能就走了；如果是坐着玩的，就他那水平，迟早要输个精光。”

虽然这只是一个段子，但我真的很想问问你，当你进入股票市场的时候，是打算站着玩，还是坐着玩？无论你之前的情况如何，从今以后，我都建议你做一个“站着玩股票”的人。说得更直白一点，在每一次股票交易开始前，你就“应该”要想好何时离场，或者尽早为离场做好心理准备。

股票交易时，在入场前“应该”知道何时离场

1 交易不利时——止损

避免在错误的决策上投入过多的成本甚至追加投入成本

2 交易有利时——止盈

保持一致的风险偏好，守住合理的利润

图195　交易中的离场情形

一般而言股票交易的离场包含两种情形：其一是在交易不利时止损，另外一个就是在交易有利时止盈（见图195）。要做好止损，是要避免在错误的决策上投入过多的成本甚至追加投入成本。要做好止盈，则是要守住合理的利润。如何有效地做好止损和止盈，就是我们今天要学习的主要内容。

股市里有句经典的谚语，是这样说的："凡事有两面，但是股市只有一面，不是牛的一面，也不是熊的一面，而是对的一面。"

如果你在A股市场里赔了钱，最好的解释就是因为你没有站在对的一面。如果你在A股市场里赔了大钱，那肯定是因为你在错误的道路上越走越远。要站在对的一面，最关键的要点并不是去和市场论证你的观点如何正确，而是及时认识到你正在犯错！如果真的犯错，无论是事前、事中还是事后，你可能都无法弄清楚，这些错误到底是什么样的，又是如何犯下的。但是如果你足够理性，我想你也根本不需要搞清楚其中的每一个缘由，因为你正在亏钱，自己肯定已经认识到正在犯错。

要如何避免因为犯下大错而发生难以承受的亏损呢？好用的方法有一个，那就是"非对即错"原则。比如说，在上升趋势里，股价发生回撤，并且跌到了趋势线附近，等到暂时止跌时，你逢低建仓，反弹却迟迟没有发生，你该怎么做？或者，在上升三角形形态终结时你建仓买入，但股价并没有如期上涨，你该怎么做？又比如说，当你在MACD发生金叉时建仓后，股价却开始震荡整理，你又该怎么做（见图196）？

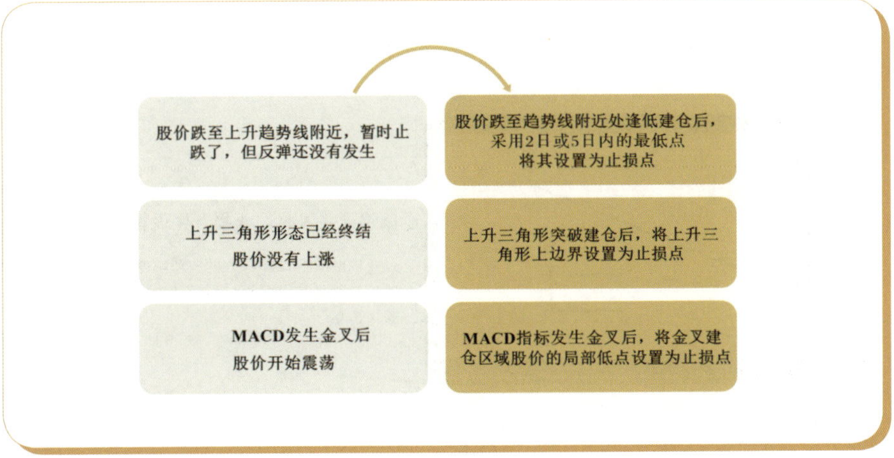

图196 "非对即错"——常见的止损条件设置参考

对于大多数散户朋友而言，在上面这些情况下，他们大都不会有太强烈的危机感，因为账户当前并没有发生亏损，甚至偶尔还会有点小小的盈利。可问题在于，现在你对于市场的判断，是不是被证明是正确的呢？如果你的判断正确，你的账面就应该有相应的利润。可事实是，你建仓后行情开始变得拖沓疲软，账面时亏时盈飘忽不定。根据“非对即错”的原则，你就应该警惕起来，虽然大的亏损还没有发生，但你已经开始犯错了！现在你要立即采取措施，防止这个潜在的错误演变成现实，更要警惕因为放任错误自由发展，而造成账户大亏的可能！

把“非对即错”的原则付诸实践的操作方式就是设置止损条件。一旦止损条件被触及，你应该立即承认“本次交易存在错误”。因为如果你是对的，就不应该发生亏损。就算你的策略最终可能是对的，但这次交易可能在时机上已经出了错。我不能用更重的语气来强调这一点，你肯定能够接受下面这个建议：如果你是对的，你就应该用对你有利的方式去证明，至少不应该用自我伤害的方式去证明。

通常设置止损条件的方法，需要利用指标形态的特定边界，这个边界可以是曲线也可以是直线，比如说趋势线或者均线，也可以是上升三角形的上边界，等等。你可以直接采用这些边界线作为止损位，但是我更建议你采用类似“两日原则”或者“五日原则”这样的方式来设立止损线。

比如说，在上升趋势里，股价回落到趋势线附近，某一天股价跌破了趋势线，然后接下来几天里股价逐渐企稳，现在你可以选择局部低点附近的价位，进行逢低买入。具体价格的计算方法如图197所示。

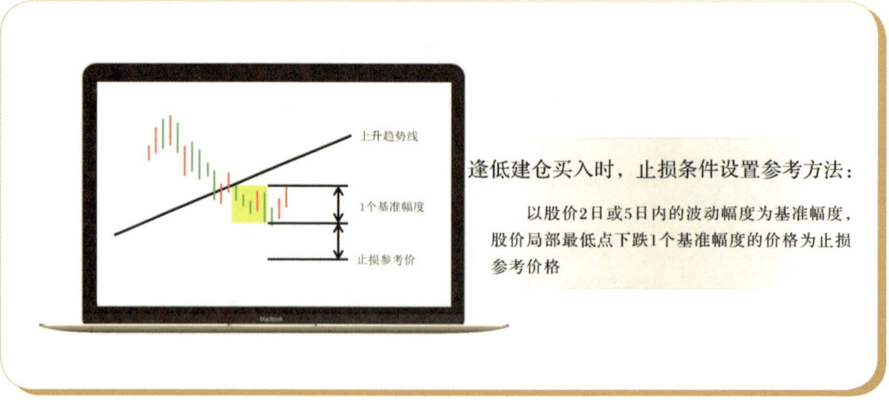

图197 根据“五日原则”设置止损条件示意图

图中用黄色矩形标出了股价跌穿趋势线后的5根日K线，我们把这5根K线的最高价和最低价的差值计作1个基准幅度。那么比这个区间最低价格还要低1个基准幅度的价格就是止损参考价格。只要后续价格没有跌破止损价，你都可以大胆持有，但是只要股价跌破止损价，你就应该立即无条件承认这次建仓存在错误！

在有些突破形态里，你还可以把实际建仓价格和指标形态的突破价格之间的差值，计作1个基准幅度，而把比指标形态的突破价格还要低1个基准幅度的价格，设置为止损参考价（见图198）。比方说，假如上升三角形的上边界价格为30元，30元就是指标形态的突破价格。当股价向上突破，并且持续上涨2天后，股价最高价达到了32元。当股价再次突破32元时，我们果断建仓买入，所以32元是实际建仓价格。用实际建仓价格32元减去指标形态突破价格30元，便得到1个基准幅度为2元。那么，我们就可以把28元设置为止损参考价。

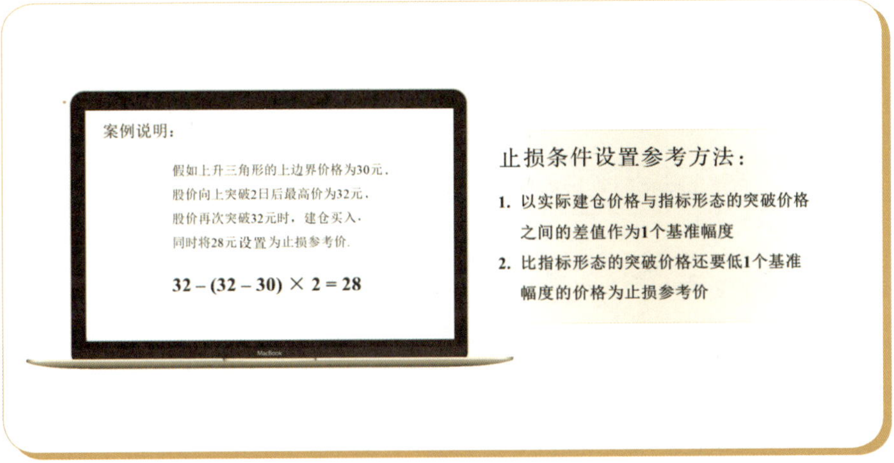

图198 根据突破形态设置止损条件的参考方法

在每一次入场交易前，你都应该通过这样的方式，先找到止损价格。止损的价格一经设定，你就能清楚地知道这次交易的成本。上节课里我们已经讨论过，一个交易指标的胜率有60%你就应该满足。

换句话说，你也有很大的概率要承担单次，或是数次交易的止损成本。做股票买卖其实和做生意类似。如果你打算开一家店铺，就肯定要预估需要支付的铺面的水电费或者租金等，而如果你打算进行股票交易，也应该计算你能够承受的止损成本。假如你一共能够承受1万元的损失，那就应该做好每次建仓失败，最多只亏损2000到3000元的打算。根据这个能够承受损失的额度，你就能自行倒推一开始要买入多少股票了。

尽管止损条件被触发的体验会令人相当不开心，但触及止损条件离场依然是刚性准则。可能你还是想“坐着玩股票”，但从止损线被触及的那一刻起，你就应该平复心情站起身来了。说得再明确一些，无论何时何日，只要价格跌至止损价，那么本次交易的最终交易时间就是当日的收市时间。只有做到这一点，才能真正做到“站着玩股票”。另外，这样做的好处是，强制性的离场条件能够让你有效地避免锚定效应和心理账户的干扰，从而尽可能避免极端行情带来的巨额亏损（见图199）。

今天我们还要讨论的另外一个话题是如何止盈。本来赚了钱什么都好说，对吧？可是做好止盈的难度，反而比做好止损大得多。用下面这个段子解释这一现象再恰当不过了——

1. 止损成本=交易成本
2. 通过止损参考价计算可承受的初始仓位，将可承受的损失分为3~5次投入
3. 止损离场为刚性准则，盘中触及，则应将当日收市时间定为交易终止时间
4. 通过止损避免锚定效应与心理账户的干扰

图199　关于“止损”的解读

记者问首席分析师：“现在行情这么火爆，您认为见顶了没有？”分析师回答：“还没见顶。”记者追问：“您这个结论的依据是什么呢？”分析师冷静地说：“因为散户还没有来给我分析行情。”

因为赚了钱或者亏了钱，就放任风险偏好随意改变交易策略，是散户的致命

的弱点！在获取盈利后，因为心理膨胀而忽视风险，还想要把位子坐稳了的人，是注定不会有好果子吃的。

那应该如何做才能处理好盈利呢？只要把盈利的组成分为“刚性的盈利”和“弹性的盈利”两个部分来看待，就容易处理了。刚性的盈利是指在本次交易已有一定盈利的情况下，你必须要守住的绝对收益。当盈利达到两个止损基准幅度后，请你一定要把建仓的成本价设置为刚性止盈离场价，设置这一规则的根本目标是保住本金，尤其是在你的交易已经取得了优势赚到钱的时候，更不能选择性忽视客观风险。

做到了保本后，接下来处理盈利的方式就很简单了。每当盈利上涨三个基准幅度，你就把刚性止盈的价格抬高一个基准幅度。此后，如果股价下跌触及刚性止盈价，你就要止盈离场了。

俗话说得好，没有金刚钻不揽瓷器活。当你能够泰然地处理刚性的盈利时，你手里就握有了金刚钻。之后，至于如何处理弹性盈利，这就要取决于你的交易风格了。处理弹性盈利的基础方法，我们下节课还会作简单的讨论。

今天的课程就讲到这里。我是程大爷，听大爷的话，陪你一起穿越牛熊，我们下期再见。

扫一扫，观看本节
视频课程，参与互动

留言区

第三节

亏损加仓还是盈利加仓：金字塔加仓原则

听大爷的话，做股市明白人。你好，我是程大爷，欢迎来到我的A股必修课，陪你从追涨杀跌到穿越牛熊。

今天我们要学习的知识点是股票加仓。据我观察，一般散户加仓的方法大概有三种：第一种是越跌越买，通过这种方式加仓的散户，很多直到现在还在上一轮牛市的山顶上站岗；第二种是越涨越买，喜欢这样操作的散户好像更惨，他们可能会在行情回撤时认赔割肉，反复这样操作几次就被市场消灭了；第三种方式，有的散户会在同一个价位不断买入直至重仓，甚至干脆一次性就全仓杀进，成败完全靠天，最终也大都以巨亏收场。

要说加仓，这可真算是股票操作中最难掌握的一个部分了。在介绍加仓的方法之前，我要先和你谈谈什么是投资的风险。

我们经常会听到一句话："股市有风险，入市需谨慎。"到底什么是风险呢？用最直白的话说，股票市场里的"风险"就等同于"亏损"。我们用"亏钱"代替"风险"后，再来看看下面这几句话："炒股有风险，投资需谨慎"就是说"炒股会亏损，投资需谨慎"；"ST股票投资风险很大"就是说"买卖ST股票很可能会亏光"；"绩优股机会大于风险"的意思是"买卖业绩好的股票，赚钱的可能性大于亏钱的可能性"。

现在我们来看看，如何简单地评估股票持仓的风险。假如你买入了1万元的股票，你觉得是账面盈利了1000元的风险大，还是账面亏损了1000元的风险大呢？我们以最初本金的金额1万元作为参考值，在盈利1000元的情况下，即使后续股价下跌亏损了500元，实际上也只是盈利缩水了500元，整体账面仍旧是无亏损的，持仓风险可以看作0。而在账面亏损1000元的情况下，即使股价发生反弹，亏损缩小到500元，整体账面仍旧亏损500元。如果说“风险”等于“亏损”，那么这道题的答案就清晰明了了——买入股票后，亏损1000元的风险大。如果你的股票已经亏损，就说明你的持仓正处于客观风险中，你应该开始警惕。但如果你的股票是盈利的，反而可以暂时放任不管。

可遗憾的是，散户的行为方式恰恰与此截然相反。你经常可以听到股民之间有这样的评论：“这只股票虽然是亏的，但这家公司业绩好，肯定会涨上去的。”甚至某些标题党为了博取眼球而高喊“机会是跌出来的，风险是涨出来的”抑或是“黄金坑”“钻石底”这类名词。这类表述多多少少包含着潜台词或者暗示，那就是“这只股票已经超跌，后面就会上涨”。一旦进入这样的思维模式，就容易选择性地忽略账户已经亏损这一事实。

股价下跌并不是股价上涨的充分条件。事实上因为基本面等内在因素改变而造成下跌的坏消息，是不会及时传递给外部公众的，这样的下跌最初看上去是“黄金坑”，但最终会演变成无底洞。例如此前某上市药企，曾经是光芒耀眼的大白马，股价创下新高后发生回撤，这看上去和普通的回撤无异，但随后停牌，直到它被认定财务存在上百亿造假，而启动快速退市程序，这是当年最大的业绩雷之一。那些重仓这只股票的散户，估计也从此踏上了漫长的索赔之路。不希望这样的事发生在自己身上，就要把股票持仓的盈亏作为评价股票持仓风险的核心标准。

只有当你扎实地掌握这一核心标准之后，股市的财富大门才会慢慢向你开启。为什么这么说？在一轮浩浩荡荡的大牛市里，你是不可能靠着区区几手股票就实现财富自由的。想要在股市中获取真正的成功，在买卖操作上就必须要做到“大注不败”——买卖股票不是不能失败，而是一定不能在你重仓甚至满仓后遭遇失败！如果你在建仓时遵从轻仓建仓的规则，那接下来就只有通过加仓环节才能加大注码。而要过好加仓这一关，把评估持仓风险放在首位至关重要。

如果你已经持有某只股票100股，你认为是应该在股价每下跌10%加仓100股，还是在股价每上涨10%加仓100股呢（见图200）？答案很明了，对吧？如果在亏损的时候加仓，无论你怎么拉低成本，在股价真正发生反弹之前，你的所有持仓都是亏损的。亏损即风险。下跌后加仓，加多少仓位，就有多少仓位面临风险，这是无法接受的。如果在盈利的时候加仓，整体仓位始终还是盈利的，至少在股价下跌一定幅度内，你的本金还是安全的。所以，在盈利的时候加仓显然更有利。

图200　哪种加仓方案更有利？

但是加仓之后，同样的股价波动带来的账面盈亏会更大，因此整体持仓的抗风险能力就会相应地降低。如果加仓加得太快或者太猛，只要股价稍有回撤，原本还算微弱有利的局面，可能就会迅速发生逆转。

通过这样的综合分析之后，我们就可以得到加仓的两个基本原则（见图201）：第一，应当在现有持仓存在账面盈利的时候择机加仓，要做到浮盈加仓，就需要做到每次加仓的价格高于当时持仓的成本价；第二，加仓数量不应该显著影响到整体仓位的抗风险能力。

把这两个原则统一起来，你会发现建立具有一定数量的股票仓位就像搭建一个金字塔，只有当前持仓已经存在相对稳定的利润的时候，才能够增加新的仓位，并且加在上面的这块仓位的体积要小，否则就会出现头重脚轻的不稳定形态。

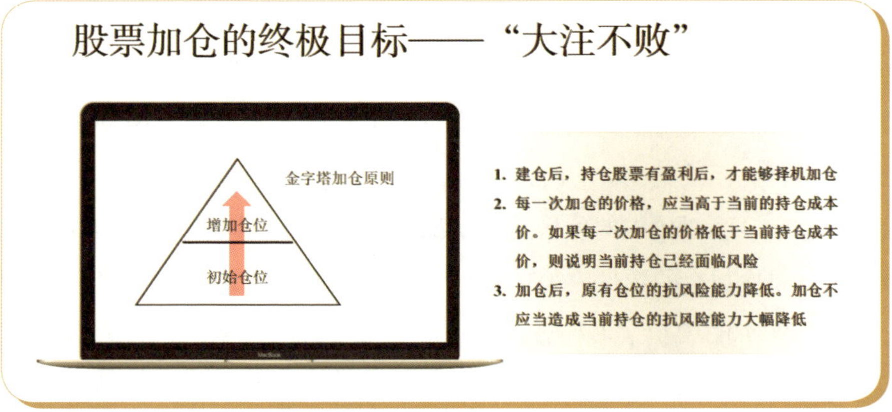

图201　加仓的目标与基本原则

具体应该如何操作呢？首先，我们可以把每一次符合开仓条件的时机，都作为备选的“潜在”加仓时机。但只有当符合开仓条件的加仓价格高于当前持仓成本价时，才真正执行加仓操作。其次，每一次100%仓位的加仓，我们都采用“两步法”的方式进行，每一步加仓各加上现有仓位的50%。要注意的是，第二步的加仓价格也必须要高于第一步加仓价格。

为了更直观地解释说明，下面以趋势线交易为例，画了一个简单的示例模型（见图202）。

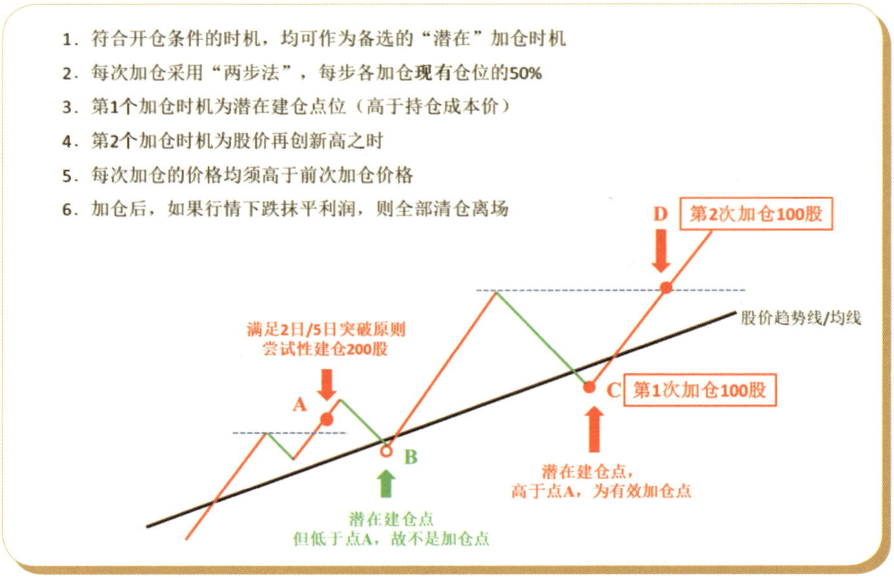

图202　金字塔加仓法则

当股价上穿趋势线，并且满足了2日或者5日突破原则时，我们尝试性地建仓200股。随后股价发生回落，跌至趋势线附近。现在在B点处出现了回归型建仓点，因为B点的价格低于我们现有仓位的建仓价格，所以我们并不应该在此处执行加仓。当行情继续发展，并且再次回落，趋势线达到C点处时，再一次出现回归型建仓点。这一次C点的价格是高于我们最初的建仓价格的，我们可以执行加仓策略。第1次加仓的数量应为100股，即200股的一半。当股价企稳反弹，并且创出本轮涨势的新高时，我们就进行第2次加仓，同样也是100股。你可以看到，在第1次加仓的时候，价格处于低位，加仓数量实际占比为50%，而第2次加仓时价格在高位，加仓数量实际占比为33%。这样就呈现了“价格越高，加仓占比越小”的金字塔形态。

请你始终牢记一点，无论操作细节如何改变，账面盈利才是你进行加仓的底气所在。上节课里我们提到过，盈利可以分为刚性盈利和弹性盈利两个部分。如果进行加仓后行情不涨反跌，以至于出现弹性止盈利润全部回吐，此时就是你清仓离场之时。

我们再来看一个以均线为例的实战案例（见图203）。

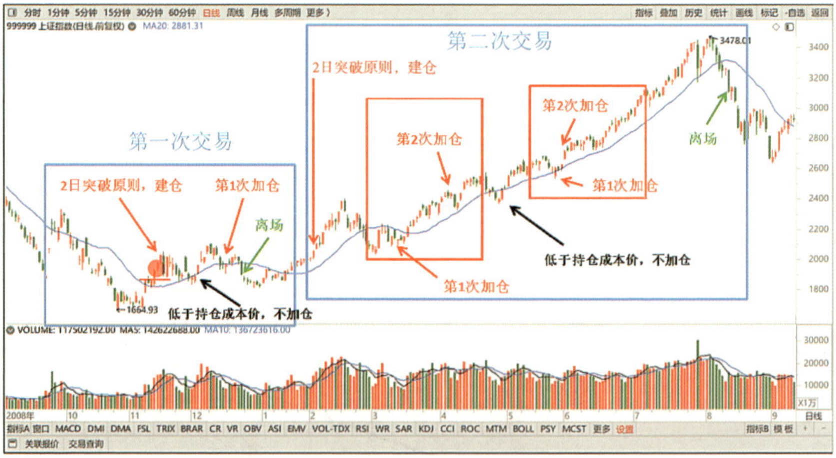

图203　均线策略中的金字塔加仓案例

在这个实战案例中，我们采用20日均线为交易指标，并根据2日突破原则进行建仓或是加仓。我用蓝色长方形标出了这轮行情里大致会进行的两次交易。在第一次交易中，我们在股价上穿均线并且符合2日突破原则时建仓，而随后出现的第一个回归型建仓点，其价格是低于我们的持仓成本价的，因而不执行加仓。而第二个回归型建仓点，其价格高于我们的持仓成本价，因此我们会在第二个回归型建仓点进行第1次加仓。不过很可惜，在这次加仓后，股价没有如期上涨，而是逐步下跌，并触发了止损条件。第二次交易的情景就非常成功了，在第二次交易中，我用红色的长方形标出了本次交易期间的两次加仓机会。如果最初我们建仓200股，那么经过两次两步加仓，一共四次加仓，我们就会获得200+（100+100）+（200+200），总共800股的总持仓量。

如果你采用的技术指标包含这类回归型的建仓点，你都可以采用与此类似的金字塔加仓法来执行加仓操作。但并不是所有的策略都会包含回归型建仓点，比如说，如果选择MACD金叉或者死叉信号来作为买卖点，又该如何进行金字塔加仓呢？类似地，我们把每一次MACD金叉信号作为潜在加仓信号。同时也要求股票加仓时的价格，要高于持仓成本价。每次加仓数量，均为现有持股仓位的一半。如果股价在加仓后发生回调，那么在弹性止盈利润被抹平之时，也就是清仓离场的时机。

这就是金字塔加仓原则的所有内容。当你决定在实战中运用这一原则时，你就应该明白，股票投资注定是一场持久战，你不仅要有耐心，更要有超越普通散户的胸怀。如果你能够做到这一点，就不会再为股价的波动所累。当你达到这一境界，自然就会踏上股市长盈的道路了。

我是程大爷，听大爷的话，陪你一起穿越牛熊，我们下期再见。

留言区

扫一扫，观看本节
视频课程，参与互动

第四节

满仓梭哈为什么不好：投资分散原则

听大爷的话，做股市明白人。你好，我是程大爷，欢迎来到我的A股必修课，陪你从追涨杀跌到穿越牛熊。

很多散户朋友可能会认为，之所以炒股亏钱是因为手里没有好股票，朋友推荐的股票自己看不上，自己选的又总是时运不佳。也许你应该冷静下来，好好回忆一下：你真的没有买到过牛股吗？据我观察，不但很多人都买到过牛股，而且在牛股上栽跟头的更是大有人在，甚至有些人可能都数不清栽了多少次！

事情的经过很可能会是这样的（见图204）：通过自己研究或者朋友推荐，你发现了一只股价看上去即将快速拉升的股票，现在你迫不及待地想要吃进这只

1. 看到好股票，迫不及待想要买入
2. 下单买入后，时刻关注盈亏情况
3. 轻度亏损时，等待反弹
4. 中度亏损时，开始焦虑，甚至辗转反侧，彻夜难眠
5. 股价反弹，终于回本，赶紧清仓
6. 股价起飞，空仓观望，只叹“曾经我也买过这只股票”

图204　散户是如何一步步把好股票抛掉的

股票，买入一两天后，这只股票并没有如期上涨，你的账户出现了轻度亏损，你不以为意，坚信这只股票迟早会拉升，同时也忍不住加大了一些仓位。又过了一两周，这只股票的价格急速向下，你的亏损已经变成了中度亏损。新闻推送、贴吧论坛各种传言层出不穷，有人说技术形态已经破位，指标给出信号需要立即离场！有人说这只股票已经被高度控盘，恶庄就是要利用资金和成本优势“血洗”散户。甚至还有人说这只股票早就有重大利空，庄家已经套现跑路，前期拉高就是庄家为了吸引散户入局接盘而打造的多头陷阱！你开始焦虑，甚至辗转反侧，彻夜难眠。你打定主意，只要这只股票回本就立刻卖出。偏偏这只股票开始半死不活地出现横盘，股价还要突然下探让你神经绷紧，百般煎熬。到了某一天，你看到这只股票终于快要回本了，亏损的大窟窿好不容易填平了。这下你心里的石头落了地，迫不及待地清仓走人。可现实又一次事与愿违，你的卖出指令就好像扣动了股价起跑的发令枪，股价开始单边上涨，纵使有万千的收益你也只能踏空观望。和朋友聊起这只股票的时候，你只能叹息：“曾经我也买过这只股票。”

对于大多数散户来说，虽然买入了一只最后被证明具有巨大潜力的股票，但是却亏钱或者没赚钱离场，这往往都是因为他们存在一个通病——在不合适的时机过早地进行了重仓交易。而他们之所以迫不及待地重仓交易，是因为怕错过发财机会，而无视交易风险。本想早点入局多赚点甜头，结果却因无法承受的市场波动，而倒亏一把米。如果他们真的按部就班将资金多次分散投入，就不会落得如此田地了。

对于小部分资深散户来说，他们之所以出手重仓交易，还可能是对股票的多个方面已经进行了深入的研究，已经对风险有所防范。但是在股票市场，始终存在无法预料的突发事件，也就是所谓的黑天鹅事件。比如说，就算你能通过研究发现某个公司业务利润增速加快，未来估值上升潜力巨大，也可能提前察觉某个公司财务数据存在造假，又或者是商业模式存在重大隐患，但是你不可能料想到某个公司的高管会突遭意外，对吧？而从更宏观的层面来看，对全球市场造成极大冲击的黑天鹅事件也不少，比如2016年的英国脱欧公投、特朗普当选美国总统，以及2020年新型冠状病毒肺炎疫情。前两者发生时，当即对外汇和黄金市场造成巨大冲击，而新型冠状病毒肺炎疫情暴发则造成全球股市暴跌。对于大多数投资者而言，很难预料到这些不利事件的发生，更别说预测到伴随黑天鹅事件而来的其他深远影响了。如果你重仓买入股票，又恰巧遇上短期不利事件，就会陷入和开篇描述那样类似的尴尬处境。如果是重仓买入股票后遭遇了黑天鹅事件，就难免要被资本市场横扫出局。

很多投资者对重仓交易的巨大隐患早已心知肚明，但是依旧无法纠正这一习惯，最大的原因是害怕资金过于分散，大涨的股票赚得太少。但从长期来看，分散投资并不会对交易收益产生影响。假如买入A股票或B股票都有50%的概率盈利1万元。现在你有2万元本金在手，如果全部买入A股票，预期收益将会是1万元，而买入A股票与B股票各1万元的预期收益也是1万元。当然，分散投资后要获得1万元收益，就需要在A股票和B股票的交易都获得成功，这看上去好像更难。但是如果你把这个案例中的“盈利”字样改成“亏损”，结果就是你连遭重创的可能性更低了。所以分散投资最终改变的不是收益期望值，而是实现收益的概率分布（见图205）。换句话说，就算要一口气投入所有的本金，你也应该找到足够多的品种，把本金分散投下去，那么最终该赚到多少可能还是多少，但本金被“一锅端”的风险就大大降低了。

图205 分散投资不会影响收益的期望值

其实，分散投资的具体操作方法有很多种（见图206），投资多个板块、多只股票是品种分散。我们还可以从地区分散、市场分散、时间分散的角度去做到分散投资。比如说，把资金分散投资于中国香港股市或者美国股市就是地区分散；把资金分散投资到股票市场、大宗商品市场或者债券市场等就是市场分散；而在不同的时间进行投资，就是时间分散。

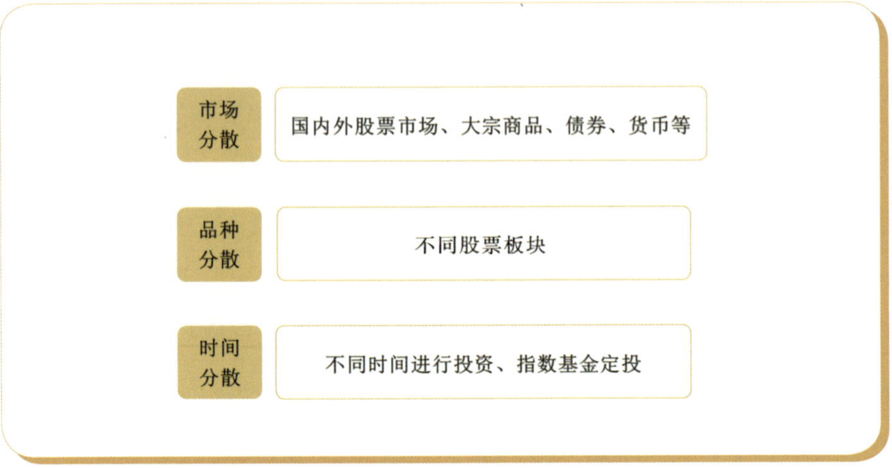

图206　常见的分散投资的方法

实际上，在实战中要做到分散投资也没有那么复杂。根据我们之前列举过的推算，在胜率为50%、盈亏比为2∶1的情况下，进行3次独立的交易，就已经能够大幅提升盈利概率。因此，你可以选择3个关联度较低的板块，并且在每个板块选取一两只个股，这样就能够达到品种分散的效果。而金字塔加仓的方式就可以达到时间分散的效果。如果你把这两个交易手段结合起来，那么原本看上去一锤子买卖的投机风险，就能够被分散开来了（见图207）。

图207　A股市场分散投资的建议

具体而言，假如你打算买入5只个股，那么每只股票的总金额即为本金的20%。再进一步推算，如果每只股票加仓2次，且每次加仓都是翻倍加仓的话，那么建仓时就应该投入本金的5%，第一次加仓应加仓本金的5%，第二次加仓应加仓本金的10%。换句话说，如果你准备拿出10万元买股票，那么你建仓一只股票的最大投入应该是5000元。现在你再看看，即使这笔建仓最终失败了，亏损了20%，即总亏损为1000元，只占本金的1%。你应该不会为1%的亏损焦虑到睡不着觉吧（见图208）?

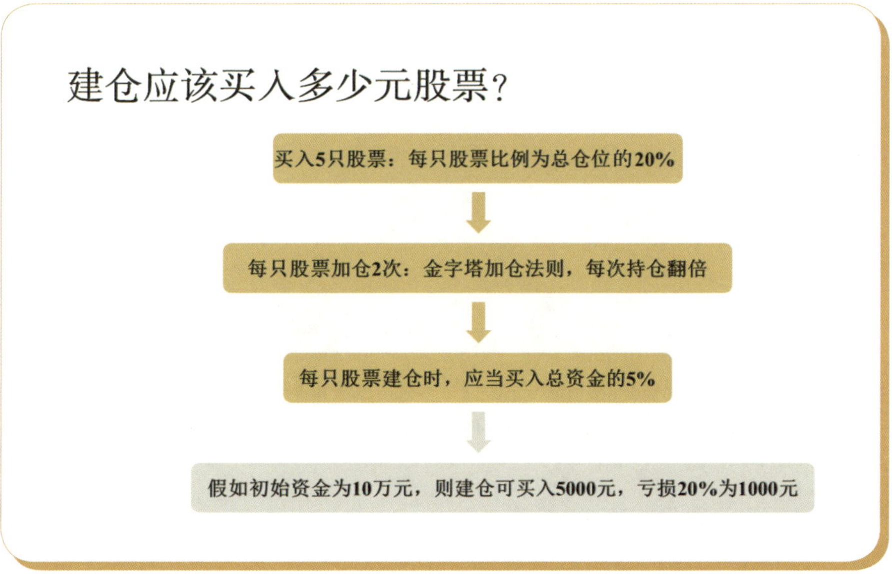

图208　测算建仓仓位的方法

当你花25000元建仓5只股票，还剩下75000元的现金，这时候怎么做？如图209所示，风险低、流动性充足的理财方式是首选，这就是市场分散的方式。你可以买点国债逆回购，也可以买货币基金或者短期的低风险理财产品。这样做，不仅可以获得一部分稳定的收益，还可以在需要进行股票加仓的时候随时变现调用。不过要再三提醒大家，绝对不要在亏损的股票上动用这笔资金。

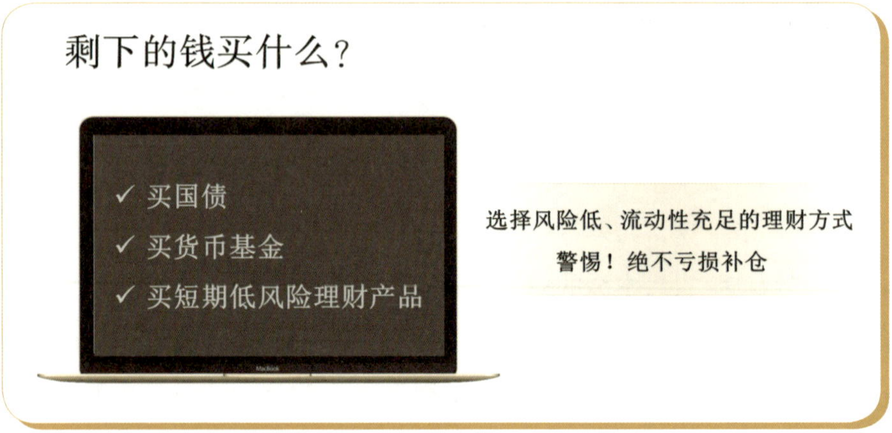

图209　重视低风险的理财方式

我们再来说说在实际操作中可能遇到的实战问题（见图210）。分散投资建仓后的一段时间内，你很可能看到的是，这几只股票赚了，那几只股票亏了，这合乎情理，是意料之中的。对于盈利的股票需要择机加仓，对于亏损的股票要限制亏损。这就好比你自己开了一家公司，同时经营了多项业务，哪项业务赚钱，

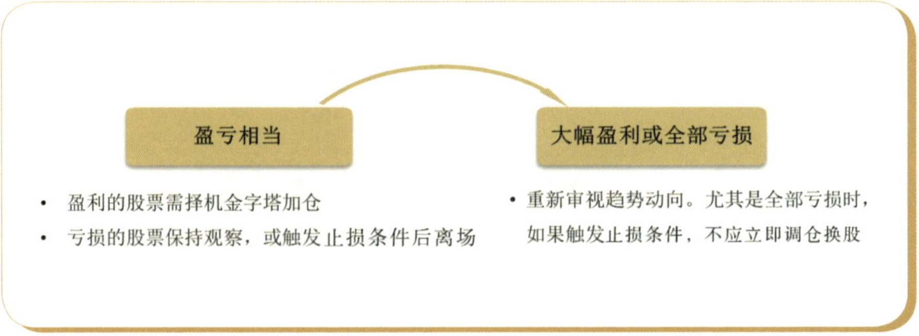

图210　建仓后的常见进展

就应该多投点扩大规模，哪项业务亏钱，就应该少投点，甚至可以砍掉该业务或者打包卖掉。但是如果建仓后的一段时间内，你发现买入的5只股票都陆续触发了止损离场信号，就要多留心了！这是一种潜在的强烈暗示，它告诉你整体股票市场在某些地方可能不对。因为不同板块中关联性很低的股票，同时发生不利突发事件的可能性很低。你应该马上重新审视整体市场趋势，而不是忙着买入下一只股票。同样的道理，如果加仓完后，你持仓的所有股票都有大幅盈利，也不要盲目乐观，而是应该更加关注趋势逆转的信号，为离场提前做好准备。

最后需要强调的是，在遵循投资分散原则的情况下，只要市场走势发展顺利，你还是有机会把仓位加大到中等仓位，甚至重仓的。与其为了降低投资风险而不得不进行分散投资，倒不如说为了给予市场应有的尊重而进行分散投资。和止损原则一样，你应该把投资分散原则作为刚性原则，至少在你对市场走势的判断被真实的利润证明是正确的之前，你都应该这样做。

好了，今天的课程就讲到这里。我是程大爷，听大爷的话，陪你一起穿越牛熊，我们下期再见。

留言区

扫一扫，观看本节
视频课程，参与互动

第五节

日本股市“最后的投机家”交易心法：乌龟三原则

听大爷的话，做股市明白人。你好，我是程大爷，欢迎来到我的A股必修课，陪你从追涨杀跌到穿越牛熊。

今天我们的课程从一位日本人讲起，他的名字叫作是川银藏，他被称为“20世纪最后的投机家”。据说就连巴菲特和索罗斯，都对是川银藏的投资方法推崇备至。今天我们就来学习这位大师的投资法则。

是川银藏出生在日本的一个渔民家庭，一家7个子女，生活并不富足。是川银藏小学毕业后就开始到外贸商会打工补贴家用了。虽然只有小学文凭，但是他在商业上却表现出惊人的敏锐性。17岁时是川银藏来到中国，发现把当时中国的一厘钱硬币熔解重铸成金属块，就能够卖出更高的价钱，于是便靠着大量收购一厘钱进行重铸加工发了财。1923年9月1日，日本发生了关东大地震，这是一场毁灭性的空前大地震。在这场地震中，东京城内85%的房屋毁于一旦，横滨96%的房屋被夷为平地，15万人丧生，200多万人无家可归，财产损失高达65亿日元。是川银藏在报纸上看到这条消息，便立刻意识到如果要进行灾后重建，钢铁的需求量必然暴增，钢铁价格也会同步暴涨。他当机立断，立刻不惜一切代价，吃进了市面上所有的钢铁现货，并随之成为巨富。实际上，是川银藏的一生可以说是大起大落。最令他名声大噪的是，1933年精准预测到美国即将终止金本位制度。而令其登上日本股神宝座的交易，发生在1981年，是川银藏提前察觉到某金矿公司发掘的小金矿可能是整片金脉，因此先人一步进场大量买入低位筹码，并最终大获全胜。仅凭借这笔股票投资，是川银藏在1982年度全日本个人所得税的纳税排行榜中名列榜首。松下电器你听说过吧，它的创始人是松下幸之助，当时榜单的前几名通常都是松下幸之助这样的人物。

在日本一百多年的股市历程中，数不清的主力或者重量级的作手陆续登台，可是这些人顶多就风光了四五年，然后就明星陨落，化为尘埃，只是给股市徒增昙花一现的热闹。只有是川银藏在股市征战中，真正做到了“笑傲江湖”。在是川银藏看来，投资股票就像是龟兔赛跑，兔子因为太过自信，被胜利冲昏了头脑，反而落得失败的下场，而乌龟虽然走得慢，但是它稳扎稳打，谨慎小心却获得了胜利。投资也是同样的道理，每个投资者的心境，应该和乌龟一样，做到慢慢观察，审慎买卖！是川把他的投资理念总结为“乌龟三原则”。

第一，要选择未来大有前途但是却还没有被世人察觉的潜力股，并且在买入后长期持有。如果某只股票已经成为市场热点炒作对象，它的股价肯定已经很高了。如果你贸然追高买入，就很可能遭受价格震荡，而面临巨大心理压力，最终也无法真正获得盈利。同样，在你打算买入某只股票之前，也必须要自己研究它的价值，而不是听信他人推荐。

第二，必须每日盯牢经济和股市行情的变动，并且自己下功夫研究，要能达到预测一两年经济变化的水平。是川银藏之所以能够对美国废止金本位制度事件做出神预测，就是因为他连续20年收集纽约联邦储备银行的纸币发行量、存款余额和金的保有量这三项数据，并且做出了详尽的比对分析。是川银藏亲自收集和研究数据的习惯，一直到他94岁都没有改变过。如果没有这么强烈的意志，是没有办法在股市中赚到大钱的。收集数据固然重要，但是你同样必须以十分严肃的态度来研究这些数据的有效性，做到去伪存真。如果你一看到所谓绝密情报，就完全盲从，最终只会伤痕累累。只要你肯亲自动手研究，就会慢慢获得经验，并提高判断的准确性。

第三，对于股市不可太过乐观，不要以为股市会永远涨个不停，而且要以自有资金操作股票。卖出比买入更难，不仅因为没有人能够真正预测到行情的终点在哪里，而且你还要抵挡得住周围人乐观情绪的影响。往往当股价暴涨，市场人气正旺时，行情就会突然逆转。在亢奋的市场中投资，应该收敛贪欲，获利了结。所谓“饭吃八分饱，没病没烦恼”，只有在恰当的时机，果断迅速地卖出，才是最终胜利的关键。不能过于乐观，因为在任何时候股市都会有难以预料的突发事件，投资永远都会有风险！

乌龟三原则是是川银藏对普通投资者的忠告，虽然它看上去和我们之前学习的股票交易技术面规则相去甚远，但是它提出的投资心法，值得技术派投资者好好学习借鉴。

当你采用技术指标进行股票交易时，应当优先考虑历史波动率较大的股票，或者说颇受市场关注的股票。但这并不是说，技术派投资者就可以随时根据局部的指标形态切入市场。

技术派投资者同样需要在选股方面提前做好功课，而不是心血来潮随意挑选股票。之所以这样做，是因为通过相对低位买入，获得的成本优势依然是技术交易策略能够连贯执行的首要保障。如果因为某种原因，你在股价启动的早中期没能及时建仓，那在此之后，即使出现技术指标的买入信号，你也必须要考虑减量买入，甚至要考虑放弃本次交易机会。比如说，股价在40元处的箱体形态中向上突破，和股价在140元处的箱体形态中向上突破相比，虽然局部结构的形态一样，但显然可操作性不同。价格越高，波动越大，在风险承受能力相当的情况下，在140元的价位进行交易的压力，要远远大于在40元的价位，这个细节将直接影响交易策略的成效。因此，面对同样的交易信号，你应当做到“切忌追高”。

对于每一个技术派来说，研究股票整体趋势的重要意义不言而喻。为了防止一叶障目的情况发生，对于“重（视）个股，轻（视）指数”的交易方式，你应该保持敬而远之的态度。最起码你要做到“重视行业趋势”。

研究市场趋势不难，但也绝对不是一件容易的事。研究的方法很简单，我们在之前的课程已经做了充足的介绍。真正难的是持续跟踪的耐心和毅力。想要从日K线周期中看到潜在的趋势线，可能需要几个月的时间，但大多数投资者往往都是看了几天就把它抛在脑后。也许几个月，或是半年之后，当你再回过头来看

K线的时候，你就会无比震惊，正是在你专注于其他交易的时候，市场行情早已完成了酝酿与发展，如果你当初能够耐心持续地保持观察，就能够捕捉到这轮行情中的大利润。而如果现在才开始重新追高入场交易，就违背了“切忌追高”的原则。

最后一点，是面对利润时的心态控制。兔子因为盲目自大而输掉比赛，投资者也会因为买卖得意，心理膨胀，而对市场风险视而不见。在之前我们介绍的各种交易策略和止盈原则中，并没有直接讲述如何卖在高点。这并不是说卖在高点不可能实现。但卖在高点，实在是心法大于技法。当你的账面利润丰厚，且股价不断创下新高时，遵循八分饱原则，你应当在保住现有利润的情况下，持仓观察，如果股价回撤导致利润减少（参考回撤幅度5%～8%），应立即清仓离场。但往往行情在高点时会不断向上冲击，甚至可能出现突破形态，强势的行情会勾起你心中的欲望，让你还想再捞一笔，这样的买卖在大部分时候会功亏一篑。建议你在操作准则的笔记本上，再多加上这样一条：心生幻想之时，便是离场之时。

> **靠股票赚得一定的利润并非绝对不可能，但那必须采用极为认真的态度、很稳健的方法才行。如果一开始就心存借股票获得巨富的念头，梦想成了大富翁后过着奢华的生活，以此心态做股票，必败无疑。**
>
> **—— 是川银藏**

图211　是川银藏的警世之言

课程的最后，我还要告诉你一个小故事。是川银藏在日本二战战败后，花了14年的时间，攻克了两季水稻的育种难题，做到了连农学专家都认为不可能的事情。他这彪悍的人生概括成一句话就是：一个不会种田的会计，就不会是一个伟大的投机家。虽然是川银藏只有小学学历，但是他能够获得如此大的成就，除了个人能力实属卓绝之外，我想也就只剩下“态度”二字可言。每个人终其一生，都会有数次千载难逢的机会，但是要真实地把握住它们，就得靠平常的努力与身心的磨炼。

今天的课程就讲到这里。我是程大爷，听大爷的话，陪你一起穿越牛熊，我们下期再见。

留言区

扫一扫，观看本节
视频课程，参与互动

第六课

风险管理

第一节

技术面还是基本面？不同阶段的不同选择

听大爷的话，做股市明白人。你好，我是程大爷，欢迎来到我的A股必修课，陪你从追涨杀跌到穿越牛熊。

从今天开始，我们学习新的内容，也是我们A股必修课的最后一课。在此前的五个章节的课程里，我们学习了基本的K线的基础知识、技术分析指标、交易策略系统，以及交易原则等，这些知识点虽然从基础到进阶、从局部到全面，层次不一，但是都是一脉相承有关技术面的股票交易知识。

众所周知，股票交易流派中有一股绝对不可忽视的势力，那就是基本面投资派。长久以来，关于技术面和基本面的投资方法，始终争论不休。有人说“我是技术派，是纯粹的图表交易员，因为股价可以反映一切”，有人说“我炒股靠的是基本面，策略是找到优质的公司的股票长期持有”，还有人说“我是全能王，基本面择股，技术面择时”。那么在基本面和技术面之间，同学们应该如何做出选择？

到底什么是基本面投资？我先给你讲两个小故事。

第一个故事的主角是个刚来广州创业的小伙子，他的想法就是先租个房子安顿下来，我们就叫他创业君吧。创业君把广州每个区的状况都摸了个遍。货比三家之后，终于选到了一处不错的房源。这套房子地处交通枢纽，周围环境也不错，屋内整洁干净，阳光充足，冰箱、空调、管道煤气一应俱全，最关键的是房租也不算贵。创业君立马拍板决定，就租这套房子了。可是等他入住以后，慢慢发现不对劲了，不是房子不对劲，而是邻居不对劲！隔壁这两口子简直就是一对冤家呀！三天两头大吵大闹，偶尔还要摔几个盘子。创业君一到晚上就饱受精神摧残，反倒是上班时间才能落个清静！就这样还没到一个月，创业君就后悔了。可再一看租房合同，白纸黑字写的五年长租，现在心里的滋味真是比吃了黄连还苦！

第二个故事的主人公是一位适婚待嫁的白富美。追求白富美的人很多，其中就有一位高富帅。说这是高富帅一点也不假，和白富美搭配起来真是郎才女貌。在高富帅甜蜜的“狂轰滥炸”之下，两人感情迅速升温，随后闪电般迅速领证结婚。这两位结婚后不久，就生了个大胖儿子。高富帅事业高升，白富美相夫教子，一家三口生活幸福美满。突然有一天，这童话般的生活被打破了，白富美偶然得知高富帅居然隐瞒了婚史！这对白富美来说，无异于晴天霹雳！她怎么也想不到，自己居然会沦落成第三者！

你可能会认为，这是电影里才能看到的剧情。但是股票市场里的现实情况，常常比这些故事更离谱！就拿上市公司沃森生物贱卖资产一事来举例吧。2020年12月4日，上市公司沃森生物发出了一纸公告，打算转让上海泽润生物的控制权，转让价格11.4亿元。上海泽润生物是沃森生物的核心子公司，主要从事新型重组疫苗的开发，其研发的某宫颈癌疫苗已经完成了多期临床实验，即将上市。这类疫苗在国内可以说是供不应求，市场价值空间巨大。其他同类型的公司，估值至少也在百亿级以上，而现在沃森生物给出的转让价格却只有11.4亿元。一石激起千层浪，第二天，在沃森生物召开的电话会议中，无论是机构投资者，还是个人投资者，都表达了强烈的质疑。传言有人甚至直接怒怼沃森生物管理层：“你们相不相信因果报应？！”而沃森生物的回答更是经典：“你可以质疑我们的能力，但不能质疑我们的人品。”

2020年12月6日，深圳证券交易所对沃森生物下发关注函，要求其就此次股权交易相关问题作出详尽解释，具体问题包括：转让上海泽润生物控制权的合理性，转让股权比例的确定依据，交易是否存在利益输送等损害上市公司和中小投资者利益的行为，等等。12月7日，沃森生物发布早间公告，暂停股权转让议案。就算这样，当天沃森生物股价开盘仍然暴跌近20%，几乎跌停

（见图212）。其实如果你刨根问底地去追查沃森生物的底料，就会发现这家公司的管理层，不仅早就开始疯狂套现，而且之前就已经有过提前贱卖优质资产的黑历史！

沃森生物“贱卖资产”闹剧

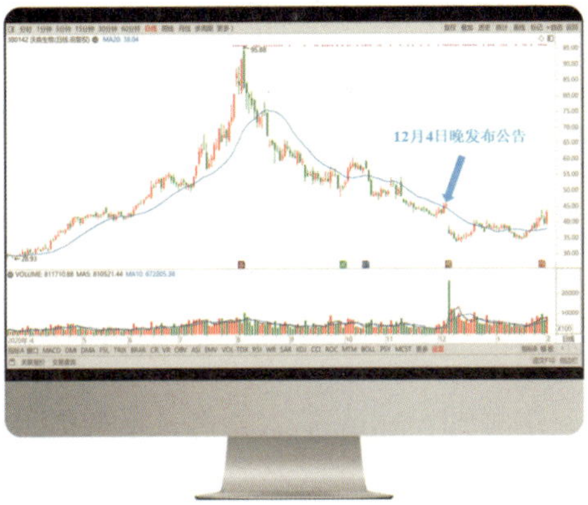

- **2020年12月4日（周五）晚间，沃森生物发布公告称拟转让上海泽润生物技术有限公司的控制权**
- **12月6日，深圳证券交易所紧急发函询问此次交易的合理性**
- **12月7日（周一），沃森生物再次发布公告暂缓本次交易**

图212　沃森生物（300142）走势图

上市公司不会把所有的秘密都公之于众，上市公司的管理层更不会把“好人”两个字写在脸上。就算哪天他真的想写，我看你也不敢信。所以说，如果你之前认为研究上市公司的基本面，就只要看清它的经营财务指标就够了，那么现在你起码还得加上一条——上市公司管理层的人品。

白富美的失败婚姻，完全可以归咎于前期背景调查没有做到位，她在满仓投入自己的青春资本前，就连高富帅的底细都没摸清楚。而创业君虽然搞清楚了房子的状况，但是却疏忽了房子周边住户的情况。你不要光看笑话，其实大多数人买卖股票，就像故事里的白富美和创业君一样。

有的投资者在学习和掌握了一些股票技术派知识以后，开始能够尝到一些甜头了。此后他们在股票交易的时候，满脑子都是股价形态或者技术指标。抱着博弈的心态，靠着自以为高超的手法，在股市中闯荡。股价形态漂亮是他们选股的首要标准，精准捕捉买卖时机，更是他们认为的拿手好戏。这就是“白富美”型的投资者，他们认为花点时间去考虑这些炒作行情本身是不是一场“骗局”都是浪费精力。假如随手画一张图表，给“白富美”型的投资者看，他们在研究之后可能就会问：“你是怎么找到这只好股票的？”如果在投资的时候，你对企业的基本情况置若罔闻，仅凭“外貌主义”看图决策，最终你的盈亏也可能会是完全看运气。

相比于“白富美”型投资者，“创业君”型的投资者，似乎更有利一些，因为“创业君”型投资者是愿意花点力气踏踏实实去做研究的。如果他有能力，至少不会被人骗了还在帮人数钱。但“创业君”型投资者的处境，其实也并不会太乐观，他费了九牛二虎之力，摸清了一家上市公司本身的经营状况，但是可能会忽视了上下游企业或者产业链的发展前景。等他再费一番苦心搞清楚了这么多，还会发现这里面居然还牵扯到无比复杂的国际形势等问题，前景依然存在巨大的不确定性。

其实，小到公司的管理层、经营策略和经营能力，大到国家财政政策、货币政策甚至国际关系，都属于基本面的研究范畴。如果就连实力雄厚的投资机构都难逃黑天鹅事件，你应该冷静地思考下，作为一个“创业君”型的投资散户，有多少能力或者多大把握，能把这些内容全部搞明白？

这里并不是想把你拉进白富美和创业君相互比较的泥沼之中。之所以进行上面的讨论，只是想让你能够稍稍思考一下眼前的道路。通过刻苦努力，成为一个洞察一切的创业君的美好愿景，纵使能够实现，但是对于大部分个人投资者来说，最后可能还是会落入眼高手低的俗套。而如果一开始就贸然走上创业君的道路，要交的学费可能远远超过白富美。

在股票市场想要谋求长远发展，在大行情来临之时，用正确的姿势赚取“应得的”利润是基础要求。之前的章节传授的技术面知识，就是想让你做到这一点。你首先要知道如何在资本市场保命，并赚到白富美的资本，才有谈成长空间的资格。但是千万不要成为“白富美”型的投资者，当你达到这一阶段后，准备扩大投资规模时，就必须要给你的资本加上更多的保险。你不用成为“创业君”型的投资者，但学习一些他们的做法，还是会大有益处，至少让那些心怀不轨的“已婚高富帅”得逞的风险要降低很多。

所以，我们在课程的最后一个章节，把基本面相关的简单基础知识作为补充内容来学习，仍然是十分必要而且重要的。

好了，今天的课程就讲到这里。我是程大爷，听大爷的话，陪你一起穿越牛熊，我们下期再见。

留言区

扫一扫，观看本节
视频课程，参与互动

第二节

长期主义者&投机家&赌徒：影响股价走势的因素

听大爷的话，做股市明白人。你好，我是程大爷，欢迎来到我的A股必修课，陪你从追涨杀跌到穿越牛熊。

对于散户朋友来说，很多时候会有这种感受：无论自己是采用基本面分析，还是技术面分析，最后都亏得“关灯吃面”。其实，只要把分析方法用在与之相匹配的的行情上，投资也会是件简单的事。要明白这个道理，就要先搞清楚影响股价涨跌的关键因素。

就股市短期的走势而言，影响其涨跌的关键因素只有一个，那就是股民的情绪（见图213）。对于股民而言，最好的宣传广告莫过于股票行情本身。只要行情强势上涨，就能够吸引全市场的目光。上涨的股票行情就像战场上高高飘扬的旗帜，它不断引导资金踊跃流入股市，从而保持股价持续上涨的动力。很多时候涨势之所以无法维持，并不是因为其价格已经被高估，也不是因为多头资金不充裕，而仅仅是因为现阶段涨得太多了，股民对后市看涨预期越来越低，市场情绪越来越悲观，回撤便毫无意外地发生了。

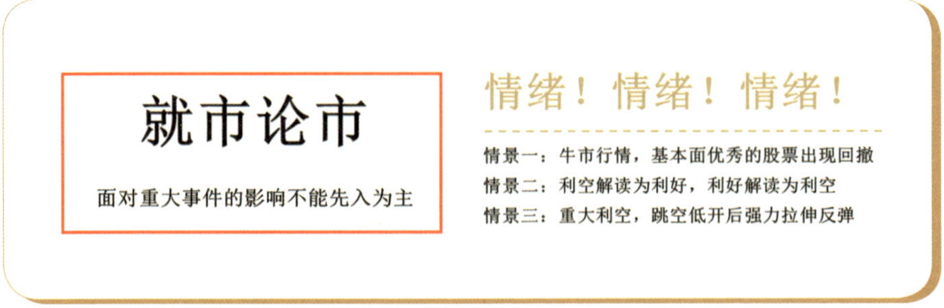

图213　情绪主导股价的短期走势

在极度亢奋或者低迷的市场中，重大事件对行情的走势，可能是毫无影响的。这一方面是因为在情绪化的作用下，股民会选择性地忽视重大事件的真实价值，在多头市场中利空会被解读为利好，在空头行情中利好也被当作利空。另一方面，则是因为中期走势中的资金流入流出的支撑或是阻力作用，依然比短期单次重大事件带来的反向作用要大得多。例如，在熊市末期，即使优质股票的投资价值已经凸显，但是股价还会持续下跌。在这种情况下，公司本身并不存在任何问题，仅仅只是市场情绪不对而已。又比如，在大牛市行情里，股价因为遭遇重大利空，恐慌情绪释放而大幅低开，但随即便会发生强劲反弹，这就是资金流入给予的支持。因此，当你看到某条重大利好或者利空的新闻时，一定不能有先入为主的想法，必须就市论市地评估重大事件，分析市场的实际发展动向。

影响股票中期走势的重要因素有两个：心理因素和资金面因素（如图214）。换句话说，也就是是否有资金持续流入股市，将决定股价的中期走势。如果银行等金融机构的储蓄利率或者国债利率上升，就表明无风险收益将会提高，那么就会有更多人愿意把钱存入银行，而不是在股市中投机，那么股市中的钱会增加流出。反之，如果利率下降，为了获得更高的收益补偿，有更多人愿意在股票市场中冒险，股市中的资金会增加流入。但相比于市场情绪对短期走势的影响速度，资金面对市场走势的影响，并不会立竿见影，这通常需要半年到一年的时间才能够显现出效果。

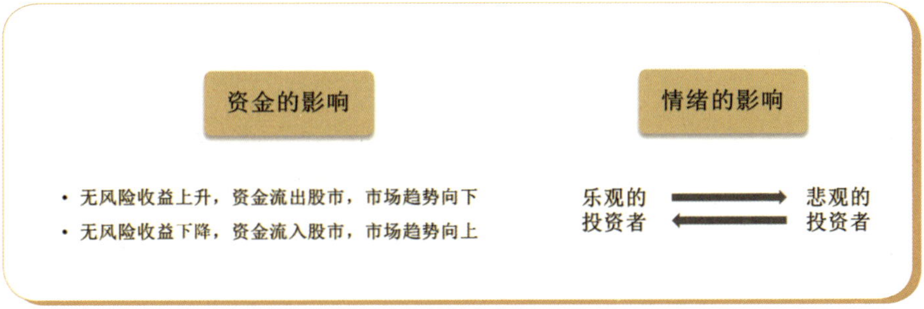

图214 资金与情绪共同主导股价的中期走势

在中期走势中，情绪的影响因素依然很重要。之所以这么说，是因为流动资金会在乐观看多的投资者和悲观看空的投资者手中不断流转。当资金掌握在乐观派的手中时，行情就会上涨；如果流动资金掌握在悲观派的手中，行情就会回撤。因此就中期走势来看，在市场情绪的波动下，行情往往呈现出涨跌交替的循环结构。如果资金面宽松，那么就会出现震荡上升的趋势；反之，如果资金面收紧，则会出现震荡下跌。

就股票长期走势而言，投资者的心理因素对股价走势的作用，可以说是微乎其微。长期走势和经济形势、行业、企业的基本面紧密相连。可以毫不夸张地说，只要经济正常发展，从长远来看，投资者不论何时进入证券市场，都会是赢家，但前提是，他愿意并且能够等待足够长的时间。无论遭遇多么惨烈的崩盘，只要时间充足，指数都会再次创下新高纪录。有些时候这需要等待几年时间，而极端的时候，可能需要几十年。这一点说起来容易，做起来难，你得做好足够的基本面研究，以保证所挑选的企业能够持续良性经营下去，不然最后可能股票随着企业退市，而灰飞烟灭。

我们可以用一个遛狗模型来总结上述规律（见图215）。良好的经济基本面就像一个持续前进的人，而活蹦乱跳的小狗的行走轨迹则是股市价格走势。无论小狗如何跑动，它肯定会在主人的牵引下，不断向前，这是长期走势。小狗相对

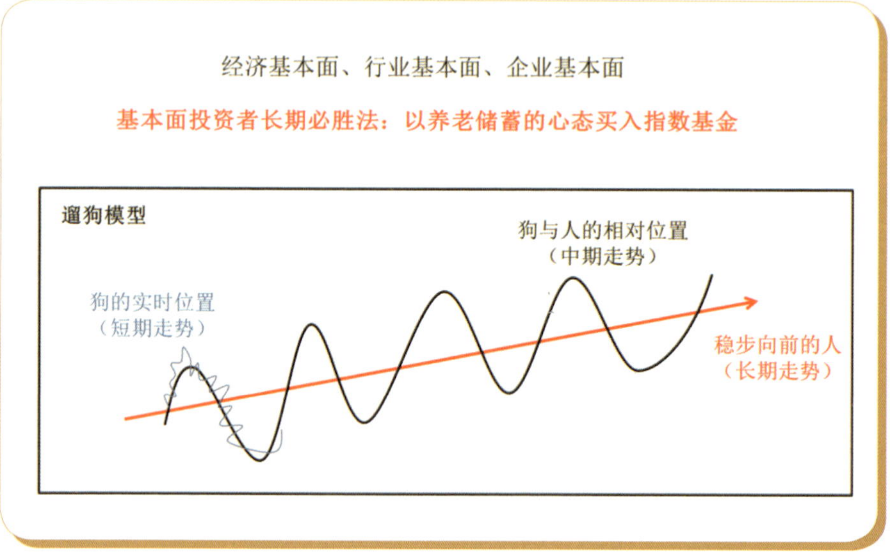

图215　基本面主导股价的长期走势

于主人的位置，不是跑向前，就是跑向后，这是中期走势。小狗下几秒会跑向哪里，就很难猜透了，这是短期走势。很显然，周期越短不确定性越强。

技术面分析法和基本面分析法的分析对象都是经济走势，它们的区别仅仅在于，基本面研究的是长期走势，而技术面研究的是中期走势。图216是A股推出以来上证指数的走势图，时间跨度是30年左右。

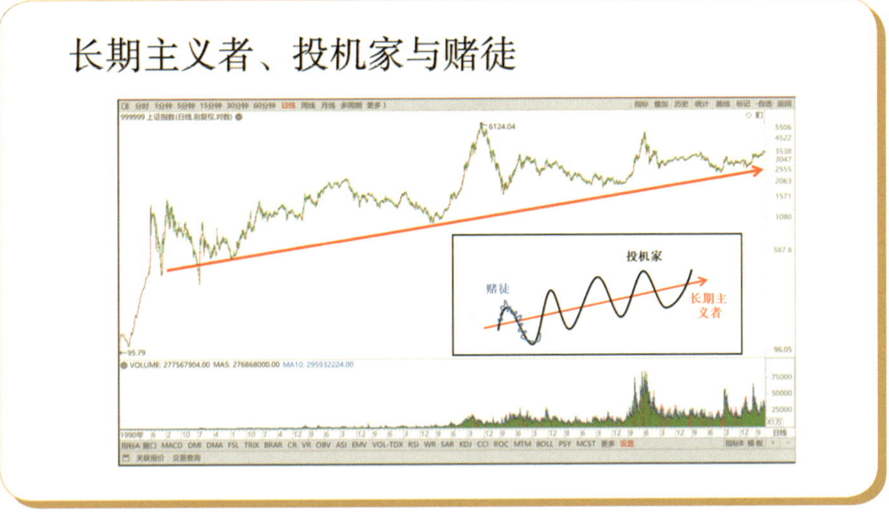

图216　A股市场成立以来上证指数走势图

你可以看到，几乎从A股市场诞生开始，行情就始终在一条清晰的趋势线上方运行。可以毫不夸张地说，这条趋势线代表的，正是我国经济高速发展的基本面。而在这条趋势线之上，你可以看到股价涨跌交替发展，这是中期走势。再往下细分，就是短期走势了。

如果你是一位坚守价值的长期主义者，那么你追求的收益应当是基于趋势线的涨跌幅度的。想做到这一点并不会太难，只要对行业稍加甄别，选择发展相对稳健的行业进行分散投资，就可以达到这一目标。还有一个更简单的做法，那就是以储存养老金的心态，来定期买入指数基金，等你退休或者把财富传承给子女时，就能看到稳健增长的财富。

想要获得超额收益的人，会采取更积极的交易方式。我们可以把这一部分人群分为两类，一类是赌徒，另外一类则是投机家。以遛狗模型为例，如果你始终对下几秒小狗的动向下注，那你就是赌徒。如果你观察到小狗已经远远落后于主人，并下注它迟早会跑到主人前面，那你就是投机家。长远看来，赌徒必败，而投机家却能获得超过所谓价值投资者的财富。

投机家的目标，是好好利用市场的情绪和资金的动向，来赚取中期走势的价值，因此相比于长期主义者，选择成为投机家就必须要面对风险，而超额回报便是面对风险的补偿。但残酷的事实是，投机家是稀有物种，原因是投机家面临的风险比想象中要大得多。大多数想成为投机家的人，最后干的都是赌徒的勾当。

投机家需要驾驭市场情绪，而不是像赌徒一样陷入其中。如果不能抵御市场情绪的渲染，就不会成功。可能原本你想建仓买入，但是看到市场上漫天飞舞的利空后，你会开始犹豫而错失建仓良机；又有可能本来你想卖出，但是你的朋友，因为后知后觉反而赚了更多的钱，你又会懊悔而改变下次的交易风格。这其实与赌徒无异。实际上，长期主义者也会面临这样的干扰，如果不能与市场保持距离，无论长期主义者还是投机家，都会逐步向赌徒转变（见图217）。能否真的在市场中保持独立的思考，是成为投机家的一项挑战。

长期主义者需留有安全边际

投机家需要抵御情绪的干扰

陷入情绪中，长期主义者与投机家都会转变为赌徒

图217　长期主义者、投机家与赌徒可以相互转变

而对于长期主义者，还应当看清一个事实。在根据当下数据对企业未来进行估值时，其本身的估值基础可能就站不住脚。这是因为，如果市场本身已经处于泡沫之中，群众的消费热情必然会给企业的各项经营数据注入水分。这就如同在扶手电梯上行走，即使人本身的速度完全合理，但是人相对地面的移动速度，实际上要快得多。因此即使你打算对某只股票或某个行业进行估值，也需要通过适当调整估值的预期，来获得相当的安全边际。

选择成为真正的长期主义者还是成为投机家，是一种抉择。也许从现在开始，你就需要花些时间认真思考一下这个问题。毕竟人生的乐趣不止有股票，还有诗和远方。

我是程大爷，听大爷的话，陪你一起穿越牛熊，我们下期再见。

留言区

扫一扫，观看本节
视频课程，参与互动

第三节

N年后的股票，现在值多少钱：股票估值的现金流贴现法

听大爷的话，做股市明白人。你好，我是程大爷，欢迎来到我的A股必修课，陪你从追涨杀跌到穿越牛熊。

一说到经济和金融，就会让人不禁联想到银行。最近我在网上看到这样一条新闻：某位大妈突然发现家里还有一张年代久远的银行存单。1973年存入，储蓄金额是1200元。1200元在那个时候是什么概念？20世纪70年代，当时一般的工薪阶层的月工资，大概是几十块钱，好点的米的价格是1毛多一斤，猪肉大概是7毛钱一斤。当时和现在有点不太一样，一般一户家庭大概有5～8口人。以那时的生活水平来算，这一家子一天的伙食费大概不超过2元钱。换句话说，在20世纪70年代，这1200元可以算是一笔非常丰厚的积蓄。现在大妈来到银行，看看到底能拿到多少钱。为了妥善处理这件事，银行方面也花了不少力气，最终通过核算，银行还本付息共计取出2684元。有的吃瓜群众打趣道，这张存单继续保存下去的价值，可能比取出来更大。

很多时候，你可能觉得股票估值是一件遥不可及的事，但实际上股票估值的方法，就蕴含在这个小故事里。在讲解如何对股票进行估值之前，我们先来了解一下，如何算清楚自己口袋里的钞票的价值。

假如说，今天你发了1万元工资，你把这笔钱放在家中的保险柜里。等到明年这个时候，你认为这1万元的价值，是增加了还是减少了？答案很明显，只要凭借基本生活经验，你就知道肯定是“价值减少”了。现在关键的问题是，到底

减少了多少？你能不能计算出来？要回答这个问题，就没有那么容易了吧。

我们先来看看，这1万元的价值是如何减少的（见图218）。如果把这1万元存进银行，作为定期存款，按照1年定期利率为2%计算的话，等到明年取出来的时候，银行需要归还我们1万元本金，外加200元利息。也就是说，经过1年的时间变化后，与定期储蓄的方式相比，把钱藏进保险箱就损失了200元的价值。这就是凭生活经验都能感受到价值减少的原因所在。

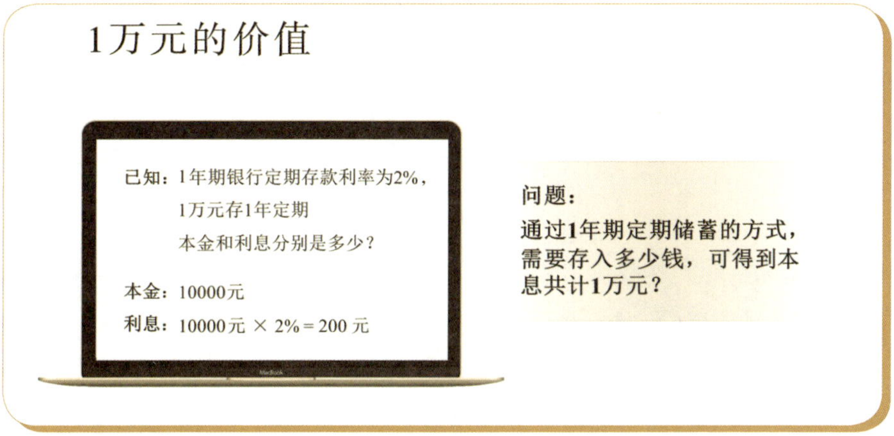

图218 定期储蓄的利息计算方法

那我们换个角度来看这个问题：今年我们需要定期存入多少钱，等到明年取出来的时候，刚好本金和利息一共是1万元呢？我们把本金设为X元，1年之后，我们的本息总和为“$X\cdot(1+2\%)$”，那么方程等式如下：

$$X\cdot(1+2\%)=10000$$

通过解这个方程，我们得到未知数$X=\frac{10000}{1+2\%}\approx 9803.92$，大概是9804元。也就是说，如果今天我把9804元钱以1年定期的方式存入银行，明年取出时就是1万元。钱存在银行很安全，这和把1万元藏在保险箱内效果一样。所以我们可以说，明年的1万元钱价值大约等于今天9804元的价值。因此第一个问题的答案就出来了，如果拿着这1万元什么都不做，经过1年的时间，损失的价值是196元。

接下来，我们需要对这个问题进行更深一点的讨论：5年后的1万元，应该等于现在的多少钱的价值？假设我们依旧选择1年期的定期储蓄方式。最初存入的金额为X元，在第一年后可以得到的本息和是“$X\cdot(1+2\%)$”元。我们继续把第1年的本息和再次存1年定期，那么第二年后，我们可以得到的本息和是“第一年的本息和×（1+2%）”，即“$X\cdot(1+2\%)\cdot(1+2\%)$”，也就是“$X\cdot(1+2\%)^2$”。等到第三年，我们把第二年得到的本息和再次存1年定期，得到的本息和就是“$X\cdot(1+2\%)^3$”。如此这样反复操作，那么在第五年过完之后，我们最终可以得到的本息和是“$X\cdot(1+2\%)^5$”。根据问题的题设，我们可以知道5年后这个本金和利息的最终价值等于10000元，于是列出下列方程：

$$X\cdot(1+2\%)^5=10000$$

通过解这个方程，我们可以得到X约等于9057元。

$$X=\frac{10000}{(1+2\%)^5}\approx 9057.31$$

这就是说，如果从今天开始，你把9057元进行5年的银行定期储蓄，而把剩下的943元拿出去享受，5年之后你还是会得到1万元。这和始终把钱藏在保险箱中相比，你可以多吃几顿大餐。

像这样，把未来现金的价值，倒着推算出现在的等额价值的计算方法，就是贴现计算法。利率作为贴现计算的转换比率，又叫作贴现率。简单地做个阶段性总结，未来第N年的资产价值，贴现还原为现在价值的公式如下：

$$\text{现值}=\frac{\text{未来第}N\text{年资产的价值}}{(1+\text{贴现率})^N}$$

给你讲这些案例，并不是要敦促你赶紧学会理财，而是因为“贴现”这个概念在上市公司的估值中至关重要！目前主流的估值方法，大都围绕“贴现”这一概念展开。估算企业价值的方式，和上述案例中估算钞票价值的套路，是相似的。

对企业进行估值，本质上就是对企业未来能够创造的价值进行估值。而净利润是公司创造的价值的主要体现。因而把一家企业未来能够创造的所有净利润计算出来，并把这个未来价值折算成现在的价值，就是企业估值的经典方法。这一方法也叫作“自由现金流贴现法”。

在贴现率为10%的情况下，假如我们预计某企业明年能够赚得净利润100万元，通过贴现计算公式，就能够算出明年这100万元的现值约为90.9万元。假如后年这家企业利润预计为120万元，那么通过同样的方式，我们可以算出其现值约为99.2万元（见图219）。就这样，只要我们可以获得一家企业在未来每一年的利润值，就可以分别把每年利润对应的现值求出来。最后我们把这些现值进行求和，就可以得到企业在当下的内在价值。这就是企业估值的基本原理。

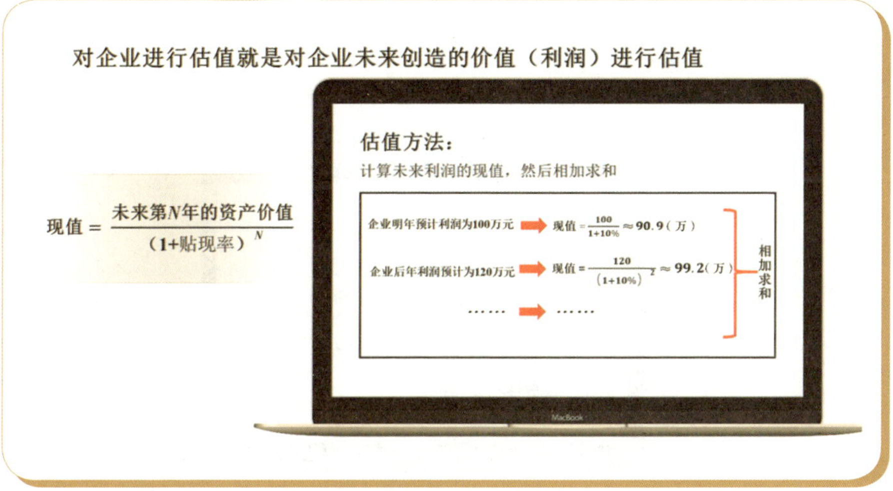

图219　企业估值——自由现金流贴现模型

通常，我们会把企业未来10年的现金流纳入主要考量范围。巴菲特所说的“如果你不打算持有一只股票10年，那么你连10分钟都不要持有”，就包含了这层含义。

要通过上述公式计算企业的现值，核心参数只有2个，即贴现率与企业未来的利润。我们先看贴现率，5年期或者10年期国债的收益率，是无风险收益率，通常这是贴现率的最低值。以10年期国债收益率为例，2021年1月10年期国债的收益率为3.1%左右。在这个基础上，我们要根据企业未来获得现金流的不确定性，来选择适当的贴现率。企业未来获得收益的不确定性越高，贴现率就应该越高；反之，企业未来获得的现金流越稳定，贴现率就越低。通常，你可以选择的范围在8%到12%。

我们再来看企业的未来每年现金流。我们可以根据企业过去前N年的利润水平和平均增长速度，来做出大致的测算（通常N取10）。举个例子，假如某企业2016年的归属净利润为497万元，2020年的归属净利润为1000万元，那么可以算出该企业在2016年到2020年这5年内的净利润复合增长率约为15%（见图220）。由此，我们继续推算2021年该公司的净利润为1150万元，如果贴现率取8%，那么该净利润现值就为1065万元。就这样一直可以推算出未来10年的净利润的现值。

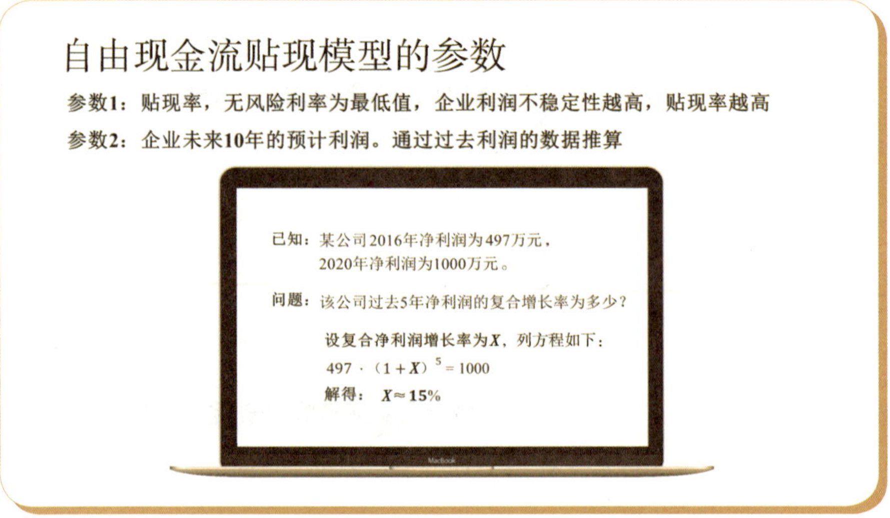

图220　计算净利润复合增长率的方法

实际上一家优秀企业的寿命肯定不止10年，在10年后依然能够持续经营下去的企业，就会进入“永续期”（见图221）。在永续期内，企业依然会有营业利润。我们把永续期所有利润的现值求出来后，加上前面10年利润的现值，就算出了这家企业的内在价值。永续现金流的现值的计算公式如下：

$$\text{永续现金流的现值}=\frac{\text{第10年利润}\times(1+\text{永续期增长率})/(\text{贴现率}-\text{永续期增长率})}{(1+\text{贴现率})^{10}}$$

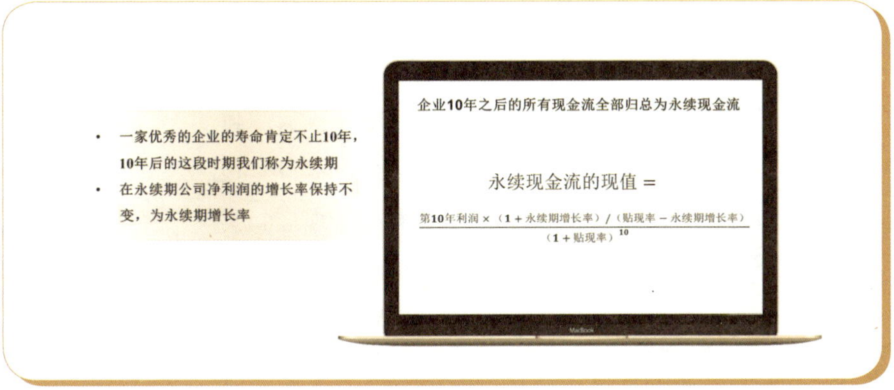

图221 企业的永续现金流及现值计算方法

我们可以看到，案例中的这个公司未来10年现金流的贴现值总计14356.53万元（见图222），永续价值现值为65593万元，两者相加总共约为7.99亿元，这就是该公司目前的内在价值（见图222）。如果该公司目前的市值为5亿元，那么我们可以判断出该公司目前股票价值被低估。你如果将7.99亿元除以该公司的总股本，就可以计算出每股的内在价值，再与其现在的股价相比较，也是可以做出估值高低判断的。

案例分析

某企业2020年的利润为1000万元，过去10年的利润复合增长率为15%。10年后，该企业净利润一直维持5%的增长率。未来10年的利润与现值如下：

年份	未来10年预计利润/万元		贴现值/万元	
2020年	1000	-	贴现率8%	贴现值
2021年	$1000\times(1+15\%)$	1150	$1150/(1+8\%)$	1065
2022年	$1000\times(1+15\%)^{2}$	1323	$1323/(1+8\%)^{2}$	1134
2023年	$1000\times(1+15\%)^{3}$	1521	$1521/(1+8\%)^{3}$	1207
2024年	$1000\times(1+15\%)^{4}$	1749	$1749/(1+8\%)^{4}$	1286
2025年	$1000\times(1+15\%)^{5}$	2011	$2011/(1+8\%)^{5}$	1369
2026年	$1000\times(1+15\%)^{6}$	2313	$2313/(1+8\%)^{6}$	1458
2027年	$1000\times(1+15\%)^{7}$	2660	$2660/(1+8\%)^{7}$	1552
2028年	$1000\times(1+15\%)^{8}$	3059	$3059/(1+8\%)^{8}$	1653
2029年	$1000\times(1+15\%)^{9}$	3518	$3518/(1+8\%)^{9}$	1760
2030年	$1000\times(1+15\%)^{10}$	4046	$4046/(1+8\%)^{10}$	1874
永续价值（永续增长率5%）	$\frac{4046\times(1+5\%)}{8\%-5\%}$	141610	$141610/(1+8\%)^{10}$	65593
总计			★	79950

未来10年预计利润的现值总和14356.53万元

永续价值的现值

内在价值

图222 企业的内在价值估算方法

这就是利用现金流贴现模型，对股票内在价值的估算方法。虽然现金流贴现模型是应用范围最广的估值方法，但是它的短板也是很突出的。首先，要准确地预测出企业未来的现金流实际上很困难。尤其是高成长性行业中的企业，其现金流的增长率也是极其不稳定的。只有你对这个企业本身有很深入的研究时，才可能做出最佳的判断。其次，现金流贴现模型中，贴现率和永续增长率的微小改变都会对最终估值结果造成显著的改变，甚至差距会达到50%～100%。而且在现值总和中，永续期的现值价值占总内在价值的比例高达70%以上。因此，由贴现率和持续增长率偏差带来的估值波动不可忽视。

比较方法：

将内在价值与股票市值相比，如果内在价值大于股票市值，则表示股价被低估

将每股内在价值与股票现价相比，如果每股内在价值大于股票现价，则表示股价被低估

$$每股内在价值=\frac{内在价值}{总股本}$$

图223　内在价值与市值的比较

所以即使我们说现金流贴现法是股价的绝对价值的估算方法，实际上也只能得到大致的价值区域，并不是绝对的。估值是一门艺术，通过贴现的思维方式去考量企业价值，是这一模型的精髓，你需要细细品味。在实际操作中，只要能够做出初步的估值判断就可以了。

好了，今天的课程就讲到这里。我是程大爷，听大爷的话，陪你一起穿越牛熊，我们下期再见。

留言区

扫一扫，观看本节
视频课程，参与互动

第四节

市盈率、市净率、市销率，哪个率更好：股票的相对估值法

听大爷的话，做股市明白人。你好，我是程大爷，欢迎来到我的A股必修课，陪你从追涨杀跌到穿越牛熊。

在上节课里，我们学习了运用现金流贴现模型对股票内在价值进行估算的绝对估值法。在使用绝对估值法进行估值时，你首先需要对企业未来的现金流进行测算，然后通过贴现计算得到相应的结果。这是一套严谨的估算方法，即便按照最简单的程序化流程进行一次价值估算，大概也要花上十几分钟的时间。目前，A股市场沪深两大交易所上市的股票共计约4000只，行业细分也有上百种。如果你想从某一热门行业中选出目标投资标的，采用绝对估值法先对每只股票都进行一次内在价值评估，就显得不合时宜了。这个时候，股票的相对估值法就能派上用场了。

什么是相对估值法？其实就是通过我们通常所说的市盈率、市净率、市销率等指标，来评估价值水平的方法。一般而言，对比的方式有三种：第一种是将单只股票和它本身的历史数据进行比较；第二种是将单只股票的相关数据和它所在的行业均值进行对比；第三种是在国内或全球市场找到对标的特定股票后，再进行比较（见图224）。

绝对估值法复杂严谨

vs.

相对估值法简易快速

相对估值法的主要考察指标：
市盈率、市销率、市净率……

方式一：将单只股票现状与其历史数据相比
方式二：将单只股票与行业平均水平相比
方式三：与其他市场对标股票进行对比

图224　绝对估值法与相对估值法

在相对估值法中，最被大众熟知，同时也被应用得最广泛的，当属市盈率指标，简称PE。市盈率的计算方式很简单，用某家上市公司的市值，除以它的净利润，就得到了这家公司的市盈率（见图225）。简单点说，市盈率的本质，实际上依然是未来价值贴现。你经常可以听到这样的说法：“市盈率是股票投资的回报率，某公司的市盈率100倍了，要是买了这只股票，光回本就需要100年的时间！”如果你真的这样想，就可能犯了教条主义错误。

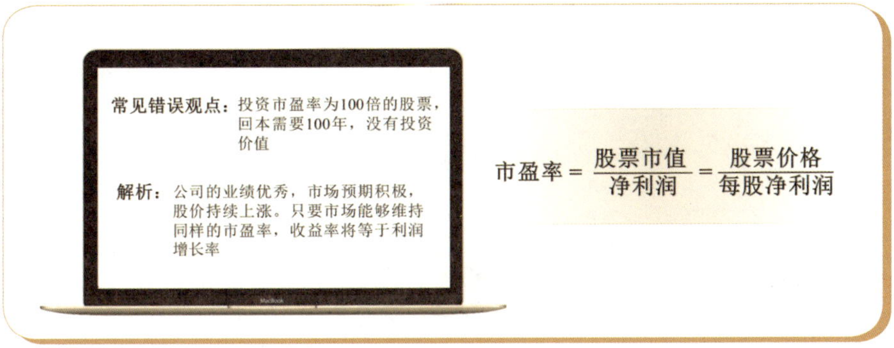

图225　市盈率的计算方法

因为公司的经营业绩并不是一成不变的，而是不断成长的，往往好的公司的净利润增长率都会维持在不错的水平。如果说某家市盈率为100倍的上市公司，净利润增长率是100%，那么在股价维持不变的情况下，这家公司的市盈率在第二年就会降低为50倍。虽然按照回报率的说法，即使投资这只股票，光回本也依然要50年的时间。但实际上，可能正是因为这家公司的优秀经营表现，市场给予其股价更高、更积极的预期，股价也会继续上涨。假如你今年买入这只股票，只要市场能够维持同样的市盈率，等到明年，你就会获得100%的收益率。

从这个角度出发，在某一个行业中进行选股时，如果两家公司的市盈率一样，你应该选择盈利增长速度较快的那家。又或者是两家公司的盈利增长速度相同，你应该选择市盈率较低的那家。我们把一只股票的市盈率除以它的盈利增长速度，就得到了市盈率相对盈利增长比率值，简称PEG指标。例如，某只股票目前的市盈率是30倍，因为行业正处于政策风口，预计其未来5年利润的复合增长率为30%，那么这只股票的PEG就等于1。

PEG指标弥补了市盈率指标对公司动态成长性考察的不足（见图226）。从理论上说，如果某只股票的PEG值等于1，就可以说市场对这只股票的估值刚好充分反映了其未来业绩的成长性；如果PEG小于1，则说明其价值可能被低估；PEG大于1则说明其价值可能被高估。大名鼎鼎的明星基金经理彼得·林奇最喜欢运用的一个估值指标就是PEG指标，在他看来，理想的投资标的PEG应当小于0.5，而当PEG在0.5～1之间时，进行投资则会相对安全。比如说某公司利润增长率为30%，市盈率为45倍，那么PEG值就是1.5，这表明其股价可能被高估。

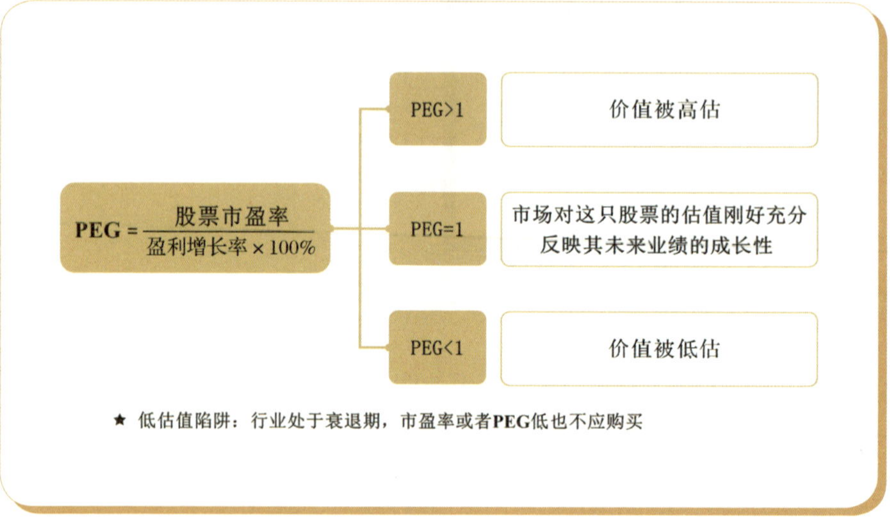

图226　市盈率相对盈利增长比率值（PEG）的应用方法

不过虽然PEG大于1表示股价被高估，但并不代表其股价见顶。举例来说，假如某公司业绩因为正处行业风口，增速亮眼，股价随之一路上涨，PEG已经远远大于1了。在各种天花乱坠的鼓吹下，市场情绪被点燃，大众会认为这样的业绩增速，远远没有达到合理水平，未来上涨速度肯定会更高，因此股价不仅还要涨，而且上涨空间还很大！就这样股票PEG仍会继续攀升。反之，当某个行业热度跌到历史冰点，PEG反而还会下跌，因为那时市场对它的预期会更加悲观。

在使用市盈率法或者PEG法进行估值时，尤其要警惕“低估值陷阱”，也就是说在选股时，并不是股票的市盈率越低越好，还是需要结合行业整体形势来综合判断。如果某公司所在的行业正处于衰退期，那么无论它的市盈率有多低，你也不应该贪图便宜而购买。不然过不了几年，你可能发现股票的价值甚至连渣都不剩了，因为整个行业都已经不复存在了！

有些时候，你会发现某些公司的市盈率会是负数。这说明这家企业现在还没有盈利，但这并不代表这家公司完全没有投资价值，你应该再仔细看看它所在的行业背景和所处的发展阶段。比如创业板或者科创板里面的一些高成长性高科技企业，它们因为发展需求，在成长初期投入了大量的资金进行产品研发或者抢占市场，因而未能盈利。如果仅仅因为它们的市盈率是负数，就认为这样的企业没有投资价值，显然是错的。因为一旦这类公司在产品研发或者市场推广上取得重大突破，它们的市值成长和市盈率水平将会发生巨大的飞跃。比如说京东，上市以来就一直亏损，也就是最近几年，才开始慢慢扭亏为盈。但是京东一直是倍受资本热捧的掌上明珠。这是因为，京东的营收数据实际上十足亮眼，净利润看上去亏损，只是因为它投入了更多的成本来打造自己的物流体系。你想想，等到京东物流体系逐渐完备之时，它的净利润还会是亏损的吗？

像京东这样，有着丰厚营收，但是牺牲净利润来打造商业护城河或技术壁垒的公司，就更适合通过市销率来进行估值对比。我们把企业的市值，除以它的主营业务收入，就得到了股票的市销率，简称PS（见图227）。计算方法和市盈率类似，只是把公司净利润换成了营业收入。通常而言，市销率越低，就说明公司的投资价值越大。

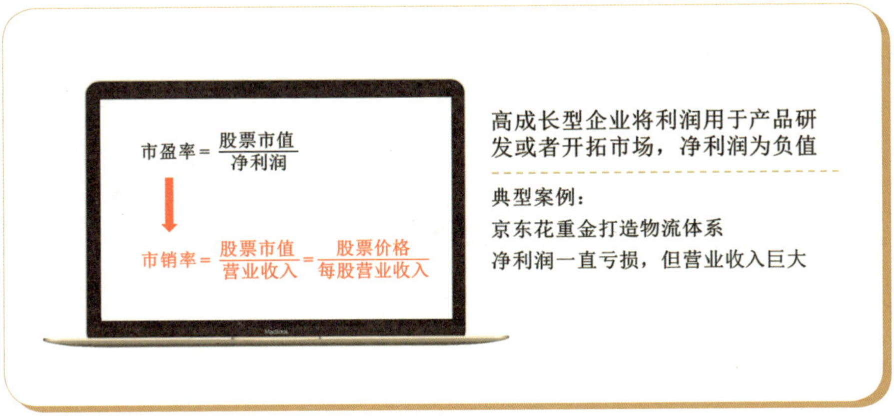

图227 市销率——适用于营收大但无盈利的企业

一家公司的主营业务收入是不会为负数的，所以市销率都是正值。但是不同行业的背景和现状千差万别，市销率也会有巨大差异。所以，市销率估值法不适用于跨行业的公司对比。在对公司进行评估时，你也可以把市盈率和市销率结合起来运用。比如说，有些公司的市盈率很低，但同时市销率很高，这就说明这家公司的主营业务其实非常不理想，没有核心竞争力，公司的利润主要依靠非经营性的收入获得。对于这样的公司，你一定要十分小心，不能跟风炒作。

市盈率估值法也不太适用于周期类型的行业，或者金融类型行业，因为这两类企业的经营利润往往会因为经济周期的循环而出现较大波动。如果用市盈率去进行估值，你就会发现在行业景气度高的年头，这些企业的市盈率低得离谱，而行业景气度低的时候，这些企业的市盈率又高得吓人。但这种市盈率波动，并不是由企业的成长发展或是经营变化造成的。

因此对于这类企业的价值，在进行评估时，我们会主要通过资产的变现价值进行比较，这就是市净率估值的方法。我们用上市公司的市值，除以它们的净资产就得到了股票市净率，简称PB（见图228）。因为当公司解散清算时，公司的净资产将会优先用来偿还负债，因此相对来说，市净率越低，投资风险越低。在某些情况下，股票的市净率会小于1，这表明公司的市值低于公司的净资产了，也就是通常说的“破净”。

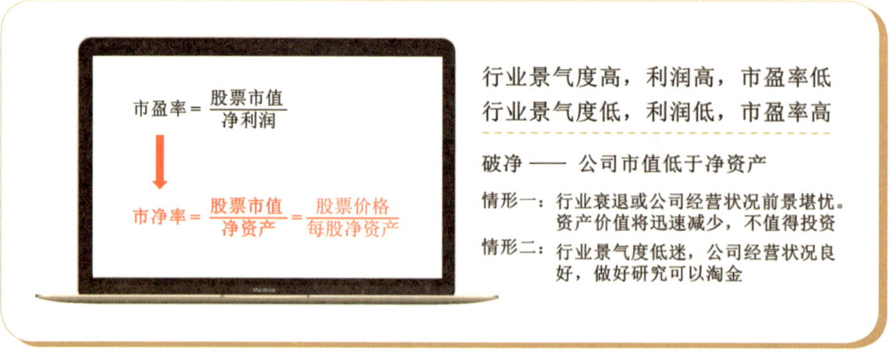

图228　市净率——适用于周期性行业

是不是股价破净，就说明该股票一定具有很高的投资价值呢？答案是否定的。你得先弄清楚企业破净的原因是什么。比如说，如果公司因为经营状况不佳，或者所处行业已经衰退，那么它的净资产可能是被淘汰的生产线，或者废弃的厂房等，这些资产可以说已经一文不值，不再具备持续给企业创造利润的价值，因此对于这样的企业，其净资产价值只会下跌得更快，根本不值得我们去投资。而那些只是因为行业暂时不景气，带来的市净率下跌或者破净的企业，则会随着行业周期性转暖，而表现出价值回归的属性，属于“黄金坑”，只要我们做好研究，从中布局，就可能成功淘金。

相对估值法和绝对估值法并不是一枚硬币的正反面。在进行具体估值的时候，你可以单独使用，也可以联合使用。只有投资者对公司的业务结构和行业的发展前景认识得越深刻，得到的估值结果才会越合理。

好了，今天的课程就讲到这里。我是程大爷，听大爷的话，陪你一起穿越牛熊，我们下期再见。

留言区

扫一扫，观看本节
视频课程，参与互动

第五节

识别三大财务报表数据猫腻：财务报表排雷

听大爷的话，做股市明白人。你好，我是程大爷，欢迎来到我的A股必修课，陪你从追涨杀跌到穿越牛熊。

在前两节课里，我们学习了对企业进行估值的两种方法：绝对估值法和相对估值法。采用这两种方法对企业进行估值，需要用到特定的财务数据，这些数据都来自企业的财务报表，属于公开的数据，可以直接在行情软件里下载查阅。因此一般来说，研究上市公司的财报，也是资深投资者防雷避坑的必选动作。

对于普通投资者来说，分析财务报表确实不是一件轻松的事。这不是三言两语能够讲得清楚的理论，也不是两三天就能够精通的功夫。但是有一条简单的原则，你可以轻松掌握，那就是查看上市公司的历史公告，看看该公司是否曾经被监管部门出具监管函件，或者被会计师事务所出具非标准审计报告。只要某只股票出现这两种情况中的任意一种，你就应该把它移出自选股票池。

监管部门的监管函并不单单针对企业的财务报表专门出具。如果某企业的经营情况出现了让人匪夷所思或者不明确的异常行为，证监会、交易所都会下发关注函、问询函、监管函或者警示函等函件，甚至会对上市公司的违规违法行为进行立案调查。绝大多数情况下，收到监管函一般都可以看作是重大利空，股价会随之大跌。你要知道，上市公司管理层的人品，远比一纸财报重要得多。

上市公司每一个会计年度的财务报告，和半年期财务报告都必须进行审计。会计师事务所出具的审计意见，可以分为五种类型，分别是“标准的无保留意见”“带强调事项段的无保留意见”“保留意见”“否定意见”和“无法表示意见”。只要不是“标准的无保留意见”的审计报告，统统称为“非标准审计报告”。被出具非标准审计报告是什么意思？就是说这家公司的财务报告可能存在影响重大的问题，或者根本就不能进行正常的审计。这些问题将直接关系到企业能否持续经营下去等等。一般而言，这样的公司问题都不小，搞不好就是下一个退市股，所以千万不要心存侥幸心理。

掌握这条基本原则，排除掉明显的爆雷股之后，你就该好好耐下性子来，看一看上市公司的财务报表了。一套完整的财务报表包括资产负债表、利润表、现金流量表、所有者权益变动表和财务报表附注。而其中的资产负债表、现金流量表和利润表又被称为三大报表，这三大报表又以资产负债表最为重要。通过对三大报表中的数据进行分析比较，可以了解企业的经营状况，这就像查阅企业的体检报告单，掌握一些基本的要点也可以让你避开很多潜在的大坑。

从某种意义上说，资产负债表是企业财报中最重要的一张表。无论是利润表，还是现金流量表，都可以看作对资产负债表的深入解释。资产负债表会列出企业的资产、负债和股东权益三个部分。顾名思义，企业资产就是企业有多少钱，负债就是企业借了多少钱，而用资产减去负债就得到了股东权益，也就是真正属于企业股东的钱。

在查看资产部分时，最需要关注的是其中的流动资产项，现金、应收款项、预付款项和存货都属于流动资产（见图229）。企业的现金资产占比越高，说明企业应对风险的能力越强。一家企业的流动资产起码要大于其短期负债。不然的话，企业可能很快就会面临资金短缺的问题，经营就会陷入困境。所谓“手有余粮，心头不慌”，就是这个意思。有些时候，你会发现一家企业一边手握着大量的现金，一边却又借着大量的短期负债。这就显得十分矛盾了，如果企业明明有很多钱，为什么还要付利息去借钱呢？所以这样的股票说不定就是颗地雷。

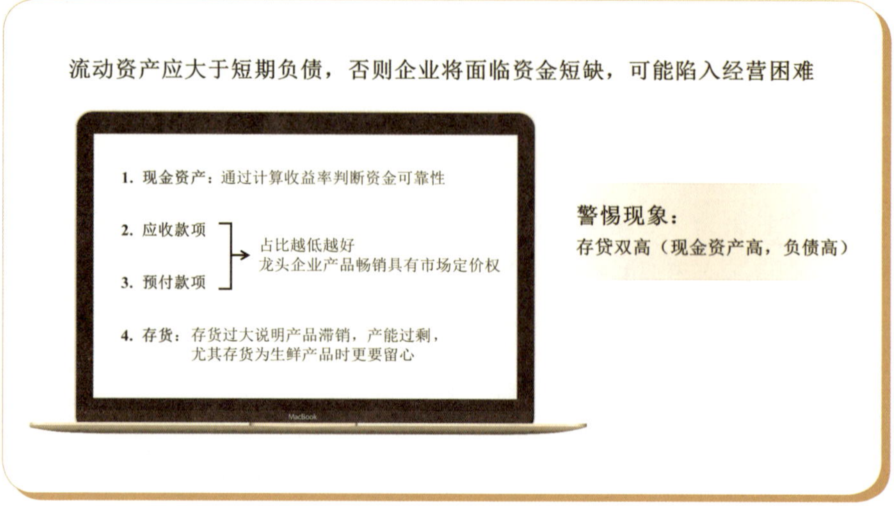

图229　资产负债表浏览要点

正常情况下，如果你手头有大量现金，你会怎么做？肯定会把钱存进银行吃点利息，或者买点理财产品增加收益，对吧？企业也是人管理的，所以它们的做法理论上也是一样的。货币资金基本上就是企业在银行的存款，是会有利息收入的，你在财务报表里可以找到利息收入的数据，并就此计算这笔钱的储蓄收益率。一般来说，收益率应该在银行利率范围内，通常是2%～3%。如果计算出来的利率很低，那这笔钱的真实性估计就存在猫腻了。也许这笔钱只是临时在账面上摆摆样子，也许这笔钱根本就是虚构的。在资产负债表中，你还可以找到"其他流动资产"项，这一般可以理解为企业买的理财产品，而它的理财收益会体现在"投资收益"这一栏中。同样，你可以算算理财投资的收益，看看是不是在正常范围内，如果偏离过大，同样需要警惕。

应收款项指的是企业应该收到，但是实际还没有收到的款项。预付款项则是企业为了购买生产材料等，先付出去的资金。显然无论是应收款项还是预付款项，比例都应该是越低越好。从这里可以大致看出一家企业的市场地位。比如贵州茅台，在市场上总是处于缺货状态，为了争抢货源，经销商都是提前把钱打给企业的，哪里会有巨额的应收款项呢？又比如一家企业是行业龙头企业，大家都抢着成为它的供应商，又哪里还需要支付预付款呢？

关于资产负债表，我们最后再来说说存货。理论上说，一家企业的存货数据太大，也应该小心，这说明公司的产品可能处于供大于求的状态。存货积压并不是什么好事，最终过剩的产品可能会变成废品，就会计提损失了。尤其当某些公司的存货是什么鱼虾生鲜时，你更要留神，说不定来个什么大面积死亡，当场就爆雷给你看。当然，对于某些特殊企业，存货和它的营销模式紧密相关。比如前些年的阿胶、刚刚说到的茅台，都是市场上万众追捧的商品。这种情况下，囤货待涨有利可图，就应该特殊问题特殊看待了。但大多数情况下，想要做到快速排雷，你直接把应收款项、预付款项、存货高的企业都排除掉就好了。

接下来我们来了解利润表。利润表的内容比较简单，主要关注的点有两个：第一是企业主营收入的情况，第二是企业毛利率如何。一家企业的主营收入当然是越高越好，同时一家企业的主营收入占总营业收入的比重，也应该是越大越好。企业的主营收入占比越低，则说明其业务越分散。一家连主营业务都赚不到大钱的公司，肯定是缺乏核心竞争力的，也更不可能成为市场的核心资产。

毛利率反映了企业产品销售的初始获利能力。一般毛利率越高，销售利润也越高。所以毛利率高的企业，在产业链上都会拥有相对强势的地位，它们的产品竞争力高，具有一定的“护城河”。即使碰上行业不景气的年头，这样的企业通过打折促销，还是可以获得足够的盈利。而毛利率低的企业，赚钱就更辛苦了，日子相对也没有那么滋润。

通常来说，某家企业的毛利率应该是比较稳定的。如果通过对比连续几期的报表，你发现某家企业的毛利率突然出现大幅增长，或者远远高于行业水平，你就应该进一步去寻找原因，是不是这家企业的产品取得了技术性突破，大幅提高了市场定价能力，又或者是企业改善了经营方式，减少了经营成本，从而提高了利润，还是说存在数据造假的可能。

最后，我们来看看企业的现金流量表。在现金流量表里，最需要关注的指标是“经营活动产生的现金流量净额”（见图230）。我们用企业在经营生产中赚到的钱，减去花掉的钱，就得到了“经营活动产生的现金流量净额”。请注意，这里说的企业赚到的钱，指的是企业真实收到的钱，而不是账面利润。比如说，我花了10元钱生产了一件产品，然后20元卖给你，但你只是赊账，暂时还没付给我钱。那么现在我的账面将会有10元的利润，但是现金流入仍为0元。所以利润只是账面数据，而现金流才是货真价实的资金流水。

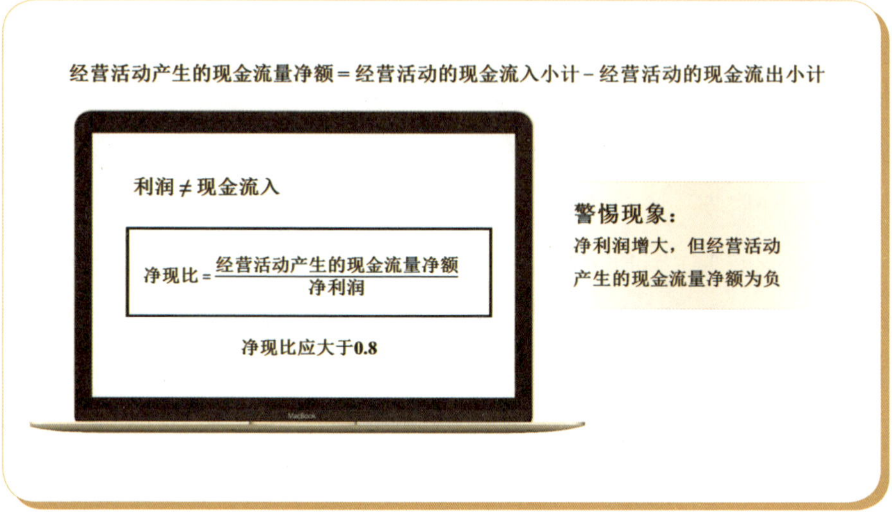

图230　现金流量表浏览要点

我们把“经营活动产生的现金流量净额”除以净利润，就得到了净现比，这个指标越大，说明企业的账面利润转化为真金白银的效率越高。如果净现比大于1，则说明企业的商品很抢手，可能都是买家先把钱打过来订货的，当企业收到了钱却还没发货时，就会出现净现比大于1的情况。如果净现比太低，就说明买家赊账比较多，都是账面利润，企业还没有真正收到钱。所以，企业的净现比大于1当然好，大于0.8也不算差。如果你发现某家企业净利润年年增长，但是经营活动产生的现金流量净额居然是负值，翻译过来就是说，这家企业年年都说自己有利润，而且每年都增长，但实际上根本没有赚进1分钱。这样的公司迟早会玩完，千万不要买它的股票。

以上就是快速浏览上市公司财务报表的知识要点，其实关于财务报表的学习，内容还有很多，如果以后有机会，我们还可以更加深入地学习了解。

好了，到这里，咱们30节A股必修课课程就全部结束啦。今后，希望你能够不断磨炼，不断精进，胜不骄败不馁，早日建立起适合自己的交易系统，踏上盈利长存之路，从A股“小韭菜”进化成市场“收割机”。我是程大爷，听大爷的话，做股市明白人，希望我们的课程对你确确实实有所助益，能够真真正正陪你一起穿越牛熊！

留言区

扫一扫，观看本节视频课程，参与互动

代后记：不要把这个世界，让给你鄙视的人

有人说，人生就像股市的K线图，总有起起伏伏。当K线一路飘红，确实能让人享受其间乐趣。但当拐点来临，又该如何审慎判断？是奋勇向前、孤注一掷，还是急流勇退、抽身离去？

看看他的故事，你或许会有一些启发。

1988年，22岁刚刚大学毕业的他，从家乡湖北来到改革开放的前沿阵地——广东闯荡。

来广东一段时间后，他放弃了事业单位的稳定工作，进入财经金融行业，从基层业务员做起。这次偶然的职业转型让他的月薪从99元飞涨到10万元，翻了1000倍。

2000年，34岁的他已经是国内知名证券公司——联合证券的首席研究员兼首席培训师，还同时为《中国证券报》《证券时报》等权威金融证券报刊写期货、股市评论。

他的第一本股票技术分析专著，刚刚推出就被一抢而空，可以说是洛阳纸贵，风靡全国，每隔两三天就要重印，彻底颠覆了编辑的心理预期。

2015年，已经49岁的他，还在新媒体平台上开设财经时评专栏，坚持至今，风雨无阻。他负责的专栏被誉为平台"有史以来最成功的专栏"。

这人是谁？

他是程峰，江湖人称“程大爷”。

▲ 被称为“程大爷”的程峰

01

东西南北中，发财到广东

说起程峰的人生经历，“选择比努力更重要”这句话，用在他身上可以说是恰如其分。

20世纪80年代末，22岁的他从中南财经政法大学的经济学专业刚刚毕业后，就选择背井离乡，只身前往当时“春潮涌动”的南国宝地——广东。

作为改革开放的先行区，广东机遇遍地，经济蓬勃发展，只要提到广东，人们就会想到“东西南北中，发财到广东”这句广为流传的口号。

凭借天赋和努力，程峰顺利考进了广州的一家事业单位，收入稳定。要知道在那个年代，获得事业编制就等于拿到了“铁饭碗”，更何况，这还是当时全国最热门地区的铁饭碗。

但程峰不这么想，他独自一人来到大城市，就是奔着闯名堂、干事业去的。工作一段时间后的他发现，工作的氛围和他想象中朝气蓬勃、大刀阔斧的广东落差很大。因工作性质，他每天重复做着研究方面的工作，实在无法获得成就感，这不是他想象中的广东——商业气息浓、经济水平高、大胆行前路、创新知有无。

99块元的月工资发下来后，程峰更加失落了，身处快速发展的一线城市，他却拿着和当时内地水平差不多的工资，而这其中的大部分，还要寄给正在北京读大学的弟弟。

在事业单位编制被视为“香饽饽”的年代，很多人或许就此认命，但程峰不一样，他做了一个在现在看来都不可思议但却十分重要的决定——离开体制，向外寻找更广阔的平台。

02

初生牛犊不怕虎，月入10万只是梦？

辞职后的程峰四处寻找合适的工作岗位，阴差阳错，在去广州市番禺区应聘大大泡泡糖的销售的途中，经过市区时，他被广州国际金融大厦门口的南方期货公司的巨幅招聘广告牌深深吸引住了。

广告简洁明了，上面用大字写着“期货、经济学人士优先，月入过万”。

程峰虽然是从名牌大学经济学专业毕业，可是从来没有听说过期货，在学校里他只学过传统政治经济学等经典理论，就连如今经济系学生耳熟能详的西方经济学，在当时也只是选修课。

但被描述成金字塔塔尖行业的期货交易行业，激起了他的好奇心，“月入过万”四个字也有足够的吸引力，让他怦然心动。

怀着试一试的心态，他跑上了18楼的应聘大厅，接待他的是一个西装革履的台湾中年人。原来当时内地期货交易刚刚出现，管理、技术、顾问团队等从业人员基本都来自境外，南方期货公司也正是广东省信息中心联合境外投资机构合作成立的公司。

经过两轮专业面试和考试，程峰如愿成为南方期货公司试业阶段的首批业务员。

在做员工培训时，公司的培训师问：

“希望每个月赚1000元的人举手。”

很多人都举起了手。

“一个月希望有5000元的人举手。”

只有少数人举手了。

“希望月赚几万元的呢？”

举手的人屈指可数。

“希望每个月赚到10万元的有吗？”

最后只剩下了程峰。

放在当时，程峰身边的同事肯定觉得，这个年轻人简直是痴心妄想：20世纪90年代，万元户都让人羡慕不已，一个人月入10万元，怎么可能呢？

多年以后，程峰还是觉得，当时初生牛犊不怕虎，梦想还是要有的，万一实现了呢？

凭借着扎实的专业素质、满腔的热情和闯劲，程峰认为，要想实现这个目标，或许只是时间问题。但是，站在风口上的他没想到，这个时间短得让人觉得不可思议。

03

痴迷于技术分析，他把书翻烂了

1993年，转行后的程峰很快迎来事业的第一个高峰。

凭借孜孜不倦的努力和积累，他从一个刚入门的期货基层小兵，成长为公司日本期货部的主管——这个部门和美国期货部并称公司的“两大期货部”，属于核心部门。担任主管期间，他带领团队负责交易的主要品种有红小豆、粳米、橡胶等。

公司的日本期货部在程峰的带领下，战绩显赫，其本人工资也从之前的月薪99元“一夜之间”变成了月薪10万元。要知道就算是20多年后的今天，月薪10万元的人也是屈指可数，更别说是20年前。

这一年，程峰才27岁，而广州中央商务区（CBD）珠江新城的房子，在当时每平方米还不到2000元。也就是说，按当时的价格，只要2个月的工资，他就能全款买下一套珠江新城100平方米的房子。

与此同时，他还是南方期货公司的首席分析师，每周在《中国证券报》《证券时报》等全国知名金融报刊上发表技术分析文章；他也是《羊城晚报》《广州日报》等本地报刊的热门评论家；广东电视台的股市评论节目也邀请他出席点评。

▲程峰（左一）作为嘉宾，参加当时爆火的电视股评节目《股海纵横》

多方肯定的背后，是程峰持之以恒对技术分析的深刻钻研。

在程峰看来，对于期货、股票等金融投资来说，能做到技术分析结合基本面分析当然好，但是在20世纪90年代，由于技术条件的限制，与基本面相关的资讯传播存在严重的滞后性，当消息传到投资者耳边时，市场上的价格走势早已发生了剧烈的波动。

那怎么办？程峰发现，技术分析可以弥补这个缺陷。

为了钻研技术，年轻的程峰下了很多苦功夫，练就了“童子功”。

在那个一就是一、什么都做不了假的年代，要理解和使用一个指标，就要从最初的原理学起，只有深刻地理解指标背后的原理，才能明白指标是如何被推导、运用的。你无法想象，那时MACD、KDJ、RSI每一个指标都是一个数字一个数字用计算器按出来的。

拿最基础的K线图来说，当时根本没有电脑，报价机只是在显示屏上显示价格，程峰就用一张巨大的坐标纸，一支两头可用的红蓝记号笔，把每一个期货品种每一天的交易情况——开盘价、收盘价、最高价、最低价，纯手工画在坐标纸上形成K线。

见客户时，程峰就把手绘的坐标图纸，用透明胶一张一张拼粘起来，给客户分析、讲解行情走势。

想要小有成就，或许只要每天利用好工作8小时就够了，但是要想成为高手，那就得看这个人8小时后在干什么。

程峰几乎把所有精力都放在了钻研技术上，甚至到了痴迷的程度。当时，他有一本在图书市场上很难买到、国外投资大师写的关于趋势交易方面的中文译本，共有好几百页。每天下班后，他都会在家仔细对照着书本里的理论进行复盘。有一天他对照书上的“波浪理论”篇章看盘，但实际情况和他的预判发生了偏差，程峰就把讲“波浪理论”的篇章从头到尾又翻看了几遍，分析为什么预判会出现偏差。不带夸张地说，每一个章节他都读了至少几十遍。一些重要的篇章，他甚至可以背诵出来。

到最后，甚至把书都翻烂了。

程峰说，技术分析有三大基本假设：第一，基本面的变化信息都会在图表上以K线的趋势变动反映出来；第二，所有的价格运动都是有趋势的，而趋势具有惯性；第三，历史一直在重演，上升和下跌都存在周期性重复。

要想做好期货、股票投资，技术分析这一关，谁也躲不过。

那时，不到30岁的程峰已经年薪百万，同时还享有很高的行业地位，南方期货公司的领导给予他高度评价——“程峰就是南方期货的一面旗帜”。

他自己也觉得，自己要做一辈子的期货。当时有人问他，有没有想过转行，意气风发的程峰觉得这是不可能的事：“那是我一辈子的事业啊！”

可现实总是出人意料，平淡的剧本并没有就此续写下去，它迎来了一次大转折。

04

出版畅销书30余部，字数总和达千万

1995年2月23日，震惊全国的“327国债期货事件”爆发，一场对期货行业的大整顿猝不及防地到来了，大量交易所被关闭，期货市场的可交易品种也渐渐萎缩，保证金比例的抬高提升了入市门槛。期货行业一下子从门庭若市的野蛮生长高峰，跌到了门可罗雀的谷底。

随着大量从业人员的出走，期货市场陷入萧条。是走是留——程峰被推上了人生的十字路口。

程峰最终决定挥别期货市场，转向股票市场。

由于他深厚的技术分析和研究能力，以及此前累积的名气，联合证券向他抛出了橄榄枝，程峰成为联合证券的首席研究员兼首席培训师。

期货是高杠杆投资，对从业人员的风险管理、资金管理、情绪管理等多方面的能力要求，都要比股票高得多。

触类旁通，程峰这个职业转向也就显得顺理成章，但真正有本事的人懂得无论何时，都要用实力说话。

1999年，国家首次对股评家开考，要求所有股评家必须持证上岗。当年，报考证券从业资格证的人超过2万，通过率不到10%，程峰轻松闯关。

2000年，他出版了人生的第一本股票技术分析专著——《股票技术分析实战傻瓜书》，为了高质量、快速地完成这本书，他通宵达旦，花了整整45个日夜，完成了41万字的书稿，而且全是手写稿。就这样背着厚厚一叠手稿，到出版社交稿。

这本书首印1万册，一经推出，被一抢而空，可以说是洛阳纸贵，风靡全国。每隔两三天就要重印，彻底颠覆了编辑的心理预期，最后发行量超过30万册，名列当年金融财经畅销图书榜前十，盗版书数量不计其数。在2000年长沙市“图书市场打击盗版行动”上，工作人员发现这本书和当年余秋雨的《文化苦旅：余秋雨三年散文自选集》一样，是当年被盗版得最多的书，盗版数量竟达到百万册。

之后，程峰持续在图书市场创下多个第一，连续出版了30余部专著和畅销书：

2001年，策划的《转战B股：跨越A、B股市的暴利机遇》，被誉为“B股投资第一书”；

2007年，《期指兵法》出版，甚至成为中国金融期货交易所教材编写时的参考书目；

2010年，《ETF套利绝招》出版，是当时量化私募基金培训的必备教材，甚至闹出私募大咖拿着盗版书要签名的趣事；

《决胜创业板》《股票仿真模拟操练》系列图书、《程大爷的朋友圈》《假如炒股是一场修行》《假如炒股是一场恋爱》《假如炒股是一场荒野求生》《假如炒股是一场真人秀》相继出版……

▲程峰部分图书作品

05

不要把这个世界，让给你鄙视的人

2019年11月，从“愣头青”一路“晋级”到投资行家的程大爷已经53岁了，他联合国内知名财经专业媒体——《21世纪经济报道》，召集了一大批在金融投资领域摸爬滚打多年的精英，组成了一支“特种部队”。

这支“特种部队”，花费一年的时间，只做了一件事，就是打磨课程。

有人不解，程大爷在期货、股票市场从业20多年，拿过百万年薪，当过行业高管，出过畅销图书，可以说早就名利兼备了。为什么还要费时费力，给A股的散户打磨一门股票课程呢？

程大爷引用了一句美联储前主席格林斯潘的精神导师——哲学家安·兰德的名言：“不要把这个世界，让给你鄙视的人。”

从20世纪90年代入行开始，程大爷就一直坚持在做投资者教育和培训，不管是在大报上写专栏、出席电台电视节目，还是出版数不胜数的图书、紧跟时代潮流转战新媒体平台，他从未间断。他是发自内心地热爱这个行业。

▲程大爷受聘成为中证中小投资者服务中心投教形象大使

可是，他也有心灰意冷的时候。曾经一些“黑嘴”通过种种暗箱操作，登上电视股评荧幕，公开吹票诓骗散户“接货抬轿”，推销所谓包赚不赔的荐股软件，把证券咨询行业搞得乌烟瘴气，行业陷入劣币驱逐良币的恶性循环。

进入自媒体时代，坑蒙拐骗的骗术更是花样百出，骗子团伙利用散户的无知和盲从，圈骗了大批股民。程大爷作为“投教老人”，不甘心把自己热爱的行业，让给自己鄙视的人。

于是，就有了这门“程大爷的A股必修课”，这也是程大爷的首门线上技术分析课程，是程大爷联合《21世纪经济报道》，历时一年打磨的精品课程，于今有了同名图书。

如果你不想让自己成为股市的韭菜，想稳定自己的交易收益，却不知从何开始；如果你在技术分析方面有很多不懂，却不知道向谁请教；如果你报了很多班，但由于太忙总忘记学习，那么强烈建议你关注这门课程。

在线上课程中，不仅有“班长+督导+班委陪伴学习”的全程服务和个性化辅导，还会对当天所学课程的预留作业和同学提出的问题进行解答，让学员学透知识点，不再沦为A股的韭菜。手把手教会学员制胜操作！

如果你也想习得业内头部讲师的看家技术，欢迎扫码了解详情！

（本文于2020年11月刊登于21世纪经济报道、21识库微信公众号。）

扫码观看视频

06

课程学员评价

最失败的是赚了百分之四十还不舍得抛，最后只剩百分之十几，需戒贪。

识库君(2020-12-8)：那就是要做好止盈规则的学习啦

2020-12-7

我就是被套的那种，然后放在那，十年八年再回来看，哈哈

识库君(2020-12-7)：把股票作传家宝可不对哦！

2020-12-7

大爷说的对，进入股市一直在追追不安，涨了也怕，跌了也怕，没有一个战略谋划，所以赚少赔多，跟着大爷学，学学正确的思路……谋划定出策略……谢谢大爷🙏🙏🙏

识库君(2020-12-8)：加油~打好炒股基本功，做一个赚钱的小散户！

大爷的课程天天都是实实在在的干货，而且简单易学，这个课程的精华就在于把炒股中的难点给你转化为易学易操作的内容，我听过好多华而不实的课程，程大爷才是真正的领路人，为你拨开迷雾让你看到真相。作为一个在股市中挣扎的小小小小散在此真心感谢程大爷的引领，谢谢！谢谢！谢谢！

识库君(2020-12-9)：感谢支持！那就多多在学习群留言互动吧~

2020-12-9

不太明白其中的逻辑，要选大龙头的市盈率和市净率相近的股票吗

识库君(2021-3-11)：通过权重和行业平均的参照，给你的股票池股票一个相对安全的基本面边际。

2021-3-10

附录：股市广播《程大爷论市》简介

《程大爷论市》广播版于2018年5月19日在广东股市广播电台（FM95.3）正式首播，每周日上午9点广播频率准时与听众相约，官方微信、头部互联网音频平台同步上线，至今已播出过百集，深受广大听众的喜爱。

程大爷专业深刻、麻辣点评的风格，被投资人称为“靠谱的业界良心，说真话，不忽悠”，是珠三角地区难得有趣、有料的财经大咖！程大爷与股市广播电台多次举办线下见面会、投资沙龙、A股必修课训练营等专题活动，干货满满，广受好评。

▲程大爷（左一）与主持人梁欣，图片摄于《程大爷论市》广播录制间隙